自然与社会

读懂汉字

子默 ◎ 著

中国出版集团
中译出版社

作者手记

　　中文的美丽，首先在于汉字。汉字是世界上仅有的形、音、义完美结合的表意文字，她不仅仅是记录汉语的符号，她还是一幅幅图画，更是一首首诗词，是世界上唯一一种将文字的书写变成艺术的文字。汉字的声色光影呈现在视觉上的艺术美感，悦人以目，感人于心，足以令任何拼音文字黯然失色。

　　从传说中黄帝时期的仓颉造字开始，汉字走过了四千多年的漫长岁月，是目前世界上使用时间最长的文字。在这漫长的历史长河中，汉字的字体在不断地演变着，汉字的读音和意义也在不断的变化中，但是汉字的灵魂始终不灭。她记录着古老的历史，承载着丰厚的文化，渗透着祖先的智慧和情怀，寄托着中国人独有的奇想与深刻的哲理，汉字发展演变的历史就是一部形象而生动的中华文明史。正如台湾著名作家余光中在他的散文《听听那冷雨》中所说："只要仓颉的灵感不灭，美丽的中文不老，那形象磁石般的向心力当必然长在。因为一个方块字是一个天地。"直到今天，中国人每天仍然使用着汉字，中国人的生活须臾也离不开汉字，她依然有着旺盛的生命力。即便今天已经进入数字网络时代，汉字书写似乎离我们渐行渐远；但是纵观汉字的历史，无论书写工具、书写方式和书写介质如何变化，中国人用来记录和书写汉语的依然是汉字。因为汉字是中华民族的文化之根，是中华民族得以安身立命的精神家园，每一个中国人都有着汉字情结。

正是由于汉字丰富的历史文化内涵、独特的艺术美感价值以及经久不衰的生命力，汉字才不仅仅是用来书写的，而是可以倾听和阅读的。倾听汉字的诉说，可以使我们形象地了解民族的血脉根基，从而更加清楚地认识自己；读懂汉字的故事，能够使我们重续与汉字的情缘，从而感悟并坚守书写的优美，不让美丽的汉字失落在键盘之中。

书中文物图片来自中国国家博物馆等单位，尤其得到中国国家博物馆藏品保管一部的大力支持与协助，在此深致谢忱！特别感谢本书的责编、美编、审校以及每一位为此书的出版付出大量精力与心血的朋友，特向他们致以诚挚的敬意！

2015年9月于北京

目录

黑
〇九九

第三部分
与动物有关的

鱼	贝	贯	得	败	贼	朋	蚕	丝	素	率	绝	编
一〇二	一〇六	一〇八	一一〇	一一二	一一四	一一六	一一八	一二一	一二四	一二六	一二八	一三〇

纸	乐	万	龟	它	虫	龙	鸟	乌	鸡	鹤	枭	凤
一三二	一三五	一三九	一四一	一四四	一四七	一四九	一五二	一五四	一五六	一五八	一六〇	一六二

雀	只	双	焦	奋	飞	羽	巢	虎	虐	象	为	鹿
一六四	一六六	一六八	一六九	一七〇	一七二	一七四	一七六	一七八	一八〇	一八二	一八四	一八六

尘	牛	牢	牧	半	解	豕	家	逐	羊	羔	羹	羞
一八九	一九〇	一九三	一九四	一九六	一九七	一九九	二〇一	二〇四	二〇六	二一〇	二一一	二一三

美	善	犬	臭	狱	马	驭	兔	逸	鼠	角	皮	革
二一五	二一七	二一九	二二一	二二二	二二三	二二六	二二八	二三〇	二三二	二三四	二三六	二三八

第四部分　与植物有关的

木	本	末	束	林	野	焚	桑	栗	李	朱	竹	册
二四〇	二四二	二四四	二四五	二四七	二四八	二五〇	二五二	二五四	二五六	二五八	二六〇	二六三

删	典	几	伞	麻	布	草	毛	生	春	圃	苗	茶
二六五	二六七	二六九	二七一	二七三	二七五	二七七	二八〇	二八二	二八四	二八六	二八七	二八八

兰	药	叶	华	荣	果	瓜
二九二	二九四	二九六	二九八	三〇一	三〇二	三〇三

下篇　社会生活

第一部分　与战争有关的

王	我	矛	干	盾	甲	戈	戎	戒	戍	伐	武	国
三〇六	三〇八	三一〇	三一二	三一四	三一六	三一九	三二一	三二二	三二三	三二四	三二六	三二八

矢	族	短	至	函	弓	弦	引	射	刀	刃	分	斤
三三〇	三三二	三三四	三三六	三三七	三三八	三四〇	三四二	三四四	三四六	三四八	三四九	三五一

析
三五三

折
三五四

兵
三五六

中
三五八

鼓
三六一

第二部分
与田猎有关的

禾
三六六

稻
三六八

和
三七一

私
三七六

利
三七六

秋
三七八

年
三八〇

季
三八二

秉
三八三

兼
三八五

来
三八六

麦
三八八

田
三九〇

周
三九二

圃
三九四

疆
三九五

畜
三九七

井
三九八

力
四〇〇

男
四〇二

幼
四〇四

其
四〇五

罗
四〇七

网
四〇九

第三部分
与祭祀有关的

卜
四一二

占
四一四

告
四一六

帝
四一八

示
四二〇

社
四二一

豆
四二三

鼎
四二五

具
四二八

尊
四三〇

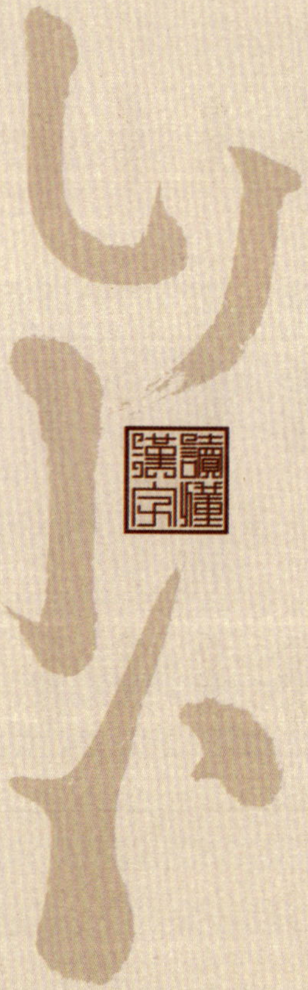
讀懂漢字

上篇

自然万物

第一部分

与日月等有关的

日

rì

【笔顺】丨冂日日

【笔画数】4画

【部首】日（日部）

【结构】独体

【词语】 日久天长 日理万机 日月同辉 暗无天日 光天化日 遮天蔽日

甲骨文　金文　小篆　隶书

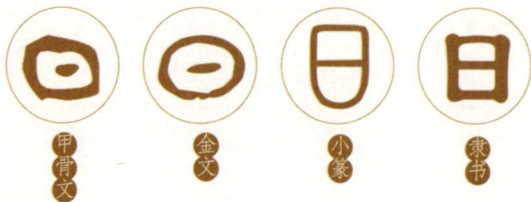

　　"日"在甲骨文中像圆圆的太阳的样子，中间的短横指太阳发出的光芒。上古时期，人们把太阳称作"日"，大约到南北朝时期才称作"太阳"，如《列子》"日初生，大如车盖"。

　　太阳不仅是万物生长的保障，而且对人类的生产、生活都具有十分重要的影响。因此从原始社会开始，太阳就成为先民们崇拜与祭祀的对象，这种"祭日"的仪式一直保持到清代，北京的"日坛"就是清代皇帝祭日仪式举行之地。汉语中有不少与"日"有关的成语，"日出扶桑"是日出东方的意思，"扶桑"是神话传说中的通天神木，生长在东方，树高数千丈，一千余围，是日所出之处；"日薄虞渊"是日薄西山的意思，又比喻衰老的人或衰败腐朽的事物临近死亡，"虞渊"即隅谷，传说中西方日落之处。

据《山海经》记载，在遥远的东南海外，有一个羲和国，国中有一个美丽的女子叫羲和，是上古帝王帝俊的妻子。她生了十个太阳，是"太阳之母"，她让这十个儿子每天轮流在空中执勤，把光明与温暖送到人间。太阳经过夜晚之后会被污染，羲和每天都在甘渊中清洗太阳，使每天升起的太阳光亮如初。

古代先民们日出而作，日落而息，每天的生活劳作都与太阳息息相关，"日"便由太阳引申为太阳由出而落的这段时间，即指白天，与"夜"相对，如《孟子》"夜以继日"，又如"日以继夜、日思夜想、三日三夜、日日夜夜"；还引申为一天一夜，如"今日、昨日、明日、整日、多日、日复一日"；特指某一天，如"生日、吉日、假日、末日、有朝一日"；又引申为时间，如"日子、来日、往日、日积月累、日月如梭、度日如年"等。"日"也用作副词，

◎ 商周时期四鸟绕日金饰

表示每一天、一天天的意义，如《论语》"吾日三省吾身"，又如"日益、日趋、日渐、日臻"。

汉字中以"日"为形旁的字多与太阳、光线、时间等有关，如"旦、早、旱、晨、昏、暮、是、晴、晚、晓、晒、时、明、暗、昭、旭"等。

望庐山瀑布

（唐代）李白

日照香炉生紫烟，遥看瀑布挂前川。

飞流直下三千尺，疑是银河落九天。

dàn

【笔顺】丶冂冃日旦

【笔画数】5 画

【部首】日（日部）

【结构】上下

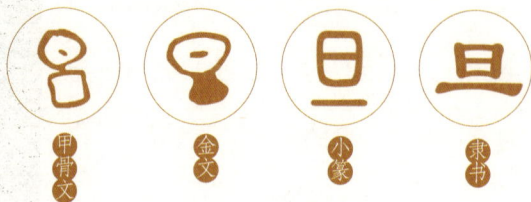

甲骨文　金文　小篆　隶书

　　"旦"的甲骨文字形是指事字，上面是日，表示太阳，下面的方框表示大地；整个字像太阳从地面升起的样子。金文字形则像太阳刚跃出水面、日水相接的样子。"旦"表示太阳从地平线上升起，是早晨太阳初升的时候，如《左传》"旦而战，见星未已"，《乐府诗集·木兰辞》"旦辞爷娘去，暮宿黄河边"；又如"旦晚、枕戈待旦、坐以待旦、通宵达旦"。

　　表示早晨的"旦"与表示傍晚的"暮""夕"意义相对，常常并用，如"旦暮、旦夕、旦夕祸福、危在旦夕"。"旦"由早晨引申为一天、一日，如《捕蛇者说》"岂若吾乡邻之旦旦有是哉"，"旦旦"即天天；又如"一旦、元旦、旦日、旦昼、旦昏"。

　　在中国传统戏曲中，女性角色称为"旦角"，根据角

色类型的不同又分为"正旦、副旦、贴旦、

外旦、老旦、大旦、小旦、花旦、武旦、

彩旦、闺门旦、刀马旦"等。

晚泊宿松

（唐代）罗隐

解缆随江流，晚泊古淮岸。

归云送春和，繁星丽云汉。

春深胡雁飞，人喧水禽散。

仰君邈难亲，沈思夜将旦。

◎ 京剧花旦

东

dōng

【笔顺】一 𠃊 午 东 东

【笔画数】5 画

【部首】一（横部）

【结构】独体

【书写提示】"东"下边的中间是竖钩。

【词语】东倒西歪 东鳞西爪 东拼西凑 东山再起 东施效颦 东张西望 声东击西

"东"的甲骨文字形由木和日构成，木表示树，日表示太阳。日在木中，整个字就像太阳挂在树上，又像太阳升高照射树木，表示太阳升起的方向，即东方，与"西"相对，如《诗经》"东有启明"，又如"东海、东邻、河东、关东、东南西北、东躲西藏、旭日东升、日出东方、付诸东流"。"东"又用作副词，表示向东的意义，如"东徙、东流水、大江东去"。

中国古代建造的房屋大都坐北朝南，客厅在房子的正中，厅中朝南摆放着两个座位，一东一西。有客人光临时，主人往往先将客人迎到西边的座位坐下，然后自己在东边的座位上落座。讲究的大户人家还在厅门前修东、西两条并排的路，进厅门的台阶也分东西两处，迎客时将客人引至西路，主人则走东路，如《礼记》"主人就东阶，客就西阶"。主位在东，宾位在西，以示对宾客的尊重。"东"由此引申指主人，如"东道、东道主"即指主人，"做东"就是做东道主、做主人；还有"房东、店东、股东、东家"。

"东"还喻指春天，如"东皇、东君"指春神，"东作"指春耕或春季作物。古时厕所一般设于北房的左侧，因此被称为"东厕、东净、东司、东厮"，"登东"即上厕所。

竹枝词（其一）

（唐代）刘禹锡

杨柳青青江水平，闻郎江上踏歌声。

东边日出西边雨，道是无晴却有晴。

昏

hūn

【笔顺】一 𠂆 斤 氏 氏 昏 昏 昏

【笔画数】8 画

【部首】日（日部）

【结构】上下

【书写提示】"昏"字上边是"氏"，不要错写成"氐"。

【词语】昏天黑地 昏头昏脑 利令智昏

甲骨文　小篆　隶书

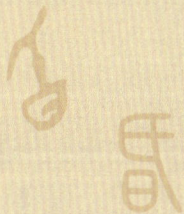

"昏"在甲骨文中上面是氐，氐即低，表示低垂、落下；下面是日，表示太阳。到了小篆中，"氐"变成了"氏"。整个字像太阳西沉的样子，表示日落黄昏的时候，如《诗经》"昏以为期，明星煌煌"，意思是和她约定黄昏相会，那时天上的星星亮晶晶的；又如"昏旦、昏晚、晨昏"。

人类在以女性为中心的母系社会向以男性为中心的父系社会过渡的时期，男子凭借强于女子的体力，往往在天黑之时趁女方家不备，用武力将女子抢到自己家中，强行结为婚姻，这种劫妇为婚的形式就是"抢婚"。古代娶亲常在傍晚天黑时进行，现在我国有些地方仍有傍晚结婚的习俗，这些都是人类早期社会抢婚的遗风。在这种背景下，"昏"便由黄昏引申出结婚的意义，《诗经》"宴尔新昏""昏姻之故"中的"昏"即"婚"，这个意义后来写作"婚"。

　　"昏"由黄昏引申为暗淡无光、黑暗混乱等意义，如"天昏地暗、昏暗、昏黑、昏世、昏乱"；又引申为眼睛模糊、神智不清、愚昧糊涂等意义，如《老子》"我独若昏"，又如"老眼昏花、昏沉、昏迷、昏厥、昏庸、昏惑、昏聩、昏君"等。

　　后来"昏"专用于黄昏、黑暗、惑乱等意义，古人又另造"婚"字表示结婚的意义。

登乐游原

（唐代）李商隐

向晚意不适，驱车登古原。

夕阳无限好，只是近黄昏。

莫

mò

【笔顺】一十艹艹苎苎苜莫莫莫

【笔画数】10 画

【部首】艹（草字头部）

【结构】上中下

【词语】莫逆之交 莫衷一是 爱莫能助 百口莫辩 鞭长莫及 变幻莫测 非公莫入 高深莫测 望尘莫及 一筹莫展

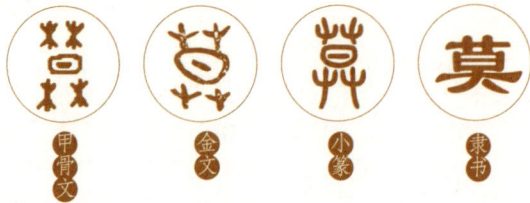

"莫"的甲骨文字形上下左右是草，中间是日。"莫"的古字形描画的是一幅夕阳隐没于草丛之中的画面，表示日落之时，是"暮"的本字，如《诗经》"不夙则莫"。"莫"后来借作否定意义的代词，表示没有人，如《史记》"莫知其所踪"；还用作副词，表示不、不能、不要，如"莫非、莫道、莫知、莫须有、莫名其妙"等。

"莫"后来专用于假借意义，于是人们在"莫"字下加日，另造"暮"字表示日落之时，如"暮色苍茫"等。

别董大（其一）

（唐代）高适

千里黄云白日曛，北风吹雁雪纷纷。

莫愁前路无知己，天下谁人不识君。

杳

yǎo

【笔顺】一十十木木杏杏杳

【笔画数】8画

【部首】木（木部）

【结构】上下

【书写提示】"杳"字上边是"木"，中间一竖不带钩；下边是"日"，不要错写成"旦"，与"查"相混。

【词语】杳无人烟 杳无音讯 杳无踪影

小篆中的"杳"上面是木，表示树木；下面是日，表示太阳。整个字用日在木下表示太阳落到树丛、天色昏暗的意义，如《楚辞·九章·涉江》"杳冥冥兮羌昼晦，东风飘兮神灵雨"；引申为幽深，如"杳杳、杳然"；又引申为渺茫高远而不见踪影，如"深杳、杳远、杳渺"。成语"杳如黄鹤"来自唐代诗人崔颢《黄鹤楼》中的名句"黄鹤一去不复返，白云千载空悠悠"，比喻一去而不见踪影。

"杳"现在只用在书面语词和成语中。

送灵澈

（唐代）刘长卿

苍苍竹林寺，杳杳钟声晚。

荷笠带斜阳，青山独归远。

旱

hàn

【笔顺】丶 冖 冂 日 旦 旱

【笔画数】7 画

【部首】日（日部）

【结构】上下

旱 旱

小篆 隶书

　　小篆中的"旱"是形声字，上面是日，表示太阳，用作形旁；下面是干，表示读音，用作声旁。"旱"本义指日光强烈，庄稼水分都被蒸发了，表示长时间出太阳而没有雨水或雨水太少的状况，如《诗经》"旱既大甚"，《论积贮疏》"三千里之旱"；又如"干旱、大旱、旱灾、旱涝保收"。"旱"由此引申指陆地上的、没有水的或与水无关的事物，如"旱路、旱地、旱稻、旱田、旱冰、旱鸭子"。

　　中国民间有一种歌舞形式叫作"跑旱船"，又叫"走旱船"，"走"在古代是跑的意思，"旱船"即指陆地上的船。表演时，艄公持橹作出各种划船动作，在前面引路，姑娘们手持竹木纸布制作的船形道具与艄公配合默契，在舞台上碎步快走，或左右旋转，或上下颠簸，且行且歌且舞，犹如船行水中，令人有身临其境之感。这种模拟水中行船

◎ 跑旱船

的民间舞蹈生活性很强，生动活泼，气氛热烈，诙谐有趣，深受民众喜爱，在全国各地广泛流行，一般在逢年过节等喜庆的日子里表演。据说这种舞蹈起源极早，最初是歌颂大禹的。大禹治水成功，洪水消退，船搁浅于陆地，人们耕作之暇就在地上推船玩耍，故名"跑旱船"。后来人们觉得木船笨重，不便推动，就用布帛或彩纸做成彩船。到了唐宋时期，跑旱船的场面已经极其盛大了。

阴雨

（唐代）白居易

润叶濡枝浃四方，浓云来去势何长。

旷然寰宇清风满，救旱功高暑气凉。

是

shì

【笔顺】丶 冂 冃 曰 旦 早 早 昻 是

【笔画数】9画

【部首】日（日部）

【结构】上下

【书写提示】"是"在字的左边时，最后一笔捺要包住字的右半边。

【词语】是非曲直 似是而非 唯利是图 回头是岸 一无是处 各行其是 莫衷一是

金文中的"是"上面是早，表示早晨的太阳；下面是止，止是人的脚。金文也有上面是日、下面是止的字形。整个字表示太阳当头，人追赶太阳的意义，这是"是"的本义。

"是"的古字形讲述了一个古老的神话故事。据《山海经》记载，北方大荒中有一座高耸入云的山，山里生活着一个巨人，名叫夸父。一天，夸父看到太阳向西坠落，夜幕就要降临，整个大地将一片黑暗，突然产生一个念头——去追赶太阳，把太阳逮住，系在天空中，让它永不坠落，这样大地将永无黑暗。于是夸父迈开大步，向风一样朝着太阳追去。一路上夸父狂奔不止，终于在太阳落山的地方追上了太阳。炽热的太阳把夸父烤得汗流浃背，干渴难忍。他俯下身子，一口气喝干了黄河和渭河的水，仍不解渴，便又向北边的大泽跑去，还没有跑到大泽，夸父就渴死在半路上。临死前，夸父心里充满遗憾，他将手杖扔出去，变成了一条绵延数千里的桃林。这就是"夸父逐日"的故事，这个故事表现出古代先民对太阳的崇拜以及对永无黑暗的光明世界的向往。

"是"由追赶太阳引申出以日为正、直而不斜的意义；又引申为真理、正确的意义，与"非"相对，如《诗经》"彼人是哉"，《淮南子》"立是废非"；又如"大是大非、自以为是、习非成是、实事求是、深以为是"。"是"还引申为国家的事务、治国的法则，如"国是"。"是"又用作指示代词，相当于"这、这些、这样"，如《诗经》"是谓伐德"，《孟子》"天将降大任于是人也"；又如"是时、是日、是年、是处""是可忍，孰不可忍"。"是"还表示概括的意义，如"凡是、是人皆去、比比皆是"。

"是"也用作动词，表示认为正确，如"是古非今、口是心非"；又表示肯定判断，如"我是中国人、今天是星期一"。"是"还用作助词，使动词宾语提前，如"唯你是问、唯命是从、唯马首是瞻"。

"是"现在主要表示陈述、肯定、存在、选择、让步、原因、目的等。

卜算子·咏梅

（宋代）陆游

驿外断桥边，寂寞开无主。
已是黄昏独自愁，更著风和雨。
无意苦争春，一任群芳妒。
零落成泥碾作尘，只有香如故。

晋

jìn

【笔顺】一 丆 丌 邧 吞 吞 吾 晋 晋 晋

【笔画数】10画

【部首】日（日部）

【结构】上下

甲骨文中的"晋"上面是两个矢，矢即箭；下面是日，日即太阳。整个字像两只箭一起射向太阳。有人认为"晋"指射日之箭，也有人认为"晋"就是箭，是箭最初的字形。用二矢射日来表示箭，说明在古人看来，箭能射日，有射日之神功。

在《淮南子》《山海经》等古书中，记载了一个关于射日的传说：尧帝之时，天上有十个太阳，天底下到处烈焰熊熊，大地上的草木被烤死了，庄稼被晒焦了，酷热与干旱使人类陷入水深火热之中。人们请来女巫祷告求雨，结果不但没有求来雨水，女巫竟被太阳活活烤死。后来出了一个英雄，名叫羿，他力大无比，射得一手好箭。尧帝命他射掉太阳，拯救人类。羿站在高高的山巅，面对天空，弯弓射箭，只听嗖嗖几声，几只箭射向太阳，被射中的太阳纷纷坠落。羿一连射下九个太阳，大地变得凉爽起来，天下恢复了正常状态。正当羿要射第十个太阳时，尧帝拦住了他。尧帝说，太阳对人类还是有功劳的，留下一个，让大地不冷不热，庄稼也好生长。羿听从了尧帝的话，留下了最后一个太阳。接着，羿又射河伯，杀凶兽，诛毒蚊，除大风，替人类除害，人类终于过上了太平生活。这就是"羿射九日"的故事。形如二矢射日的"晋"字从一个侧面反映出这一古代神话传说的真实性。

射出的箭有上升、前进的含义，"晋"由此引申为上进、提升，如"晋谒、晋见"意为上前去拜见，"晋京"意为从地方进京城，"晋级、晋职、晋升、晋封"意为职位上升、升级。

"晋"还是我国山西省的别称，如"晋剧、三晋大地"。

月

yuè

【笔顺】丿刀月月

【笔画数】4画

【部首】月（月部）

【结构】独体

【词语】光风霁月　海底捞月
烘云托月　镜花水月　吟风弄月

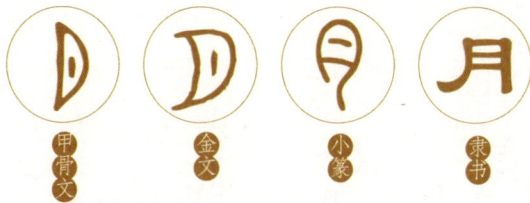

甲骨文　金文　小篆　隶书

　　甲骨文中的"月"像半个月亮的样子，如同一弯新月，中间的短竖指月亮发出的光芒。月亮有圆缺的变化，因此古人用残月而不是满月来表示月亮，如《尚书》"月之从星，则以风雨"，《诗经》"如月之恒，如日之升"；又如"月光、月华、月色、月晕、月牙、月满则亏、月高风黑、披星戴月"。

　　"月"又泛指形状或颜色像月亮的东西，如"月琴、月窗、月亮门、月白色"。月球绕地球一周是一个月，因此"月"由月亮引申指月份，如"大月、小月、淡月、旺月、闰月、寒冬腊月、五黄六月"；再引申指岁月，常与"日"合用，如"日月、年月、长年累月、日积月累、日新月异、日削月割、积日成月、日月兼程"；又特指与女性经期、怀孕、分娩有关的事，如"月经、月事、月子、月嫂、怀胎七月"。

华夏民族十分喜爱月亮，古人对月亮有很多美好的想象，给后人留下不少优美的诗篇和美丽的故事。自古以来，人们都以美丽、皎洁的月亮形容女子的美丽或与女性相关的事，如"蜜月、月韵、闭月羞花、花容月貌、花前月下、风花雪月"；也常以圆圆的满月象征团圆，代表故乡，寓意幸福，如"花好月圆"。

月亮对古代社会的天文、历法等有着重要的作用，因而一直为古人所崇拜和祭祀，"祭月"的仪式一直延续到清代，北京的"月坛"就是清代皇帝举行祭月仪式的场所。

关于月亮，有一个流传很广的神话故事——"嫦娥奔月"。传说尧时，后羿为民除害，射掉了九个太阳，西天的王母娘娘奖赏他长生不老的仙药。后羿的妻子嫦娥向往月宫生活，趁后羿不注意偷吃了灵药，顿时飘离地面，飞向月宫。月宫里琼楼玉

◎ 明代唐寅《嫦娥执桂图》

◎ 清代年画《桂序升平》

宇，寂寞难耐，嫦娥懊悔不已，便向丈夫倾诉，让后羿在月圆之时，用面粉做成圆月状的糕饼，放在屋子的西北方向，然后连续呼唤她的名字，她就可以回家来。后羿照妻子的吩咐去做，嫦娥果然由月中飞来，夫妻重圆。据说民间中秋节做月饼供奉嫦娥的拜月习俗由此而来，以此表达人们渴望家庭团圆、生活幸福的美好愿望。

"月下老人"也是中国人家喻户晓的神话人物，传说他是掌管人间婚姻之神。唐朝有个书生路过宋城（今河南商丘），见一鹤发童颜的老人在月光下倚囊而坐，手里在翻着一本书。书生问他是什么书，他说是天下人的婚姻簿。书生又问囊中是什么东西，他说是红绳，专门拴系夫妇两人脚的。月下老人为书生牵红绳指明婚嫁对象，后来书生果然应月老语与刺史之女结为连理。故事流传开来，人们由此相信男女的结合是月老牵红绳加以撮合而成。月下老人这一形象最早出现在唐朝小说中，他以红绳相系，确定男女姻缘，体现了唐代社会人们对爱情婚姻"前世注定今生缘"的认识，比起门当户对的婚姻观，月老的婚姻观念，显然是更为进步了。我国不少地方都有月老祠供人祭拜，"月老、月下老人"也成为媒人的代称。

需要注意的是，汉字中以"月"为形旁的字大多与天上的月亮并无关系，而是与身体部位或器官有关，形相似而义相异。这是由于在字形演变过程中，"肉"与"月"渐渐同形，因此现代汉字中的月字旁包含了古代汉字的月字旁、肉字旁、舟字旁等其他的偏旁。在现代汉字中，与身体部位、器官有关的月字旁由"肉"讹变而来，俗称"肉月旁"，一般在字的左边或下边，如"脾、腺、腮、脸、脚、肥、胖、肾、臂"；与月亮有关的月字旁则多在字的右边，如"明、朗、朝、朔、望"。

月夜忆舍弟

（唐代）杜甫

戍鼓断人行，秋边一雁声。

露从今夜白，月是故乡明。

有弟皆分散，无家问死生。

寄书长不避，况乃未休兵。

夕

xī

【笔顺】ノク夕

【笔画数】3 画

【部首】夕（夕部）

【结构】独体

【书写提示】"夕"最后一笔点的下端不出头，不要错写成"歹"。

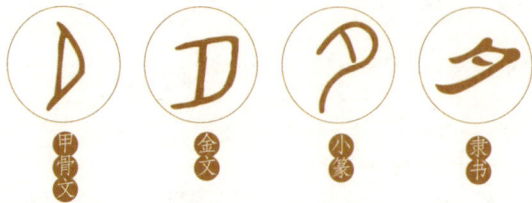

甲骨文　金文　小篆　隶书

甲骨文中的"夕"与"月"字形基本相同，也像半个月亮的形状，中间没有短竖，表示月亮初显、半隐半现、月光不明。月亮与夜晚有关，明月升起象征着夜幕降临，因此古人用里面没有短竖的半个月亮来表示日落月升之时，即傍晚、黄昏的时候，如《尚书》"初昏为夕"，《周礼》"夕时而市，贩夫贩妇为主"；《诗经》"日之夕矣，牛羊下来"，描述的是日落西山、牛羊归家的画面；又如"夕阳、夕照、夕晖、夕烟、晨夕"。

表示傍晚黄昏的"夕"与表示早晨意义的"旦、朝"意义相对，常常并用，如《岳阳楼记》"朝晖夕阴，气象万千"；又如"旦夕祸福、危在旦夕、一朝一夕、朝夕相处、朝令夕改、朝发夕至、朝花夕拾、朝闻夕死、朝不保夕、只争朝夕"。

"夕"由此泛指晚上、夜晚，如《诗经》"今夕何夕？见此良人"，说的是今夜是一个什么样的夜晚，我要与心上的人儿相见；又如苏轼《水调歌头》"不知天上宫阙，今夕是何年"；还有"前夕、除夕、七夕、风雨之夕"。"夕"还引申为一年或一个月的最末，如"岁之夕、月之夕"。

天净沙·秋思

（元代）马致远

枯藤老树昏鸦，小桥流水人家，古道西风瘦马。

夕阳西下，断肠人在天涯。

多

duō

【笔顺】ノクタタ多多

【笔画数】6 画

【部首】夕（夕部）

【结构】上下

【书写提示】"多"字是两个"夕"，不要错写成两个"夂"。

【词语】多快好省 多如牛毛 多事之秋 少见多怪 多行不义必自毙

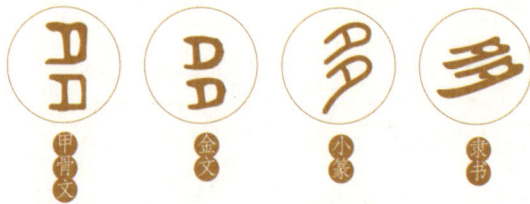

甲骨文　金文　小篆　隶书

　　"多"在甲骨文中是上下两个夕；一个夕表示夜晚，再加上一个夕，即又一个夜晚；所以"多"表示一个夜晚接着一个夜晚，指夜晚很多。"多"由此引申为数量大的意义，与"少、寡"意义相对，如《诗经》"何多日也"，又如"许多、人多、多年、多少、多寡、多种多样、多姿多彩、多难兴邦、多多益善、夜长梦多"；引申为超额的、有余的意义，如"多余、多半、多年、多时、多数、太多、过多"。

　　"多"还用作动词，表示大量拥有、超出、余出等意义，如"多雨、多才、多情、多心、多疑、多事、多余、多才多艺、多子多孙、多嘴多舌、多愁善感、多此一举、多个朋友"。

　　"多"也用作副词，表示大量、过度的意义，如"多谢、多管闲事、多听多看"；还表示感叹、惊奇、询问等意义，如"多么、多美、多高、多大了"。"多"又用作数词，表示整数下的余数，如"三年多、一个多月、十多个人、二十多岁"等。

蝶恋花·春景

（宋代）苏轼

花褪残红青杏小。

燕子飞时，绿水人家绕。

枝上柳绵吹又少，天涯何处无芳草。

墙里秋千墙外道。

墙外行人，墙里佳人笑。

笑渐不闻声渐悄，多情却被无情恼。

间

jiàn

【笔顺】 丶亻门门间间间

【笔画数】 7画

【部首】 门（门部）

【结构】 半包围

【读音提示】 "间"又读作 jiān。

金文　小篆　隶书　繁体楷书

　　金文中的"间"上面是月，表示月光；下面是门，表示房间的大门。整个字表示月光从门缝射进来，本义指门缝；"间"由此引申为缝隙、空隙，如《孟子》"其间不能以寸"，《史记》"从门间而窥其夫"；成语"间不容发"指空隙中容不下一根头发，比喻情势极其危急；又如"间隙、间缺、亲密无间"。因门缝或缝隙有一定的空当，"间"也引申为片刻、隔一段时长等意义，如《列子》"立有间，不言而出"；成语"间不容息"指中间容不得喘息，形容时机紧迫，不容延误；又如"间歇、间断、间隔"。"间"还引申为偶尔的意义，如《战国策》"时时而间进"，又如"间或"；又引申为偏僻的意义，如"间道、间径、间蹊"。

　　"间"还用作动词，表示夹杂、掺入的意义，如"间错、间杂、间种、间奏"。《礼记》说："衣正色，裳间色。"

古人上为衣，下为裳，在颜色上以青、赤、黄、白、黑五方正色为贵，以由正色相杂而成的间色为卑。《礼记》的这句话说的是上衣的颜色要用正色，下裳的颜色则可用正色相杂而成的间色。"间"还表示隔阂、离间等意义，如《左传》"君臣多间"指君臣之间多有隔阂，《史记》"馋人间之"指谗佞小人挑拨中伤；又如"间使、间谍、间者"指密使、密探，"间构、间疏、间贰"指挑拨离间。"间"又表示除去多余的植物幼苗，如"间苗"。

"间"的本字是"闁"，到了隶书中，以日代月，另造了"間"字，因此"間"是后起字。后来"間"简化作"间"，"間"是"间"的繁体字，"闁"是异体字。"间"是个多音字，又读作 jiān，用作方位词和量词，如"中间、之间、时间、空间、人间、车间、一间房间"。

明

míng

【笔顺】丨冂月月町明明明

【笔画数】8画

【部首】日（日部）

【结构】左右

【词语】明辨是非　明知故问

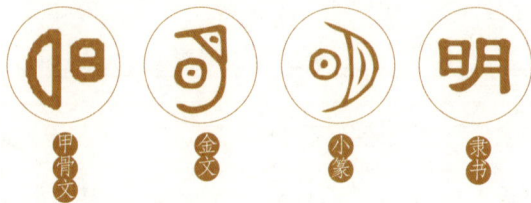

甲骨文　金文　小篆　隶书

　　"明"在甲骨文和金文中都是由日、月组成，只不过日和月的位置相反。日和月都能放射出光芒，因此古人用日、月发光表示光亮、光明、明亮的意义，与"暗"意义相对，如《荀子》"在天者莫明于日月"，《诗经》"东方明矣""东有启明"；又如"照明、明星、明珠、明镜、明灯、明晃晃、月明星稀、灯火通明"。

　　"明"由自然的光亮引申指人的眼睛明亮，如"明目、明眸皓齿"；代指良好、敏锐的视力，如《孟子》"明足以察秋毫之末"，又如"失明、复明、耳聪目明、眼明手快"。"明"还引申为清楚、公开、懂得等意义，如"表明、指明、明晰、明显、明确、明证、明白、明了、黑白分明、明目张胆、明哲保身、深明大义"；又引申为有眼力、聪慧、睿智等意义，如"明君、聪明、精明、高明、英明、圣明"。"明"

也表示天亮之后，代指第二天或第二年，如"明日、明天、明早、明晚、明年、明春"。

"明"还用作动词，表示点亮的意义，如"明火执仗"；又用作副词，表示清楚地、公开地、表面上等意义，如"明令、明示、明鉴、明知故犯、明媒正娶"。由此"明"常与"暗"并用，如成语"明升暗降、明来暗往、明枪暗箭、明争暗斗"等。

泊船瓜洲

（宋代）王安石

京口瓜洲一水间，钟山只隔数重山。

春风又绿江南岸，明月何时照我还。

朝

zhāo

【笔顺】一十十十古古直直草朝朝朝朝

【笔画数】12 画

【部首】月（月部）

【结构】左右

【读音提示】"朝"又读作 cháo。

【词语】朝气蓬勃

"朝"在甲骨文中左面上下像丛生的草，中间是日，表示太阳；右面是一弯新月，表示月亮。整个字描绘了太阳已经升起而月亮还挂在天上的景象，这种日出月落、日月同辉的自然景象一般在清早出现，所以"朝"表示早晨、清晨的意义，读作 zhāo，如《水经注》"有时朝发白帝，暮到江陵"；又如"朝日、朝阳、朝晖、朝霞、朝露"。《论语》说："朝闻道，夕死可矣。"意思是说如果早上明白了道理，哪怕当天晚上死去也是值得的，这句话表达了孔子对"道"的不懈追求。

表示早晨的"朝"与表示傍晚的"夕、暮"意义相对，常常并用，如成语"朝夕相处、朝不保夕、朝令夕改、朝花夕拾、朝发夕至、朝思暮想、朝秦暮楚、朝三暮四、朝朝暮暮、一朝一夕、只争朝夕"。"朝"由早晨引申指一天，如《孟子》"虽与之天下，不能一朝居也"，《史记》"三战之所亡，一朝而复之"；又如"明朝、有朝一日、今朝有酒今朝醉"。

古时大臣们每天早上五更天之前就要列队于殿堂之下，等候拜见帝王，"朝"因此引申为晨拜帝王的意义，读作 cháo，如《左传》"盛服将朝，尚早，坐而假寐"，《史记》"相如每朝时，常称病"；又如"朝拜、朝见、朝圣、朝臣、早朝、上朝、退朝"。"朝"还引申指晨拜之地，如"朝廷、朝堂、入朝"；喻指帝王政权中心之所在，如"朝政、朝纲、朝野上下"；又引申为帝王政权统治的时代，如"朝代、王朝、新朝、汉朝、两朝元老、一朝天子一朝臣"。"朝"也表示面对、向着的意义，如"朝向、朝天、朝东、朝前看、面朝黄土背朝天"等。

鹊桥仙

（宋代）秦观

纤云弄巧，飞星传恨，银汉迢迢暗度。

金风玉露一相逢，便胜却人间无数。

柔情似水，佳期如梦，忍顾鹊桥归路。

两情若是久长时，又岂在朝朝暮暮。

云

yún

【笔顺】一二云云

【笔画数】4 画

【部首】二（二部）

【结构】上下

【词语】行云流水 阴云密布 风起云涌 风卷残云

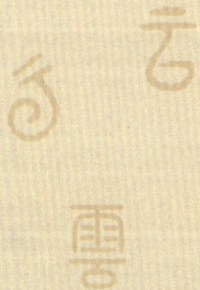

甲骨文　金文　小篆　隶书　繁体楷书

　　"云"的甲骨文字形像天上的云朵的样子，本义指天空中飘浮的气团，如杜甫《兵车行》"哭声直上干云霄"，又如"云彩、云烟、云海、云汉、云气、乌云、云山雾海、云淡风轻、云开雾散、云蒸霞蔚"。"云"也泛指像云一样的东西，如"云鬓、云鬟、云杉、云梯、蘑菇云、电子云"。"云"还喻指像云一样多、高、铺天盖地的意义，如《诗经》"齐子归止，其从如云"，《庄子》"黄帝得之，以登云天"，《汉书》"威武纷云"；又如"云集、云散、云步、风云、浮云、疑云、烟消云散、壮志凌云、平步青云"。"云"又引申为缥缈的、不确定的意义，如《诗经》"洽比其邻，昏姻孔云"；又如"云客、云心、云游、云水、云山雾罩"。

　　"云"后来假借为不确切地言说的意义，泛指说、讲，如《诗经》"伊谁云从"，《国语》"谁云救之"；又如"人云亦云、子曰诗云、不知所云"。"云"又用作助词，用于句首、句中或句末，无实际意义，如"云谁之思、岁云暮矣、宋将军云"。"云"也是我国云南省的简称，如"云烟、云腿"等。

为了区别云雨的"云"和说话的"云"，人们后来在云雨的"云"上加了个雨，成了繁体的"雲"字，后来繁体字简化，又恢复为古字形"云"；而表示说话意义的"云"繁体字仍作"云"。

春日偶成

（宋代）程颢

云淡风轻近午天，傍花随柳过前川。

时人不识余心乐，将谓偷闲学少年。

◎ 汉代飞龙抱彩云画像砖

气

qì

【笔顺】丿乀乀气

【笔画数】4画

【部首】气（气部）

【结构】独体

【书写提示】"气"四画，注意不要与"乞"相混。

【词语】气冲霄汉 气势汹汹 气吞山河 气味相投 一气呵成 有气无力 心平气和 垂头丧气 平心静气 上气不接下气

甲骨文　金文　小篆　隶书　繁体楷书

　　"气"在甲骨文、金文和小篆中都是象形字，甲骨文中的"气"像蒸腾上升、飘浮在空中的三条气流。"气"的甲骨文字形与表示数目的"三"很相近，于是在金文和小篆中，"气"的三横笔形弯曲，既与数字"三"相区别，也强调了气流的流动感。"气"本义是云层中的气流，如《礼记》"天气下降，地气上腾"；又如"云气、雾气、气团、气旋、气压"。"气"也泛指一切气体，如"气象、空气、大气"。"气"还指节候，如"气候、节气"；也指气味，如"香气、臭气、恶气、秽气、腥气"；又指景象，如"山气、水气、天气、春气、秋气、气象万千"。

　　"气"还表示人的呼吸，如"气息、气绝、气喘、呼气、吸气、喘气、屏气、咽气"；引申为人的能量、性命，如《左传》"一鼓作气"，又如"气力、气色、气血、气命、气脉、元气、精气"；也引申为人的声气、声调，如"语气、唉声叹气、理直气壮、气竭声嘶"。人生气发怒时往往呼吸失控，"气"由此喻指人发怒、动怒，如"气愤、气恼、生气、挨打受气、气急败坏、气得要命、别气他了"。

"气"由人具体的呼吸能量、声调语气又引申为人抽象的精神、情绪、态度、情谊等，如《出师表》"恢弘志气"，又如"气派、气度、气势、气傲、豪气、勇气、泄气、娇气、士气、官气、义气、朝气蓬勃、心平气和、浩然正气、意气相投"；进一步引申为人或事物的属性、特点、风格以及氛围、社会习俗等，如"气质、气韵、气氛、习气、风气、歪风邪气"。

"气"的繁体字写作"氣"，后来繁体字简化，又恢复了"气"的古字形。汉字中以"气"为形旁的字多与气体有关，如"氢、氧、氮、氖、氛"等。

临洞庭上张丞相

（唐代）孟浩然

八月湖水平，涵虚混太清。

气蒸云梦泽，波撼岳阳城。

欲济无舟楫，端居耻圣明。

坐观垂钓者，徒有羡鱼情。

风

fēng

【笔顺】丿几凡风

【笔画数】4 画

【部首】风（风部）

【结构】半包围

【书写提示】"风"字里面是"乂"，不要错写成"又"，与"凤"相混。

【词语】风餐露宿 风风火火 风和日丽 风花雪月 风华正茂 风平浪静 风雨同舟 春风化雨 凄风苦雨 煽风点火 八面威风 甘拜下风 满面春风 弱不禁风

古人认为来自于上天的气流能使鸟类飞翔，于是甲骨文中借用凤凰的"凤"字来表示看不见摸不着、来无影去无踪的风，如"今日不凤"，意思是今天无风。到了小篆中，"凤"专指传说中的凤凰，古人另造"風"字来表示自然界中的风。"风"的小篆字形上面是凡，用作声旁；下面是虫，虫在古代指蛇，蛇行动起来速度极快，古人因此以虫（蛇）作为形旁。"风"指自然界空气流动的现象，如《诗经》"风雨如晦，鸡鸣不已"；又如"风暴、风向、轻风、东风、春风、风云变幻、风雨如磐、风调雨顺、和风细雨、狂风暴雨"。"风"又喻指像风一样迅速的意义，如"风扫、风潮、风传、风驰电掣、风靡一时、雷厉风行、意气风发"。

"风"由自然现象还引申指社会现象，表示社会习俗、习气，如《荀子》"移风易俗"，《汉书》"风俗大改"；又如

"风气、风物、风尚、家风、民风、国风、蔚然成风、不正之风"。"风"还表示表现在外的自然景象以及人的举止气质、事物的气韵格调等，如"风景、风光、风貌、风范、风度、风韵、风致、风格、遗风、高风亮节"；又表示消息、传说，如"风声、风传、风闻、风言风语、闻风而动"。

　　"风"也用作动词，表示起风、刮风，如苏轼在《教战守》中说"风则袭裘，雨则御盖"。"风"还表示风力吹干，如"风干、风鸡"；又表示走失，成语"风马牛不相及"原指齐国和楚国相距很远，即使马牛走失，也跑不到对方境内，后比喻事物彼此毫不相干。

咸阳城东楼

（唐代）许浑

一上高城万里愁，蒹葭杨柳似汀洲。

溪云初起日沉阁，山雨欲来风满楼。

鸟下绿芜秦苑夕，蝉鸣黄叶汉宫秋。

行人莫问当年事，故国东来渭水流。

雨

yǔ

甲骨文　金文　小篆　隶书

【笔顺】一丆丙丙雨雨雨雨

【笔画数】8画

【部首】雨（雨部）

【结构】独体

【书写提示】"雨"在字的上边时写作"⻗"，叫作雨字头。

【读音提示】"雨"又读作yù。

【词语】雨后春笋　风雨交加　风雨如晦　未雨绸缪　翻云覆雨

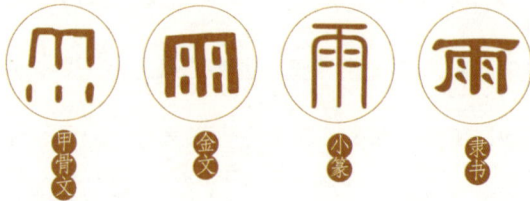

　　"雨"的甲骨文字形展现出一幅下雨的图景：上面一横表示天空的云层，下面的点或短竖表示从云层降落下来的雨。"雨"的本义是下雨，用作动词，读作yù，如《周易》"密云不雨"，《韩非子》"天雨墙坏"。"雨"由天上下雨引申为天上降下、落下，如《淮南子》"昔者仓颉（jié）作书，而天雨粟，鬼夜哭"，"天雨粟"指天上降下谷子；又如"雨雪"指天上降雪，"雨毛"指天上降下羽毛。"雨"由此喻指滋润、润泽的意义，如"春雨雨人"，第二个"雨"即滋润的意思。

　　"雨"由下雨也指雨水，用作名词，读作yǔ，如《荀子》"积土成山，风雨兴焉"；又如"雨露、雨雾、雨滴、雨势、雨季、雷雨、梅雨、暴雨、毛毛雨、倾盆大雨、雨过天晴、风调雨顺、春风化雨、暴风骤雨"。"雨"由雨水又喻指像雨一样密集的东西，如"雨矢、雨注、花雨、枪林弹雨"等。

汉字中以"雨"为形旁的字多与雷雨或云雾有关，如"雪、雾、雷、雹、霰、霾"等。

清明

（唐代）杜牧

清明时节雨纷纷，路上行人欲断魂。

借问酒家何处有，牧童遥指杏花村。

雷

léi

甲骨文　金文　小篆　隶书

【笔顺】一　厂　厂　厂　而　雨　雨　雨　雷　雷　雷　雷　雷

【笔画数】13 画

【部首】雨（雨部）

【结构】上下

【词语】雷打不动　大发雷霆　电闪雷鸣　雷声大，雨点小

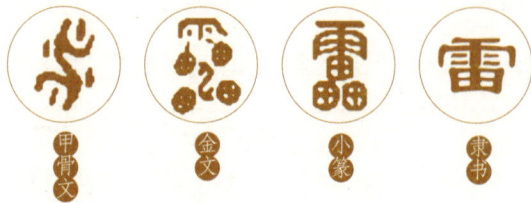

"雷"的甲骨文字形强调雷电交加之势；中间像闪电之形，上下的圈和点是鼓面形，表示伴随着暴雨和闪电发出的如鼓声一样的巨响。金文字形则突出雷雨交加之势；上面是雨，下面是四个车轮，古人认为天空发出的这种巨响是天神驾驶战车轰然驶过的声音。

"雷"的古字形表明，古人认识到打雷总是伴随着闪电和暴雨，当然他们并不懂得雷是云层放电发出的巨响，如《礼记》"仲春，雷乃发声；仲秋，雷始收声"；《春秋》"阴阳合为雷"。古人甚至认为打雷是天神雷公发怒，在古书中雷公常被描绘成人首龙身的形象，身边放着鼓，后来渐渐变成尖嘴猴脸的形象。古人认为雷公是惩罚罪恶之神，谁要是干了坏事，就有可能"天打五雷轰"，遭雷劈而亡，因此历史上一直存在着对雷公的敬畏。

雷响声很大，来去迅速，"雷"也由此泛指如雷一般的震天巨响以及如雷电一般猛烈迅疾之势，如《诗经》"如雷如霆，徐方震惊"，《荀子》"天下应之如雷霆"；又如"雷鸣、雷吼、雷动、雷驰、雷厉风行、雷霆万钧、暴跳如雷、迅雷不及掩耳"。"雷"又用作爆炸武器的名称，如"地雷、鱼雷、水雷、手雷、扫雷、排雷"。

古时有一种说法，认为打雷时万物惊惧会产生回声，与雷声同时相应，如《论语》"雷震百里，声相附也"；于是有"雷同"一词，表示与他人一样的意义，如《礼记》"毋剿说，毋雷同"，意思就是做人应该自己去判断是非，不要随声附和、人云亦云。

◎ 汉代雷公画像砖

喜雨

（宋代）陆游

势掠郊原飞急雪，声摇窗户过奔雷。

坐知多稼连云熟，不独新凉傍枕来。

电

diàn

【笔顺】丨冂冂日电

【笔画数】5画

【部首】乙（乙部）

【结构】独体

【书写提示】"电"中间是竖弯钩，注意不要与"申"相混。

"电"与"申"的甲骨文字形是同一个字，就像天空中的一道闪电。到了金文中，"电"上面多了一个雨，强调闪电与雷雨相伴，与"申"分作两个字。在隶书中，下面的申变成了电。"电"的本义是闪电，如《谷梁传》"三月癸酉，大雨震电"，"震电"即"雷电"；又如"电闪雷鸣"。闪电速度极快，"电"由此比喻极为迅速的意义，如"电扫、电势、风驰电掣"。近代以后"电"又表示物理学中的电能，并作为电报、电话的简称，如"贺电、来电"。"电"也用作动词，表示以强大的能力刺激的意义，多用于口语，如"电人、被电了一下"等。

"电"本是"申"的变体，现在用作规范的简化字。

申

shēn

甲骨文　金文　小篆　隶书

【笔顺】丶 冂 冂 曰 申
【笔画数】5 画
【部首】丨（竖部）
【结构】独体
【书写提示】"申"中间一竖
上下端都要出头，注意不要与
"甲"或"由"相混。

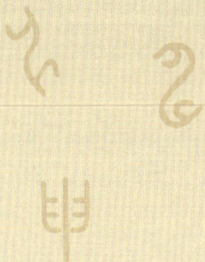

　　甲骨文中的"申"与"电"是同一个字，就像天空中一道闪电的样子，表示闪电的意义。到了金文中，"申"与"电"分作两个字，"申"是"电"的本字。闪电有屈伸的含义，所以"申"引申为约束的意义，如《淮南子》"约车申辕"；也引申为伸展、延长的意义，如《北征赋》"行止屈申，与时息兮"，这个意义后来写作"伸"。

　　"申"由屈伸又引申为郑重地说明、表达的意义，如《孟子》"申之以孝悌之义"，《史记》"即三令五申之"；又如"申明、申述、申辩、申说、申讨、申雪、申冤、重申"。"申"既可以表示下级向上级呈报，如"申禀、申报、申诉、申请、申办"；也可以表示上级对下级加以训诫，如"申令、申斥、申诫、申饬"。

　　后来"申"被借作十二地支中的第九位，与天干搭配用来纪年、月和纪时，如15时至17时为"申时"。我国上海的黄浦江又叫"春申江"，简称"申江"，因此"申"也是上海的别称。

"申"后来专用于引申意义，其闪电的本义就由"电"字表示了。

虹

hóng

【笔顺】丶丶冂口中虫虫虹虹

【笔画数】9画

【部首】虫（虫部）

【结构】左右

甲骨文　小篆　隶书

"虹"在甲骨文中是象形字，像一条横跨天空的巨龙，两端各有一个张着大口的龙头，拱形的巨龙与雨后天空中出现的彩虹的形状一样，本义就是指雨后天空出现的彩虹。"虹"的古字形体现出古人对虹这种自然现象的认识。

作为一种自然现象，"虹"是大气中的小水珠在阳光的照射下，经光的折射和反射作用而在天上出现的红、橙、黄、绿、蓝、靛、紫的弧形彩带。但在古人眼里，虹是天帝创造的奇异天象。虹的出现往往在雨后，人们认为虹是天上的神龙，在雨后出来吸水，因此甲骨文"虹"两端是龙头，像一条双头龙。到了小篆，字形发生了变化，变成了以虫为形旁、以工为声旁的形声字。

古人认为，虹不仅有生命，还有性别，色彩鲜艳的、在外的弧形彩晕为雄性，叫"虹"，又叫"正虹"；色彩较淡的、在内的弧形彩晕为雌性，叫"霓"，又叫"副虹"。正虹、副虹合称为"虹霓"，如《列子》"虹霓也，云雾也，风雨也，四时也，此积气之成乎天者也"。

"虹"由彩虹泛指像虹一样的东西，代指拱形的桥梁，如"虹桥、断虹、长虹卧波"；又引申为彩色的意义，如"虹裳、霓虹灯"。

秋登宣城谢朓北楼

（唐代）李白

江城如画里，山晓望晴空。

两水夹明镜，双桥落彩虹。

人烟寒橘柚，秋色老梧桐。

谁念北楼上，临风怀谢公。

自然万物

山

shān

【笔顺】丨山山

【笔画数】3画

【部首】山（山部）

【结构】独体

【书写提示】"山"三画，不要把第二笔分成两笔，错写成四画。"山"在字的左边时，第二笔竖折要写作竖提。

【词语】山清水秀　山穷水尽
山摇地动　山珍海味　愚公移山
地动山摇　气吞山河　安如泰山
逼上梁山　调虎离山　开门见山
万水千山

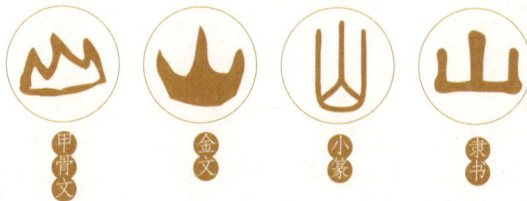

"山"在甲骨文中就像连绵起伏的山峦，如同一幅群峰耸峙的画面，古人用三座山峰表示层峦叠嶂的群峰。我国的华北平原就处于群山环抱之中，东有泰山，西有华山，北有太行山，这里孕育了灿烂辉煌的华夏文明，也正是在这样的地理环境中，诞生了包括"山"字在内的古老的汉字。"山"是大山、高山，是连绵的群峰，如《国语》"山，土之聚也"，《诗经》"如山如阜，如冈如陵"；又如"山岳、山脉、山崖、山岩、山麓、山谷、山川、山河、山高水远、山崩地裂、跋山涉水、翻山越岭"。成语"三山五岳"泛指名山或各地，其中"三山"指传说中的蓬莱（蓬壶）、方丈（方壶）、瀛洲（瀛壶）。

说到高山，有一个流传千古的动人故事：春秋时期有个琴师叫伯牙，善弹古琴，却始终没能找到一个知音。一

◎ 元代黄公望《溪山雨意图》

次，伯牙在荒山野地弹琴，樵夫钟子期听了，竟能领会出伯牙曲中高山与流水之志趣。伯牙惊叹："善哉，子之心而与吾心同！"于是焚香燃烛，与子期结为兄弟。子期死后，伯牙痛失知音，抚琴而哭，弹了一首《高山流水》。曲终，以刀断弦，琴击祭台，终身不再操琴。人们被伯牙、子期的故事所感动，在湖北汉阳龟山尾部、月湖侧畔筑一琴台，以资纪念。古琴曲《高山流水》是中国十大古曲之一，后人用成语"高山流水"喻指知己或知音。

"山"还泛指像山一样的东西，如"云山、冰山、煤山、山墙"；又喻指巨大的声响或极多的数量，如"山响、山呼、人山人海、刀山火海"等。

汉字中以"山"为形旁的字多与山有关，如"岭、峰、崎、岖、岐、屹、峡、峪、屿、岳、岛、岗、巍"。

凉州词

（唐代）王之涣

黄河远上白云间，一片孤城万仞山。

羌笛何须怨杨柳，春风不度玉门关。

丘

qiū

【笔顺】 ノ ィ ィ 丘 丘

【笔画数】5 画

【部首】 ノ （撇部）

【结构】独体

【书写提示】 "丘"五画，不要把第一笔和第二笔错连成一笔，第三笔横的右端要出头。

【词语】 一丘之貉

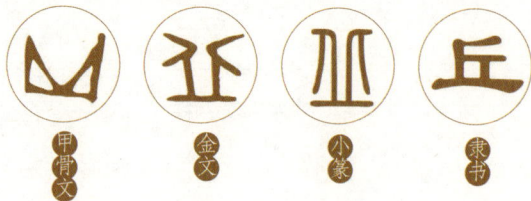

甲骨文　金文　小篆　隶书

　　甲骨文中的"丘"像两个隆起的土山。"山"有三个山头，"丘"有两个山头，"丘"的本义指连绵的小土山、小土堆，如《诗经》"丘中有麦""丘中有麻""丘中有李"，又如"土丘、沙丘"。"丘"由此泛指山，如"山丘、荒丘、丘峦、丘陵"；也喻指像连绵的小土山似的东西，如"丘疹、丘脑"。"丘"还由土山引申指坟墓，如"丘墓、丘冢"；又由坟墓引申为废弃、荒凉的意义，如"丘落、丘荒"。"丘"也用作量词，用于田埂隔开的水田，如"一丘秧田"。

送崔九

（唐代）裴迪

归山深浅去，须尽丘壑美。

莫学武陵人，暂游桃源里。

岳

yuè

【笔顺】 丿 亇 斤 斤 丘 乒 岳 岳

【笔画数】8 画

【部首】山（山部）

【结构】上下

【书写提示】"岳"字上边是"丘"，第三笔横的右端要出头；下边的"山"三画，不要把第二笔分成两笔，错写成四画。

【词语】岳镇渊渟 三山五岳

"岳"的大篆字形像山上有峰的样子，表示连绵的山脉中高大的山峰，如《诗经》"崧高维岳，骏极于天"。小篆中的"岳"变成了形声字，山用作形旁，狱用作声旁。"岳"往往指高山中的名山，如"五岳"指东岳泰山、西岳华山、南岳衡山、北岳恒山和中岳嵩山。东岳泰山上有个丈人峰，于是"岳"又用作敬辞，用以尊称妻子的父母，如"岳父、岳母"。需要注意的是，"岳"表示大山时，繁体字写作"嶽"；表示岳父母及用作姓氏时，繁体字仍作"岳"。

秋夜将晓出篱门迎凉有感

（宋代）陆游

三万里河东入海，五千仞岳上摩天。

遗民泪尽胡尘里，南望王师又一年。

土

tǔ

【笔顺】一十土

【笔画数】3画

【部首】土（土部）

【结构】独体

【书写提示】"土"上横短，下横长；注意不要与"士"相混。"土"在字的左边时，最后一笔横要写作提。

【词语】土包子　土皇帝　土政策　土崩瓦解　安土乐天　灰头土脸　太岁头上动土

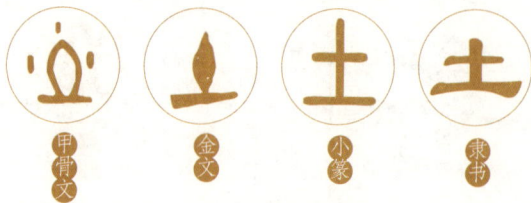

| 甲骨文 | 金文 | 小篆 | 隶书 |

"土"在甲骨文中是象形字，下边的一横表示地面，上面像一个土堆的样子，周围的小点像弥漫的土粒或溅起的泥点。整个字用地上的一堆土来表示泥土、土壤、土地的意义，如《说文解字》"土，地之吐生物者也"，《尔雅》"土，田也"。

中国自古以农业为本，土地与中华民族渊源深厚，息息相关。土不仅是最基本的农业资源，是人类赖以生存的靠山与保障，还是构成万事万物的重要元素。古人认为"土生万物"，我们人类也由土孕育而生。在中国古代神话中，女娲用黄土和水创造出包括人类在内的万物的生命。黄河流域丰饶的土地孕育出中国古代的农耕文化，据古书记载，黄帝统一了华夏部落，继承并发展了神农以来的农业生产经验，形成了建立在农业文明基础上的中华文明。黄帝崇尚土德，土为黄色，因此被称为"黄帝"。黄帝的"黄"体现出先民们生活的黄土高原的自然特征，反映出远古人类对土地的依赖，也充分表明了黄帝对古代农业文化的贡献。

土造就了中国人的生命，渗透于中华民族的血液。我们的祖先视土地为神灵，对土地之神顶礼膜拜并加以祭祀，"土"由此成为土地神，如《诗经》"乃立冢土"，《公羊传》"天子祭天，诸侯祭土"，这个意义后来写作"社"；又如《尚书》"告于皇天后土"，"皇天"指天，即天神，"后土"指地，即土神，"皇天后土"就是主宰万物的天地和天地神灵的总称。平凡而普通的"土"字，承载的不仅有祖先对大地的深情，还有对故乡的眷恋，对国家的崇敬与自豪。中国人说"一方水土养一方人"，"土"代表家乡，"故土"难离，"乡土"难忘。有土才有国，"土"还象征国家，"国土"神圣，

"守土有责"，"疆土、领土"不可侵犯。"土"涵盖了本地的、地方的、民间的、民族的一切，如"土生土长、土著、土音、土话、土产、土货、土风、土俗、土方、土造、土法上马"；也喻指原始的、卑俗的人或事，如"土气、老土、土里土气、土洋结合、视为土芥"。

土是黄河流域最充足丰沛的资源，我们的祖先就地取材，以土为材料构筑了灿烂的中华文化。先民们用土烧制出"白如玉、明如镜、薄如纸、声如磬"的精美瓷器，中国的瓷器与丝绸、茶叶一起传至欧亚，名扬四海。几千年来，中国古代建筑的主要材料就是土、木以及用土烧制的砖瓦。远古时期先民们在黄土高原上挖地穴居住，后来在地穴上打上墙，形成了半穴式的居室，也就是窑洞式民居，再后来人们夯土建造起坚固的"城、垣、墙、塔、壁、堂、堡"等建筑。考古发现，秦汉以前建筑的

墙体内部都是以土夯实而成或用土坯砌成，中原大地留下了不少古代都城土城墙和宫殿夯土台基的遗址，在山西、陕西等地的农村至今仍有不少以土坯砌成的民居和院墙。隋代以前的长城都是内填黏土或灰石，层层夯实而成，著名的嘉峪关长城有的部分就是用黏土做成土坯，晒干后像砌砖一样垒砌而成，墙面外再抹一层黄泥作为保护层。

西晋永嘉年间，天灾肆虐，北方战祸频仍，中原地区的民众大举南迁，沿黄河、长江等流域辗转进入福建。为了获得稳固的居所，不再遭受颠沛流离之苦，这些中原汉民即客家先民沿袭中原古老的夯土建筑技术，结合当地特殊的地理环境，以未经烧焙的生土为主要建筑材料，按一定比例掺上细沙、竹片、木条、石灰，甚至糯米饭、红糖等，经过反复揉、舂、压，用夹墙板夯筑而成，一座座外墙厚达一至二米、集居住与防御功能于一体的大型多层土楼，俗称"生土楼"。这种土楼可供一个家族三四代人同楼聚居，体现出中原儒家根深蒂固的聚族而居的传统观念，又可共御外敌、防范野兽，更具有防火抗震和冬暖夏凉等功用。这就是世界独一无二的

◎ 山西应州明代古城墙遗址

◎ 福建永定土楼

大型山区民居建筑"福建土楼",因其大多数为福建客家人所建,是客家文化的象征,又称为"客家土楼"。福建土楼将我国远古的生土建筑艺术发扬光大并推向极致,是"生土建筑的活化石",成为中国传统民居的瑰宝,是人类民居的杰出典范,2008年被正式列入联合国教科文组织的《世界遗产名录》。

汉字中凡是以"土"为形旁的字多与泥土、土地或地域有关,如"堆、堤、城、坛、地、场、域、疆、块、埋、尘、垄、垦、垒"等。

池州翠微亭

（宋代）岳飞

经年尘土满征衣,特特寻芳上翠微。

好水好山看不足,马蹄催趁月明归。

石

shí

【笔顺】一ナオ石石

【笔画数】5画

【部首】石（石部）

【结构】上下

【词语】石沉大海 石破天惊
投石问路 海枯石烂 滴水穿石
落井下石

甲骨文

金文

小篆

隶书

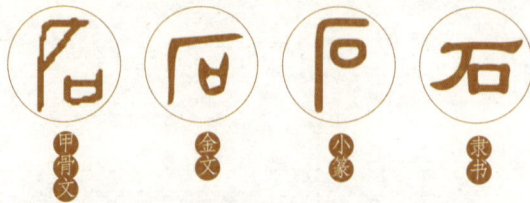

甲骨文中的"石"左上边是厂，像石壁高耸的山崖；右下边的方块像一块石头。整个字像山崖峭壁下的石块，表示山石的意义，如《诗经》"他山之石，可以攻玉"；又如"石窟、石壁、石桥、石像、石匠"。

石头普普通通，中国人却赋予其丰富的内涵，将功能作用发挥到极致。在中国人心中，石头与自然界的山水一样具有灵性，石头里面有文章、有故事、有历史，盘古开天、女娲补天、精卫填海、大禹治水、愚公移山，这些流传千年的神话故事都与石头有关。

在中国人眼里，石头还是具有很高鉴赏价值的艺术品，自古以来中国人就有爱石赏石的传统。有史料记载的赏石文化始于夏商，盛于唐宋，繁荣于明清，赏石、藏石、玩石成为帝王将相、士大夫文人的一种雅趣。古代园林筑山穿池、置石树花，那些形状各异、姿态万千、通灵剔透，具有"瘦、透、漏、皱"之美的奇石、巧石，构成了中国传统园林景观的重要元素，使大自然中的"三山五岳、百洞千壑"尽在石中。园林用石以太湖石最为著名，唐代大诗人白居易撰有《太湖石记》，全面论述了太湖石收藏、鉴赏的理论和方法。古代文人雅士还喜欢以石入画，宋代著名书画家、"宋四书家"之一的米芾（fú）迷恋珍石，"蓄石甚富"，他拜石为丈，遇石称兄，画的枯木竹石别具风格，自成一家。清代著名书画家、"扬州八怪"之一的郑板桥擅画花卉竹石，常将石与兰、竹画在一起，取其"石有骨、兰有香、竹有节"的意境。古人又以石为料，上刻汉字制成印章，汉字书法与石料镌刻的结合形成了汉字特有的一种艺术形式——篆刻艺术。

在中国人手里，石头又是治病疗疾的医用工具，如《礼记》"古者以石为针，所以为刺病"，《战国策》"扁鹊怒而投其石"，其中的"石"指的是用石制的针，又称"石针、药石、砭石、针石、箴石"，石与针、灸、药一起，成为我国古传统的四大医术。

"石"在古代也用作重量和容量单位，读作 dàn，表重量时一石约六十公斤，表容量时一石为十斗。

汉字中以"石"为形旁的字多与石头或坚硬的东西有关，如"矿、砖、研、砂、砌、砍、砸、硬、泵、岩"等。

山居秋暝

（唐代）王维

空山新雨后，天气晚来秋。

明月松间照，清泉石上流。

竹喧归浣女，莲动下渔舟。

随意春芳歇，王孙自可留。

玉

yù

【笔顺】一二干王玉

【笔画数】5画

【部首】王（王部）

【结构】独体

【书写提示】"玉"五画，注意不要与"王"相混。"玉"在字的左边或左上边时写作"王"，最后一笔横要写作提；叫作斜玉旁或王字旁。

【词语】玉石俱焚　珠圆玉润　抛砖引玉　化干戈为玉帛　宁为玉碎，不为瓦全

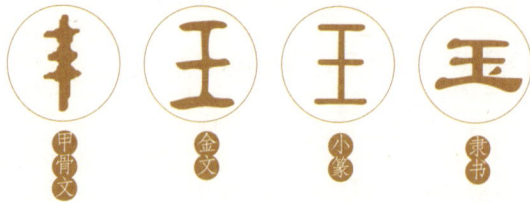

甲骨文　　金文　　小篆　　隶书

"玉"在甲骨文中是象形字，像一根丝绳上穿着几块玉的样子，本义指玉石。在金文和小篆中，丝绳两端的线头消失，"玉"的字形与"王"相似，区别在于"玉"三横之间距离

◎ 商代妇好墓阴阳合体玉人——玉人的两面分别为男性和女性，体现了商代的生殖崇拜

相等，而"王"三横之间距离不等，中间一横靠上。可见"玉"的古字形并没有点。由于"玉"与"王"的古字形虽有细微区别，但毕竟容易混淆，到了隶书中，人们就开始以加点为"玉"、不加点为"王"来区别这两个字，"玉"也由象形字变成了指事字，而"玉"加点倒也能够体现出

白玉微瑕的客观现实。

　　古人把凡是质地坚韧致密、色泽温润纯净的美石都视作玉。中国是世界上重要的产玉国，玉石分布广泛，蕴藏丰富，开采、加工与使用玉的历史极为悠久。《山海经》中就记载了我国两百多处产玉点，现代考古发现大约八千年前，中国古代先民就已经能够加工制造玉器，有了治玉工艺和玉文化。

　　中国人自古爱玉、尊玉，玉在古代社会生活中占有重要地位。古人认为，玉是神奇的物质，是天地的精气、山川的精华，具有沟通天地鬼神的灵性，因而被视为珍贵的宝物，用作高档的礼品、祭祀天地神灵的礼器以及高等级的殓葬用品。"玉不琢，不成器"，玉可雕琢成饰物和工艺品，但玉的硬度很高，加工起来费力耗时，只有王公贵族才能支配大量的人力来制作大量的精美玉器，因此，拥有玉器是权力、

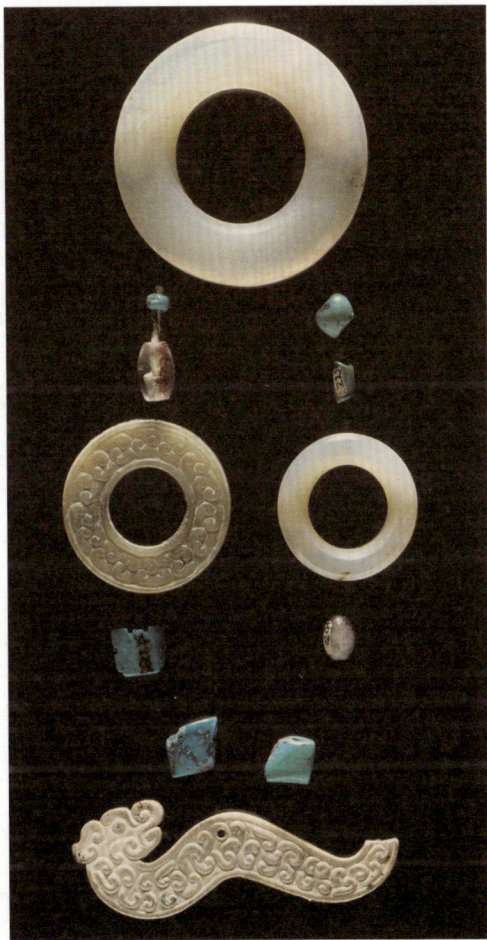

◎ 战国组玉佩

等级、地位与财富的标志。

　　用玉器进行祭礼在新石器时代就已经出现了，商周时期达到鼎盛，这些用于原始宗教活动的玉器成为古代礼制的重要组

◎ 汉代龙纹玉璧

成部分。考古发现，商王朝拥有数量可观的玉器，殷墟出土的玉器种类齐全，有礼器类、仪仗类、工具类、文化和生活用品类等。《周礼》说："苍璧礼天，黄琮（cóng）礼地。"礼玉以璧、琮为主，象征着古人"天圆地方"的宇宙观。

玉具有祥瑞之征，可以驱邪避灾、远祸近福、医治疾病、延年益寿，因此古人有佩玉的习俗和赏玉、玩玉的传统。佩饰玉是身份等级和财富的象征，玉佩饰越是精美，代表佩饰者的身份越高贵，如《礼记》"古之君子必佩玉，君子无故，玉不去身"；"玉佩、玉簪、玉钗、玉镯、玉带"是贵族随身佩带之物，"玉器、玉雕、玉鉴、玉砚、玉箸"是帝王或贵族家中必备之物，"玉玺"标志着帝王的权力与身份。

玉还寄托着中国人的理想追求和精神向往，蕴含了中国人的审美观念，是美好、圣洁、高尚、尊贵的象征。古人以玉比德，赋予玉君子之德，如《礼记》"君子比德如玉"；古代诗文常用"玉"来比喻晶莹洁白、高贵美好的人或物，如"玉色、玉液、玉泉、玉树、玉竹、玉笋、玉兔、玉手、玉女、玉阙、金枝玉叶、锦衣玉食、琼楼玉宇、金科玉律、冰清玉洁、金玉良缘"；人们还以"玉"为敬称，用于他人的身体言行与所用之物，如"玉言、玉声、玉颜、玉面、玉容、玉姿、玉体、玉照、玉札、玉成、玉树临风、亭亭玉立"。

商代甲骨文中"玉"旁的字多达五百来个，汉字中凡是与珍宝有关或表示美好意义的字都由"玉"构成，如"璧、莹、宝、碧、环、珍、璋、珏、琳、瑛、琪、瑜"；中国人取名喜用"玉"字或含"玉"的字，取其圣洁美好之意。汉字中以"玉"为形旁的字有的还与玩赏玉以及像玉的装饰有关，如"弄、玩、琉、玻、璃"等。

明白了"玉"的字形演变，书写时就不要漏写一点，把"玉"错写成"王"了。

芙蓉楼送辛渐

（唐代）王昌龄

寒雨连江夜入吴，平明送客楚山孤。

洛阳亲友如相问，一片冰心在玉壶。

宝

bǎo

【笔顺】 丶丶宀宀宀宇宝宝

【笔画数】8画

【部首】宀（宝盖部）

【结构】上下

【书写提示】"宝"字下边是"玉"，不要错写成"王"。

甲骨文　金文　小篆　隶书　繁体楷书

　　"宝"是会意字，在甲骨文中外面是宝盖，表示房屋；里面的上边是贝，即贝壳，下边是王，即玉。"宝"的小篆字形承金文而来，多了一个"缶"，表示读音，这是繁体字

◎ 招财进宝

"寶"的字形来源。贝、玉在古代都是十分珍贵的物品，整个字像家中藏有贝、玉等珍宝，表示家里值得收藏的宝贝，即珍宝的意义，如《韩非子》"和氏璧天下人所共传宝也"，又如"宝藏、珠宝"。"宝"由此泛指珍贵的物品，如《论语》"怀其宝"，《国语》"以其宝来奔"，《诗经》"稼穑维宝"，"稼穑（sè）"指耕种；又如"宝物、国宝、传家宝、文房四宝、如获至宝、无价之宝"。"宝"引申为珍贵、贵重的意义，如"宝玉、宝书、宝剑、宝刀、宝岛、风水宝地"。

"宝"也用作动词，表示珍视、珍爱、珍藏的意义，如《韩非子》"吾有三宝，持而宝之"，后一个"宝"即用作动词。"宝"还用作敬辞，用于与帝王、佛教、道教或他人有关的事物，如"宝位、宝座"指帝位，"宝刹"即佛教的庙宇，"宝鼎"即寺庙里的香炉，"宝诀"即道教修炼的秘诀，"宝地、宝札、宝号"则用于敬称与对方有关的地方、书信或店铺等。"宝"又用作对小孩儿的爱称，如"宝宝、小宝"。

"宝"由珍贵之物特指银钱等金属货币，如"元宝、通宝"。民间习俗常将"招财进宝"这四个字在字形美观的前提下，连笔减画组合成一个合体字，写在红纸上张贴出来，表示招进财气、避凶求吉、渴望富贵幸福的良好愿望。

"宝"的繁体字笔画繁多，简化字减掉了"贝、缶"，只保留宝盖和"玉"，仍保持着会意字的特征，表示家有美玉。

浣溪沙

（宋代）秦观

漠漠轻寒上小楼，晓阴无赖似穷秋。

淡烟流水画屏幽。

自在飞花轻似梦，无边丝雨细如愁。

宝帘闲挂小银钩。

班

bān

【笔顺】一 二 干 王 王 玑 玑 玝 玨 班 班

【笔画数】10画

【部首】王（王部）

【结构】左中右

【书写提示】"班"字左边的"王"最后一笔横要写作提。

班　班　班
金文　小篆　隶书

　　"班"的金文字形左右是玉，中间是刀；整个字像用刀切割玉，把玉切分为二的样子。"班"的本义是分割玉，古人用珍贵的瑞玉作为信物，中分为二，各执其一，如《尚书》"班瑞于群后"。"班"由此引申为分开的意义，如"班马"指离群的马。

　　"班"还引申为分给、分赐、分布、颁布等意义，如《尚书》"武王既胜殷，邦诸侯班宗彝"，说的是武王灭殷后，将宗庙彝器分赐给诸侯；又如"班赐、班政、班布"；这个意义后来写作"颁"。"班"又引申为带领、组织的意义，如《左传》"请班师"，又如"班军、班师回朝"。"班"由分赐引申为职位的等级，如"班资"指官阶和资格，"班秩"指官员的品级，"班禄"指官员的班位和俸禄。由职位的等级又泛指排列的等级序列，如"班次"是授予官职的先后次序，"班列"是按官职的次序排列。成语"按部就班"原意是写文章时要按照内容需要安排篇章结构和用词造句，后来引申为做事情要按照一定的步骤和顺序进行，也指按老规矩办事。

"班"还表示编成的某种组织，如"戏班、武班、文学班"；也表示军队的基层单位，如"警卫班、一连三班"；又表示按照一定时间划分的工作段落，如"中班、夜班、值班、换班、三班倒"。"班"也用作量词，用于人群或定时的交通工具，如"班次、一班人马、头班车"。

春秋战国时期有个著名的木匠，名班，因是鲁国人，人称"鲁班"。鲁班出生于工匠世家，他心灵手巧，技艺高超，在土木、机械、手工艺等方面有许多发明。传说木工工具中的钻子、刨子、凿子、铲子、曲尺、墨斗以及攻城的云梯等都是鲁班发明创造的，在当时极大地提高了劳动效率。因此鲁班成为能工巧匠的化身，被尊为中国土木工匠的祖师。成语"班门弄斧"中的"班"即指鲁班，在鲁班门前舞弄斧子，意思是在行家面前卖弄本领，比喻自不量力。

送友人

（唐代）李白

青山横北郭，白水绕东城。

此地一为别，孤蓬万里征。

浮云游子意，落日故人情。

挥手自兹去，萧萧班马鸣。

金

jīn

【笔顺】ノ 人 人 仝 今 全 全 余 金

【笔画数】8 画

【部首】金（金部）

【结构】上下

【书写提示】"金"字上边是"人"，不要错写成"入"。"金"在字的左边时写作"钅"，叫作金字旁。

【词语】金碧辉煌 金蝉脱壳 金风送爽 金戈铁马 金口难开 金屋藏娇 点铁成金 烈火真金 众口铄金 金玉其外，败絮其中

金文 　小篆 　隶书

　　金文中的"金"像一种熔化金属的铸器，下边左右两点表示溅出来的熔化的金属溶液。"金"本义指金属，如《荀子》"锲而不舍，金石可镂"。"金"也代指金属制的兵器或乐器等，如《荀子》"金就砺则利"，其中的"金"指金属制的刀、箭等锋利的兵器；又如"金创、金伤"指金属兵器所致的创伤，"金鼓、金钲、鸣金收兵"中的"金"指金属制的鼓、钲、锣等指挥军队用的打击乐器，"五金"本指金、银、铜、铁、锡，后来泛指金属。

　　商周时期在中国历史上又叫青铜器时代，铜的冶炼和铜器的制造技术十分发达，那时人们很少使用黄金，主要使用锡与铜的合金，即青铜，"金"由此又指青铜，如铸刻在青铜器上的文字叫作"金文、吉金文字"。商代的甲骨文随殷亡而衰落，金文成为周代的主要书体。金文大多铸刻

◎ 汉代海昏侯墓马蹄金

于青铜器中的钟鼎之上，钟是青铜乐器的代表，鼎是青铜礼器的代表，"钟鼎"代指青铜器，因此金文又叫"钟鼎文"。

汉代黄金产量大增，西汉是我国历史上的多金王朝，其黄金库存可谓中国历朝之最。此时"金"才专指金属中的黄金，如"赤金、金玉、金银、金簪、金钗、金锁、金殿、金缕玉衣、金无足赤"。黄金是贵重之物，在古代也用作货币。西汉时期黄金为上币，铜钱为下币。据古代文献记载，西汉皇帝赏赐大臣及有功主将的黄金，少则几十斤，多则几千斤，甚至二十余万斤，可见西汉黄金之多。汉武帝时曾铸造了一批黄金用作货币，每个重二百五十克左右，相当于汉代的一斤，底面呈圆形，内凹中空，状如马蹄，故称"马蹄金"。这种货币在使用过程中仍需称量，是一种称量货币。作为上币，马蹄金一般用于帝王赏赐、馈赠及大宗交易。2015年11月，考古工作者在江西南昌西汉海昏侯墓发掘出数量惊人

◎ 汉代海昏侯墓金饼

的金器堆以及玉佩、漆木器、青铜器等多种珍贵文物，集中出土金器三百七十八枚，其中金饼二百八十五枚，马蹄金四十八枚，麟趾金二十五枚，金板二十块，是迄今我国汉墓考古发现金器数量最多、种类最全的一次。有研究认为，马蹄金是皇帝的赏赐品，这些金器有可能是当时朝廷赠予墓主或墓主生前储备的。数量如此之多的马蹄金和金饼等金器的发现，反映了墓主人身份的高贵与特殊。

"金"由货币又代指钱财，如"礼金、聘金、重金、金帛、金财、金钱、金币、金元宝、挥金如土、拾金不昧、一诺千金"。"金"由黄金还引申指像黄金一样的颜色，如"金光、金凤、金鲤、金蛇、金翅"；也引申为宝贵、尊贵、坚固等意义，如"金科玉律、金榜题名、金口玉言、金童玉女、固若金汤"；又喻指太阳和月亮，如"金乌、金鸦、金锣"指太阳，"金蟾、金兔、金波"喻指月亮或月光。

汉字中以"金"为形旁的字多与金属有关，如"银、铜、铁、钢、锡、钱、钟、锻、铄、鉴、銮"等。

雁门太守行

（唐代）李贺

黑云压城城欲摧，甲光向日金鳞开。

角声满天秋色里，塞上燕脂凝夜紫。

半卷红旗临易水，霜重鼓寒声不起。

报君黄金台上意，提携玉龙为君死。

小

xiǎo

【笔顺】亅小小

【笔画数】3 画

【部首】小（小部）

【结构】独体

【书写提示】"小"三画，注意不要与"少"相混；中间一竖要带钩。

【词语】小恩小惠 小小不言 小心翼翼 短小精悍 因小失大

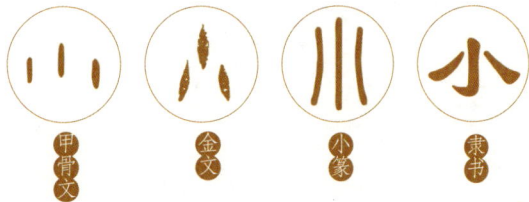

甲骨文　金文　小篆　隶书

甲骨文中的"小"是三个小点，像小颗粒沙尘的样子，表示细微、微小的意义，如《诗经》"嘒彼小星"，又如"小山、小河、小溪、小麦、小菜、渺小、小巧玲珑、小题大做、低声小语"。"小"与"大"相对，常常并用，如《周易》"小往大来"，《尚书》"怨不在大，亦不在小"，《论语》"小不忍则乱大谋"。

"小"由此引申为年幼的、年轻的、排行最末等意义，如《诗经》"无小无大"，又如"小孩、小将、小妹、幼小、妻小、小两口、小伙子、两小无猜、一家老小"；还引申为狭窄的意义，如"狭小、窄小"；又引申为不重要的、低微的意义，如《孟子》"不辞小官"，又如"小事、小卒、小吏、小人物、小喽啰"；喻指品格不高的人，如"小人"。"小"也用作对自己的谦称，用于称自己或与自己有关的人或事物，如"小弟、小女、小店"。

　　"小"又用作动词，表示轻视的意义，如"小看、小瞧、小视"；也用作副词，表示暂时、稍微等意义，如"小住、小坐、小别、小憩、小安、小打小闹、小不如意"等。

小池

（宋代）杨万里

泉眼无声惜细流，树荫照水爱晴柔。

小荷才露尖尖角，早有蜻蜓立上头。

少

shǎo

【笔顺】⺌⺌小少

【笔画数】4 画

【部首】小（小部）

【结构】独体

【书写提示】"少"四画，注意不要与"小"相混；上边的"小"中间一竖不带钩。

【读音提示】"少"又读作 shào。

"少"在甲骨文中是四个小点，也像沙尘的细小颗粒的样子，表示数量不多的意义，与"多"相对，如《韩非子》"人民少而财有余"，又如"少量、少数、少许、少言寡语、少说为妙、积少成多、以少胜多"；泛指小的意义，如"幼少"即幼小，"力少"即力小。

"少"还用作动词，表示短缺、缩减、遗失等意义，如《史记》"今少一人，愿君即以遂备员而行矣"；成语"少条失教"指没规矩、无教养；又如"缺少、减少、少废话、短斤少两、缺吃少穿、少五人"。"少"又用作副词，表示稍微、暂时的意义，如《庄子》"今予病少痊"，《战国策》"愿大王少假借之，使毕使于前"；又如"少顷、少陪、少等、少候、少安毋躁"。"少"还表示别、不要的意义，如"少废话、少来这一套"。

"少"是多音字，又读作 shào，表示年幼、年轻、副职等意义，如"少主、少年、少壮、少妇、少将、少年老成、少不更事、年少无知、老少咸宜、男女老少"等。

浣溪沙

（宋代）辛弃疾

总把平生入醉乡，大都三万六千场。

今古悠悠多少事，莫思量。

微有寒些春雨好，更无寻处野花香。

年去年来还又笑，燕飞忙。

凶

xiōng

小篆　隶书

【笔顺】ノ×凶凶

【笔画数】4画

【部首】凵（凶字框部）

【结构】半包围

【书写提示】"凶"外边的框是两画，不要把第一笔分成两笔，错写成三画。

【词语】凶多吉少　凶神恶煞　凶相毕露　穷凶极恶

　　小篆中的"凶"外面像下陷的大坑，里面交叉的两笔表示坑内致命的危险之物。整个字表示陷入险恶不幸之地，是灾祸、不吉利的意义，与"吉"相对，如《诗经》"日月告凶"，指日月以凶亡之征告天下的意思；又如"凶兆、吉凶未卜"。"凶"也指灾祸，如《诗经》"我生之后，逢此百凶"；又如"凶祸、凶患"。"凶"还指残暴的行为和残暴的人，如"元凶、真凶"；引申为残暴可怕，如《左传》"作凶事，为凶人"；还引申指危险，如"凶险、凶宅"；又引申指与死人有关，如"凶耗、凶候"。"凶"还指年成不好、歉收，如《墨子》"三谷不收谓之凶"，又如"凶年、凶馑"；又指厉害，如"吵得很凶、来势很凶"。

　　需要注意的是，"凶"在表示不吉利、年成不好时，繁体字仍作"凶"；在表示其他意义时，繁体字写作"兇"。

川

chuān

【笔顺】ノ ノ川 川

【笔画数】3 画

【部首】ノ（撇部）

【结构】独体

【书写提示】"川"第一笔是撇，不要错写成竖；注意不要与"州"相混。

甲骨文　　金文　　小篆　　隶书

甲骨文中的"川"两边是岸，中间是流水。整个字像弯弯曲曲的水流，表示河流的意义，如《周易》"利涉大川"，《诗经》"百川沸腾"，《左传》"川壅为泽"；又如"川源、川口、川谷、川流不息、名山大川"。因山间或平原上冲积而成的平坦地带也像河川，"川"由此引申指平坦的地带，即平原、平地，如北朝民歌《敕勒歌》"敕勒川，阴山下"；又如"米粮川、一马平川、八百里秦川"。

我国四川省境内有四条自北向南流的大河，它们是金沙江、雅砻（lóng）江、岷江和嘉陵江，而四川省的名字却并不是指这四条河，而是因四川省四周高山环绕、中部为平原的地形而得名。古代巴蜀盆地统称为"西川"，宋代在此设行政区划"川峡四路"，简称"四川路"，"路"是宋代行政区划名，"四川"之名便由此而来，其中"四"指四路，"川"是平川、平原的意思，在这里指巴蜀盆地。"川"由此成为四川省的简称，如"川菜、川贝、川剧、川西"等。

九月九日登玄武山

（唐代）卢照邻

九月九日眺山川，归心归望积风烟。

他乡共酌金花酒，万里同悲鸿雁天。

州

zhōu

【笔顺】丶丿丿丬州州州

【笔画数】6画

【部首】丶（点部）

【结构】独体

【书写提示】"州"字第二笔是撇，不要错写成竖，也不要把三点错连成一横；注意不要与"川"或"卅"相混。

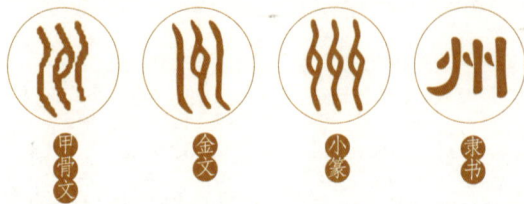

甲骨文　金文　小篆　隶书

　　"州"的甲骨文是在川字的中间加了一个小圆圈，就像河水环绕着河流中间的小块沙洲的样子，表示水中陆地，是"洲"的本字，如《诗经》"关关雎鸠，在河之洲"。远古先民择水而居，后筑城于河流之滨，"州"的古字形展示的就是这种择水而居的形式。相传人类始祖伏羲、女娲以及三皇五帝都曾在河边建城，"州"在当时就是居于河边的意义。到了天、地、人三皇中的人皇时代，人皇兄弟九人，各立城邑，分为九州，舜分天下为十二州，禹治水后继承了三皇时代的九州体制，又将天下划分为九州，此时"州"成为具有文化地理意义的行政区划名称，如"扬州、荆州"。后来"九州"泛指中国，据《史记》记载，战国时期有个奇人名叫驺衍，他认为："中国名曰赤县神州。赤县神州内自有九州，禹之序九州是也，不得为州数。中国外如赤县神州者九，乃所谓九州也。"驺衍是提出"大九州"和"小九州"概念的第一人，从此"赤县神州"成为中国的别称和美称。

东汉末年形成了州、郡、县三级行政区划，全国共有十三个州，"州"正式成为具有政治地理意义的行政区划单位，相当于现在的"省"，如"杭州、州县、州城"。1949年以后，"州"成为少数民族地区的行政区划名称，介于自治区和自治县之间，如"自治州"。现在除了少数民族地区，"州"已不再用作行政区划单位了，但古时的意义仍保留在不少地名中。"州"在古代还表示户籍编制单位，如《周记》"五党为州"，又如"州乡、州里"指乡里。

在宋代诗人陆游的《老学庵笔记》中有一个故事：北宋时有个州太守名叫田登，为人专制蛮横，因其名为"登"，所以不许人说与"登"同音的字，人们只能以"火"代指"灯"。元宵节到了，依惯例要观灯游乐，出告示的官员左右为难，只好写成"本州依例放火三日"。老百姓看了非常气愤，于是就有了"只许州官放火，不许百姓点灯"的说法并流传后世，形容为官者可以为所欲为、胡作非为，老百姓的正当言行却受到种种限制。

后来人们另造"洲"字来表示"州"的本义，如"沙洲、绿洲"；也表示地球上的七大洲，如"亚洲"。需要注意的是，除"株洲、满洲里"之外，国内其他城市都写作"州"。

题潼关楼

（唐代）崔颢

客行逢雨霁，歇马上津楼。

山势雄三辅，关门扼九州。

川从陕路去，河绕华阴流。

向晚登临处，风烟万里愁。

水

shuǐ

【笔顺】亅기기水

【笔画数】4 画

【部首】水（水部）

【结构】独体

【书写提示】"水"四画，不要把第二笔错分成两笔，也不要把第三笔和第四笔错连成一笔；中间一竖要带钩。"水"在字的左边时写作"氵"，叫作三点水。

【词语】水到渠成 水火无情 水落石出 水乳交融 水深火热 水泄不通 流水不腐 行云流水

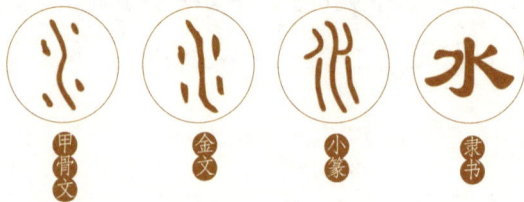

甲骨文　金文　小篆　隶书

　　"水"的甲骨文字形就像弯弯曲曲的流水，是一条河的形象。在上古时期，"江"专指长江，"河"专指黄河，其他的江河统称为"水"，"水"指河流，如《诗经》"在水一方""在水之湄"，又如"渭水、汉水、淮水、湘水、江水"。"水"由河流泛指江河湖海，如"水泊、水域、水泽、水乡、水产、水陆并进"；特指洪水、水灾，如"大水、水旱疾役"；又泛指液态的物体，如"墨水、香水、泪水、药水"。在现代汉语中，"水"还表示鲜嫩、灵动等意义，如"水嫩、水红、水灵灵"；又表示掺假的、不纯的意义，如"水货、水军"。

　　水无色无味，柔而无形，世界上最柔的东西莫过于水。最柔的水却能"滴水穿石"，穿透最为坚硬的东西，可见柔可克刚，弱能胜强。古人从水的特性中悟出了人生的哲理，水在中国人眼中也就不单是一种自然物质，而是人们向往与追求的一种精神境界，正如老子《道德经》所说："上善若水"，"水善利万物而不争"。老子以"水"喻指与世无争的圣人，告诉人们，水造福万物，滋养万物，却不与万物相争，这是最为谦逊的美德；人最高的善行如同水的品性一样，泽被万物而不争名利，乐善好施却谦逊为怀，淡泊明志，宁静致远，人生之道莫过于此。古人在水的启迪下还进一步认识到社会的规律，《荀子》说："水则载舟，水则覆舟。"荀子以"水"喻百姓，以"舟"喻君主，用水和舟来阐释君对民的依存关系。

汉字中凡是以"水"为形旁的字大都与水或液体有关，如"江、河、湖、洋、流、洪、瀑、汤、液、洗、漂、泳、清、溢、泻、泵、浆"等。

渡荆门送别

（唐代）李白

渡远荆门外，来从楚国游。

山随平野尽，江入大荒流。

月下飞天镜，云生结海楼。

仍怜故乡水，万里送行舟。

泉

quán

【笔顺】′ ⺈ 白 白 白 白 泉 泉 泉

【笔画数】9 画

【部首】水（水部）

【结构】上下

【书写提示】"泉"字下边的"水"四画，不要把第二笔错分成两笔，也不要把第三笔和第四笔连成一笔；中间一竖要带钩。

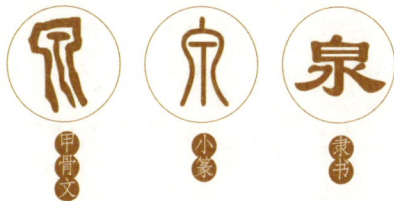

甲骨文　小篆　隶书

　　"泉"的甲骨文字形像水从地穴或石洞里涌流而出的样子，表示从地下流出的水源，如《诗经》"如彼泉流""泉之竭矣"，《归去来兮辞》"泉涓涓而始流"；又如"泉源、泉壑、飞泉、甘泉、源泉"。我国山东省济南市因泉水多而被称作"泉城"。泉水来自地下，"泉"引申指地下，指人死后所在之处，如"九泉、黄泉"。货币流通如泉水涌流，"泉"又指钱币，如"泉币、泉布"等。

访戴天山道不遇

（唐代）李白

犬吠水声中，桃花带露浓。树深时见鹿，溪午不闻钟。
野竹分青霭，飞泉挂碧峰。无人知所去，愁倚两三松。

原

yuán

【笔顺】一厂厂厂厂厂厂厂厂原原
原

【笔画数】10 画

【部首】厂（厂部）

【结构】半包围

【书写提示】"原"右下边的
"小"中间一竖要带钩。

金文中的"原"是象形字，左上边像山崖峭壁，右下边是泉，表示泉水。整个字像从山崖上顺着崖壁不断流淌的山泉水，表示水流源头的意义，即源泉，是"源"的本字，如《孟子》"原泉混混"。

"原"由此引申为最初、起始的意义，如《礼记》"必达于礼乐之原"，《原毁》"有本有原"；又如"原始、原初、原因、原故、原委、原籍、原告、原稿、原理、原生态、原班人马"；还引申为本来的意义，如"原先、原本、原来、原貌、原价、原版、原型、原形毕露、原原本本"；又引申为自然的、未经加工的意义，如"原油、原煤、原棉、原粮、原木、原件、原材料、原汁原味"。"原"含有缓缓流淌之意，由此又引申指宽阔平坦的地带，如"原野、原陵、高原、平原、草原、雪原、川原"。

"原"还用作动词，表示回溯、寻求、推究的意义，如《汉书》"原心定罪"；又表示宽恕、谅解的意义，如"原谅、原宥、原省、情有可原"等。

"原"后来多用于引申意义，人们给"原"加上水，另造"源"字表示水源的意义。

乡村四月

（宋代）翁卷

绿遍山原白满川，子规声里雨如烟。

乡村四月闲人少，才了蚕桑又插田。

冰

bīng

【笔顺】丶 冫 冫 冫 冫 冫 冰 冰

【笔画数】6画

【部首】冫（两点水部）

【结构】左右

【书写提示】"冰"字左边是"冫"，不要错写成"氵"；右边的"水"四画，不要把第二笔错分成两笔，也不要把第三笔和第四笔错连成一笔，中间一竖要带钩。

【词语】冰清水冷 冰清玉洁 冰天雪地 冷若冰霜 冰消瓦解 冰冻三尺，非一日之寒

金文　小篆　隶书

　　"冰"的金文字形像水凝滞不动的样子，就像水凝结成冰后体积增大、表面上拱的形态，表示水因低温而冻结成的固体，如《管子》"冰解而冻释"；又如"冰雪、坚冰"。小篆字形加了一个水，突出由水而成的意义。"冰"还泛指像冰一样晶莹纯洁的东西，如"冰轮"喻指晶莹的月亮，"冰心"喻指纯洁的心；还引申为像冰一样寒冷，如"冰澈"指寒冷清澈。"冰"又用作动词，表示冻结成冰的意义，如《礼记》"水始冰，地始冻"。

十一月四日风雨大作（其二）

（宋代）陆游

僵卧孤村不自哀，尚思为国戍轮台。

夜阑卧听风吹雨，铁马冰河入梦来。

海

hǎi

【笔顺】丶丶冫氵汇浃海海海海

【笔画数】10 画

【部首】氵（三点水部）

【结构】左右

【书写提示】"海"右下边是"母"，不要错写成"毋"。

【词语】海底捞针 海市蜃楼 海晏河清 沧海桑田 翻江倒海 瞒天过海 海水不可斗量

金文　小篆　隶书

"海"的金文字形左边像流水的样子，表示江河；右边是每，每是头上戴有笄（jī）饰的成年女子，表示母亲。大海以宽阔的胸怀容纳成百上千条江河之水，由江河之水汇集而成的大海是水的母亲，因此古人用"海"表示万川之母的大海、海洋，如"海纳百川、百川归海"，又如"海阔天空、海角天涯、万里海疆、五湖四海"。"海"还指海水，如《汉书》"煮海为盐"，又如成语"海枯石烂"；也指陆地上大的湖泊或水域，如"青海、北海、洱海、里海、黑海"。

海广阔无垠，"海"由此表示极大、极多的意义，如"海碗、海量、海报、海选、海涵、夸海口、海吃海喝"；喻指数量极多或面积很大，如"花海、火海、人山人海、书山书海、学海无涯、苦海无边"。

古人认为人居住的陆地四周都是海，因此"海"表示四周偏远的地区，如"四海"即四方；还表示非本土的、西洋的、外来的意义，如"海棠、海枣、海归"。现在，"海"也表示中国大陆以外的地区，如"海内外、海外赤子"。"海"又特指上海，如"海派"。

望月怀远

（唐代）张九龄

海上升明月，天涯共此时。

情人怨遥夜，竟夕起相思。

灭烛怜光满，披衣觉露滋。

不堪盈手赠，还寝梦佳期。

谷

gǔ

【笔顺】 ⺈ ハ ⺇ 父 父 谷 谷

【笔画数】7 画

【部首】八（八部）

【结构】上中下

【书写提示】"谷"字上边是"八"，捺要写作点，不要错写成"人"；中间是"人"，不要错写成"八"或"入"。

【词语】虚怀若谷

甲骨文中的"谷"上面像水流；下面是口，表示山谷的谷口。整个字像山谷间的溪水流出谷口的样子，表示两山之间的水流或水道，如《墨子》"为大川广谷之不可济，于是利为舟楫"；又如"河谷、川谷"。"谷"由此引申指两山之间狭长而低洼的地带，如"山谷、峡谷、深谷、谷地"。山谷往往地形复杂险恶，行进困难，"谷"又喻指困境，如"进退维谷"。

需要注意的是，由于表示粮食作物的繁体字"穀"笔画繁多，结构复杂，后来就用表示山谷的"谷"作为"穀"的简化字，因此"谷"现在既表示河谷、山谷、也表示粮食作物，只有在表示粮食的意义时，如"稻谷、五谷、谷物、谷子"等，繁体字才写作"穀"；在表示河谷、山谷的意义时，繁体字仍作"谷"。

泛镜湖南溪

（唐代）宋之问

乘兴入幽栖，舟行日向低。

岩花候冬发，谷鸟作春啼。

沓嶂开天小，丛篁夹路迷。

犹闻可怜处，更在若邪溪。

◎ 战国谷纹玉璧

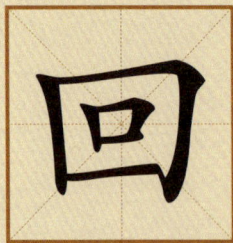

回

huí

【笔顺】㇆冂冂囘囘回

【笔画数】6画

【部首】囗（方框部）

【结构】全包围

【词语】回天之力 回头是岸
不堪回首 起死回生

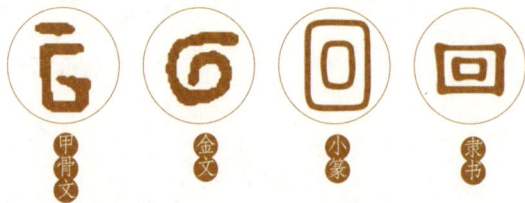

甲骨文　金文　小篆　隶书

　　甲骨文中的"回"像水回旋、环绕的样子，表示旋转、环绕、螺旋循环的意义，如"回峰、回塘"即环绕的山峰、水塘，"回廊"是古代建筑中曲折环绕的走廊；还有"回环、回绕、回互、回流、回肠荡气、峰回路转"。中国古代有一种回文诗，即下一句的字序与上一句相反，利用回转往复的词序来增强语言的表现力，给人以一气呵成、回旋不断的美感，如杭州雷峰塔上的回文诗"红日落高峰，峰高落日红"。

　　"回"引申为向后转动、掉转的意义，如王维《观猎》"回看射雕处"，又如"回首、回顾、回眸、回车、妙手回春"；还引申为返回、重归的意义，如"回家、回国、回归、回暖、回马枪、回光返照、大地回春"；又引申为反应、答复的意义，如"回味、回响、回音、回应、回报、回答、回复、回话、回礼、回敬、回绝";也引申为改变的意义,如成语"回心转意"意为改变原来的想法。"回"也用作量词,表示次数或章回小说的章节,如"一回事、一个回合、去过两回、下回分解"等。

需要注意的是,"回"在表示旋转、曲折、环绕的意义时,繁体字写作"迴";其他意义繁体字仍作"回"。

望天门山

（唐代）李白

天门中断楚江开,碧水东流至此回。

两岸青山相对出,孤帆一片日边来。

◎ 新石器时代涡纹四系彩陶罐

昔

xī

【笔顺】一一十十十十昔昔昔

【笔画数】8 画

【部首】日（日部）

【结构】上下

"昔"的甲骨文字形上面像汹涌泛滥的水波；下面是日，表示太阳。整个字展现了洪水滔滔、遮天蔽日的可怕景象，表示远古时代洪水泛滥的日子。远古时期地球上的许多地方都出现过大的洪水，给早期的人类带来巨大的灾难，留下了痛苦而可怕的记忆，许多民族的神话传说中都有远古洪水泛滥毁灭天下的记载。

中国古代尧舜时期黄河流域洪水泛滥，洪水冲毁农田房舍，百姓流离失所，受尽苦难，古代文献记载："尧、禹有九年之水。""当尧之时，水逆行，泛滥于中国。"尧、舜二帝决心治理水患，先后任命鲧、禹父子负责治水。鲧采取水来土挡的办法，治水九年，大水没有消退，鲧被革职流放。禹吸取教训，变堵为疏，率领民众疏通水道。他治水十三年，足迹遍及九州大地，却"三过家门而不入"，耗尽心血与体力，终于完成了治水大业。咆哮的河水驯服了，百姓们又能安居乐业了，这就是"大禹治水"的故事。大禹是中国古代的治水英雄，后世的人们感念他的功德，为他修庙筑殿，尊其为"禹神"。"昔"的古字形正是人类远古时期洪荒之灾的真实记录，反映了先民对过去灾难的深刻印象。

"昔"由远古洪水泛滥的日子泛指已经逝去的久远年代，表示过去、往日的意义，如《尚书》"昔之人无闻知"，《诗经》"自古在昔，先民有作"；又如"昔日、昔年、昔时、昔来、古昔、平昔、往昔"。在这个意义上，"昔"与"今"相对，常常并用，如"抚今追昔、今昔对比、今胜于昔"。"昔"现在多用于书面语。

黄鹤楼

（唐代）崔颢

昔人已乘黄鹤去，此地空余黄鹤楼。

黄鹤一去不复返，白云千载空悠悠。

晴川历历汉阳树，芳草萋萋鹦鹉洲。

日暮乡关何处是？烟波江上使人愁。

火

huǒ

【笔顺】丶丶ノ火

【笔画数】4 画

【部首】火（火部）

【结构】独体

【书写提示】"火"要注意正确的笔顺，先左右两点，再一撇一捺。"火"在字的左边或上边时，最后一笔捺要写作点。

【词语】火冒三丈　火烧眉毛
烈火真金　薪火相传　引火烧身
走火入魔　赴汤蹈火　煽风点火

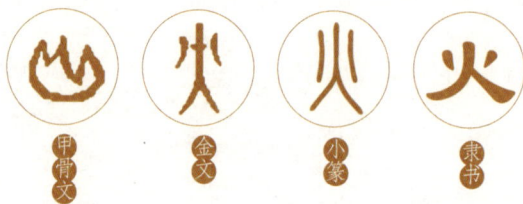

| 甲骨文 | 金文 | 小篆 | 隶书 |

甲骨文中的"火"像燃烧的火焰，本义就是火焰，如"火中取栗、火上浇油"。火的使用是人类历史上的一个重要里程碑，它是人类走向文明的标志。远古时期，原始人类不会利用火，凡肉皆生食，很多人因病夭折，族群生存受到威胁。伏羲和女娲的父亲叫允诺，是上古时期的部落首领，他发明了钻木取火，教人用火烧烤食物后食用，是人工取火的发明者，人称"燧人氏"，"燧（suì）"指燧石，是指古代取火的器具。因其开创了华夏文明，使人类从此告别了茹毛饮血的野蛮时代，被后世奉为"火祖"。燧人氏的神话故事反映了原始人类从利用自然火到人工取火的进化过程。

考古发现证实，我们的祖先是世界上最早使用火的人。北京周口店猿人遗址有火燃烧后的灰烬、炭块以及烧过的兽骨，说明早在五十万年前，我们的祖先就已经会使用火了。后来人们又发现距今六十多万年前的陕西蓝田猿人遗址也有使用火的遗迹。那时古人还不会自己生火，只是知道利用自然火和保存火种的方法。又过了相当长的时间，人们才学会了用坚硬的木头或石头钻出火星等人工取火的方法，距今约十万年前的北京周口店山顶洞人已经掌握了人工取火的方法。在河南安阳殷墟商代墓葬和陕西扶风西周墓葬中。出土过凹面铜镜，在太阳下能聚光燃火。这种青铜凹面镜就是"阳燧"，是古代取火工具，说明商周时期人们已经懂得利用太阳光的折射和聚焦取火的原理。据《周礼》记载，周代有专门职掌用阳取火的机构，叫"司烜氏"。

"火"由火特指灯烛、火把，如"火烛、火炬、渔火"；也特指枪炮弹药，如"火枪、火炮"。火药是中国古代四大发明之一，经印度、阿拉伯、西班牙传入欧洲。火药的发明改变了世界战争史，推进了人类历史的发展进程。"火"由此喻指战争，如"交火、停火"。"火"由火引申出用火烧的意义，如"火灶、火炕、火锅"；又引申指像火一样的颜色、感觉或状态，如"火红、火树银花、火辣辣、火烧火燎、火眼金睛、火箭、火速、十万火急"。在现代汉语口语中，"火"还有兴旺、流行、人气极高等意义，如"这东西卖得可火了、他现在火起来了"等。

汉字中以"火"为形旁的字多与火有关，如"烧、烤、烟、炭、灸"等。汉字中的四点底几乎都是由火演变而来的，带有四点底的字也多与火有关，如"烈、熊、然、热、熏"。

忆江南（其一）

（唐代）白居易

江南好，风景旧曾谙。

日出江花红胜火，春来江水绿如蓝。

能不忆江南？

炎

yán

【笔顺】丶丶ナ火火火炉炎

【笔画数】8 画

【部首】火（火部）

【结构】上下

【书写提示】"炎"字是两个"火"，要注意正确的笔顺，上下先左右两点，再一撇一捺；上边的"火"最后一笔捺要写作点。

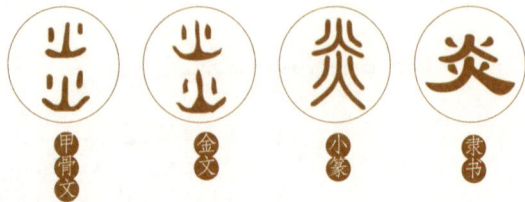

"炎"在甲骨文中是上下两个火，像火焰升腾、越烧越大的样子。"炎"的本义是升腾的火焰，如《楚辞·大招》"南有炎火千里"。"炎"由此泛指大火，如《尚书》"大炎昆冈，玉石俱焚"，《后汉书》"今时复旱，如炎如焚"；又如"炎火、炎山、炎海"。

"炎"又指炎帝。炎帝是远古时期的部落首领，他发明了用野火烧荒和类似犁的农具耒（lěi）耜（sì），教民种植五谷，他还尝遍百草，发明医药，是我国农业和医药的发明者，被称为"神农氏"，以表示炎帝对农业文化的巨大贡献。炎帝部落以太阳为图腾，崇拜火，用表示烈火的"炎"作为自己的族号，其中也折射出原始农业刀耕火种的特点。炎帝还发明陶器，开辟集市，削木为弓，以威天下，削桐为琴，以乐百姓，是中国文化、技术的始祖之一。后来炎帝与黄帝两个部落结盟并渐渐融合成华夏族，炎帝和黄帝由此被尊为中华民族的始祖，成为中华民族五千年文明的象征，炎帝文化与黄帝文化融合而成的炎黄文化成为中华文化的源头。中国人都是炎帝和黄帝的后代，因此自称为"炎黄子孙"。

"炎"由大火引申为极热、酷热的意义，如《诗经》"赫赫炎炎"，又如"炎夏、炎暑、炎热、炎天、炎日、炎月、炎凉、炎阳似火、烈日炎炎"；代指炎热的南方，如"炎方、炎邦"；喻指炙手可热的权势，如"炎贵、趋炎附势"。"炎"还引申为火一样的颜色，即红色，如"炎霞"；又喻指身体发生红、肿、痛、痒的现象，如"发炎、肺炎、炎症"等。

初秋

（唐代）孟浩然

不觉初秋夜渐长，清风习习重凄凉。

炎炎暑退茅斋静，阶下丛莎有露光。

灾

zāi

【笔顺】丶丶宀宀宀宇宇灾

【笔画数】7 画

【部首】宀（宝盖部）

【结构】上下

【书写提示】"灾"字下面是"火"，要注意正确的笔顺，先左右两点，再一撇一捺。

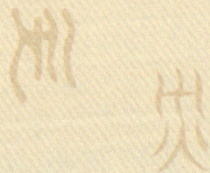

甲骨文中的"灾"两边合起来是川，表示奔腾的水流；中间像支撑房屋的梁柱，在这里表示房屋。整个字表示洪水泛滥、冲垮房屋的意义。早期人类经历的最可怕的自然灾害恐怕就是洪水泛滥、毁灭生灵了，因此古人用洪水奔流的形象来表示水灾。"灾"在甲骨文中还有以火代替水的字形，表示火烧房屋而成的火灾，如《左传》"天火曰灾"。水、火是灾祸之源，"灾"不同的甲骨文字形指明了灾害的两大根源——水灾和火灾。人常说"水火无情""水火为害"，水灾和火灾无疑是人类遭遇的最大灾害，如《周礼》"国有大故天灾"，《国语》"天灾降戾"。因此，到了小篆中，"灾"的字形变成了上面是川上有横，代表河流不通畅而洪水泛滥；下面是火，代表火灾；整个字同时强调了水、火灾害是毁财伤命的巨大灾难。

"灾"由水灾、火灾泛指一切自然灾害，如"灾患、灾害、灾荒、灾年、灾民、虫灾、受灾、抗灾、赈灾、防灾、减灾、救灾、天灾人祸"；又进一步引申为人祸，表示战争、疾病或个人遭遇的种种苦难与不幸，如"灾祸、灾难、幸灾乐祸、破财免灾"等。

洗儿

（宋代）苏轼

人皆养子望聪明，我被聪明误一生。

惟愿孩儿愚且鲁，无灾无难到公卿。

灰

huī

【笔顺】一ナナ厂灰灰

【笔画数】6画

【部首】火（火部）

【结构】半包围

【书写提示】"灰"右下边是"火"，要注意正确的笔顺，先左右两点，再一撇一捺。

小篆　隶书

　　小篆中的"灰"右上边是手，左下边是火。火熄灭以后可以用手去拿烧剩下的东西或烧后的灰烬，所以整个字表示物体在火中燃烧后剩下的灰烬，如《礼记》"毋烧灰"，又如"火灰、纸灰、草木灰、灰飞烟灭、死灰复燃"；引申为灰土，如白居易《卖炭翁》"满面尘灰烟火色"，又如"灰尘、灰头土脸"；特指石灰，如"灰膏、灰墙、灰浆"。燃烧后的灰很轻，很容易飘飞消失，俗话说"不费吹灰之力"，即指不花一点力气，形容做事极其容易。

　　"灰"还引申为物体燃烧后所呈现的颜色，即灰色，如"银灰、灰黑、灰白、灰暗、灰沉沉、灰蒙蒙、面如死灰"；又引申为消失、消灭，如"灰灭、灰枿"；喻指消沉、失望、没有生机的，如"灰溜溜、灰心丧气、心灰意冷、心灰意懒"等。

黑

hēi

【笔顺】丶 口 口 日 日 甲 甲 里 黑 黑 黑 黑

【笔画数】12 画

【部首】灬（四点部）

【结构】上下

【书写提示】"黑"中间一竖不要分成两笔，上半部不要错写成"里"。

【词语】黑沉沉 黑魆魆 黑黝黝 黑灯瞎火 黑更半夜 颠倒黑白 起早贪黑

甲骨文中的"黑"上半部像窗户，也有说像烟囱；下半部是炎，表示大火。金文字形的上面多了几个点，表示点点烟灰。经过隶书的变化，"黑"下面的火变成了四个点。整个字像火从窗户或烟囱冒出来，用来表示烟火熏过的颜色，即黑色，如"黑眸、黑发、黑斑"。"黑"由黑色引申为昏暗无光的意义，如"黑烟、黑云、黑处、黑暗、黑狱、月黑、昏天黑地"；还引申为坏、狠毒的意义，如"黑店、黑钱、黑心、黑手、黑爪"；又引申为非法、秘密的意义，如"黑话、黑户、黑市、黑枪、黑社会"。

"黑"也用作动词，表示坏、变坏、私自、隐藏起来等意义，一般用于口语，如"这事黑极了、黑了心了、把钱都给黑了"等。

鱼

yú

【笔顺】ノ ｸ ｸ 名 名 角 鱼 鱼

【笔画数】8画

【部首】鱼（鱼部）

【结构】上中下

【书写提示】"鱼"的简化字用一横取代了繁体字"魚"下边的四点，书写时要加以注意。"鱼"在字的左边时，最后一笔横要写作提。

【词语】鱼贯而入　鱼龙混杂　鱼米之乡　鱼目混珠　鱼水之情　鱼死网破　浑水摸鱼　临渊羡鱼　缘木求鱼　水至清则无鱼

| 甲骨文 | 金文 | 小篆 | 隶书 | 繁体楷书 |

甲骨文中的"鱼"就像一条鱼的简笔画，头、尾、鳞、鳍俱全。金文中的"鱼"更加形象逼真，连鱼的眼睛和嘴巴都描绘得一清二楚。

鱼与人类的关系可谓源远流长，在中国传统文化中，鱼文化占有重要地位。上古时期，中原地区鱼类资源丰富，鱼繁殖力强，生长迅速，是先民取之不尽、食之不竭的食

◎ 西周青铜鲤鱼尊

◎ 新石器时代人面鱼纹彩陶盆

物资源，于是人们以鱼象征着兴旺与富足。陕西半坡仰韶文化遗址出土的彩陶盆上绘有人面鱼纹图案，有祈求氏族繁荣富足的寓意。《诗经》中有诗以黄河之鲂、鲤比喻宋、齐之女子，以食鱼比喻娶妻，就是以繁殖力强的鱼象征人丁兴旺、家族繁荣。唐代以来，人们流行佩带与鱼相关的玉佩，取其富贵之意，这种习俗一直延续到清代。"鱼"与"余"同音，以前人们过年时餐桌上一定要有鱼，而且一定不能吃尽，要有剩余，以示年年有余；春节贴的年画或剪纸中，常以胖娃娃抱着或骑着红色的大鲤鱼为图案；这些都表达了人们祈求生活富裕的美好愿望。

◎ 年画

◎ 剪纸

　　鱼在古代还被视为信使。传说三国时期，葛玄与黄河水神河伯书信往返时就是让鲤鱼充当信使的，因而古代诗文中常将信函称为"鱼书、鱼函、鱼封、鱼素、鱼幅"，并有"鱼腹藏书、鱼肠尺素、鱼传尺素、鱼雁往来、鱼沉雁杳"等代指书信、音信的说法。

　　"鱼"也表示某些像鱼的水生动物，如"鲸鱼、鳄鱼、甲鱼"。"鱼"还用作动词，表示捕鱼，如《周易》"以佃以鱼"，《诗经》"鱼网之设"；又如"鱼钓、鱼船"；这个意义后来写作"渔"。

　　汉字中以"鱼"为形旁的字多与鱼类有关，如"鲤、鲢、鳟、鳗、鲸、鲜、鲨"等。

渔歌子

（唐代）张志和

西塞山前白鹭飞，

桃花流水鳜鱼肥。

青箬笠，绿蓑衣，

斜风细雨不须归。

贝

bèi

【笔顺】丨冂贝贝

【笔画数】4画

【部首】贝（贝部）

【结构】独体

【书写提示】"贝"最后一笔是长点，不要错写成捺或竖弯钩；注意不要与"见"相混。

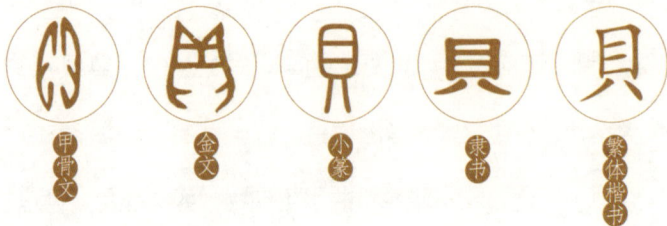

甲骨文　金文　小篆　隶书　繁体楷书

"贝"在甲骨文中是象形字，就像两扇贝壳的样子。贝外壳坚硬，花纹美丽，小巧轻便，深受人们的喜爱。古人喜欢佩戴贝壳作为护身符或装饰品，器物上也常常装饰着贝壳，新石器时期的陶器上常绘有贝的装饰图。中原地区远离大海，并不出产贝，由于地域限制，在交通不发达的上古时期，海贝属于得之不易的物品。贝拥有特殊的价值，被古人视为珍贵之物，是"宝贝"。王公贵族们佩戴或装饰贝以体现自己的高贵身份，死后常用上千枚贝随葬，有的死者口中还含有贝，以示富有。古人还以贝作为馈赠宾客的高贵礼品，相传周文王被商纣王囚禁之后，就是用贝壳作礼物送给纣王才得以释放的。

货币产生以后，贝曾被人们当作货币来使用，是最早的货币，被称为"贝币、货贝"。贝币从夏代开始使用，至

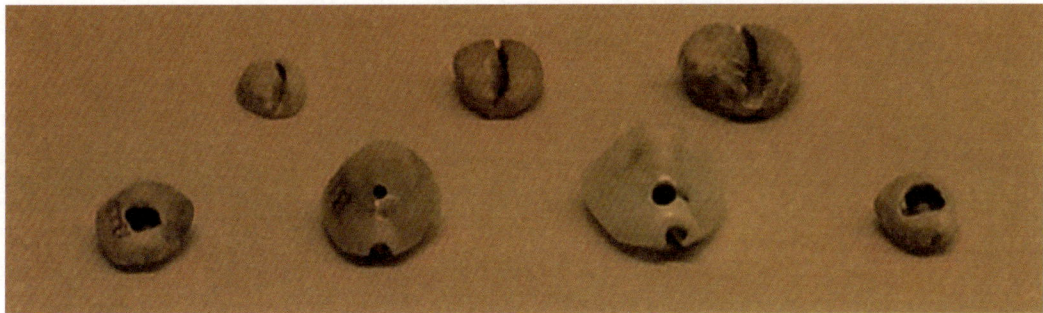

◎ 商代货贝

商代成为当时流通的主要货币。河南安阳殷墟出土了不少贝壳，既有淡水贝，也有来自东海、南海的海贝。其中妇好墓出土了六千八百多枚贝，经鉴定为货贝。为便于携带，古人在贝壳上钻一个孔，将贝用绳子串起来，五贝为一串，两串共十贝为一朋，贝币就以"朋"为单位，商周时期的青铜器上常有"贝十朋、贝五十朋"的铭文，指的就是十朋贝币或五十朋贝币的意思。天然贝数量有限，作为货币并不能满足长期的需求，于是商周时期还出现了用其他材料仿制的与真贝一模一样的贝形币，如"玉贝、石贝、骨贝、角贝、陶贝"

等，后来又出现了金属制的"铜贝、金贝、包金贝"。春秋以后，玉贝渐渐失去了流通功能，变成了饰品和随葬品，金属贝也逐渐衰落，至秦始皇改革币制，禁止用贝作货币，贝正式退出了流通领域。

汉字中以"贝"为形旁的字多与钱财、宝物或商品交易有关，如"贡、贷、货、贪、贫、贵、贱、财、账、贮、贿、赂、赃"。

◎ 战国青铜贝币

贯

guàn

【笔顺】乚口口凹毌毌毌贯贯

【笔画数】8画

【部首】贝（贝部）

【结构】上下

【书写提示】"贯"字上边是"毌"，不要错写成"母"或"田"下边的"贝"最后一笔捺要写作长点。

【词语】恶贯满盈 全神贯注

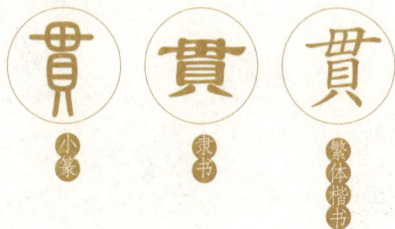

"贯"在小篆中上面像穿串物品系成十字形的样子；下面是贝，表示钱币。古代的货币为便于携带一般用绳子穿串起来，成为一串串的钱币，"贯"的本义就是穿串钱币

◎ 汉代五铢铜钱

的绳子，如白居易《伤宅》"厨有臭败肉，库有贯朽钱"。"贯"由穿钱的绳子代指钱串，如《诗经》"反尔如贯"。"贯"还用作量词，是货币的单位。古时一千枚铜钱穿成一串叫一贯，如"钱串一贯、腰缠万贯"，昆剧剧名《十五贯》即十五贯钱的意思。

"贯"由此引申为次序、有条理的意义，如《三国志》"鱼贯而进"，又有成语"鱼贯而入"，表示如穿成一串的鱼一样有次序地进入；还有"贯序、贯次、贯列、贯鱼之序"。"贯"还表示几代人一直居住的地方，即原籍，如"籍贯、乡贯、贯系、贯址"。

"贯"也用作动词，表示以绳穿物、串连、连接等意义，如《尚书》"商罪贯盈，天命诛之"，《诗经》"射则贯兮"，《论语》"予一以贯之"；又如"贯玉、贯珠、贯穿、连贯、横贯东西"。"贯"又表示进入、沟通、透彻等意义，如"如雷贯耳、气贯长虹、融会贯通、贯彻"等。

戏赠米元章（其一）

（宋代）黄庭坚

万里风帆水著天，麝煤鼠尾过年年。

沧江静夜虹贯月，定是米家书画船。

得

dé

【笔顺】′ ′ ′ ′ ′ ′ ′ ′ ′ ′ 得得得得 得得

【笔画数】11 画

【部首】彳（双立人部）

【结构】左右

【书写提示】"得"右下边的"寸"上有一横，不要漏写。

【读音提示】"得"又读作 děi、de。

【词语】得陇望蜀 得天独厚 得心应手 各得其所 适得其反

甲骨文　金文　小篆　隶书

　　"得"的甲骨文字形由又、贝构成，"又"是人的手，贝代表珍宝；整个字像一只手抓住一个贝的样子，表示有所获得的意义。金文字形在左边增加了双人旁，强调行走的意思；整个字表示人在行走时得到了宝贝。"得"的本义是拥有、获取，如《周易》"知得而不知丧"；又如《庄子》"筌者所以在鱼，得鱼而忘筌"，"筌"是捕鱼用的竹器，这句话说的是捕到了鱼就忘掉了筌，喻指达到目的后就忘了本来凭借依靠的东西，成语"得鱼忘筌"即出于此；还有"取得、得胜、得利、得益、得救、得道多助、得寸进尺、因祸得福、一举两得"。

　　"得"与"失"意义相对，在成语中常常并用，如"有得有失、得不偿失、患得患失"。"得"由此引申为适合的意义，如"得当、得法、得体、相得益彰"；还引申为满足、实现等意义，如《礼记》"虑而后后能得"，《史记》"意气洋洋，甚自得也"；还有"得逞、不得志、得意忘形、扬扬得意、扬扬自得、志满意得"；又引申为导致、招致的意义，如"得罪、得病"。

"得"也用作助动词，表示能够、可以的意义，如《论语》"孔子下，欲与之言，趋而避之，不得与之言"；《史记》"沛公军霸上，未得与项羽相见"；《吴子》"进退不得，为之奈何"。在现代汉语口语中，"得"还可以表示同意、禁止、无奈、完成、等于等多种意义，如"得，就这么着""得了，别去了""得，又坏了""饭得了""三三得九"。

"得"是个多音字，还读作 děi，用作助动词，表示必须、应该等意义，多用于口语，如"得走了、要想健康就得运动"；又读作轻声 de，用作助词，表示可能、结果、程度等意义，如"办得到、写得好、冷得很"。

活水亭观书有感（其一）

（宋代）朱熹

半亩方塘一鉴开，天光云影共徘徊。

问渠那得清如许，为有源头活水来。

败

bài

【笔顺】丿 冂 贝 贝 贝 贝 贩 败

【笔画数】8 画

【部首】攵（反文部）

【结构】左右

【书写提示】"败"右边是四画的"攵"，不要错写成三画的"夂"。

【词语】功败垂成 两败俱伤 身败名裂

甲骨文　金文　小篆　隶书　繁体楷书

　　甲骨文中的"败"左边是贝，表示珍宝；右边像一只手，手里还拿着一个棍棒；整个字像手持棍棒敲击珍宝的样子。珍贵的物品会因棍棒的敲击而毁坏，"败"的本义就表示毁坏、破坏，如《韩非子》"法败则国乱"，又如"败坏、败家、败类、败兴、败法乱纪、伤风败俗"。一个人如果把家庭财产或祖上遗产都给糟蹋毁坏了，就被人们称作"败家子"。

　　"败"由此引申为破旧、腐烂、凋零、衰落等意义，如"败衣"是破旧的衣服，"鱼馁肉败"是腐烂的鱼肉，"残花败柳"是凋落的花柳，"枯枝败叶"是干枯凋落的枝叶，"家败人亡"即家破人亡；又如"败草、败谢、败落、腐败、衰败"。有个成语"金玉其外，败絮其中"，意思是外表光鲜而内瓤破败，比喻人或物徒有其表，其中的"败"就是破旧、破烂的意思。

"败"又引申为失利的意义，与"胜"意义相反，如《孙子兵法》"故善战者，立于不败之地"，《资治通鉴》"成败之机，在于今日"；又如"败露、败亡、败北、败阵、败退、败仗、败局、败军、败笔、失败、打败、屡败屡战、胜败乃兵家常事"。"败"还引申为灾祸的意义，与"丰"意义相对，如遭灾歉收的荒年称"败岁"。

重游通波亭

（唐代）薛能

十年抛掷故园花，最忆红桃竹外斜。

此日郊亭心乍喜，败榆芳草似还家。

贼

zéi

【笔顺】丨冂贝贝贝贼贼贼贼贼贼

【笔画数】10 画

【部首】贝（贝部）

【结构】左右

【书写提示】"贼"字右边是"戎"，不要错写成"戒"。

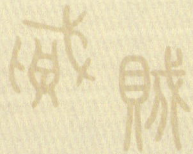

金文　小篆　隶书　整体楷书

　　金文中的"贼"左下边是刀，右上边是戈，刀和戈都是古代的兵器；中间是贝，表示贵重的物品。整个字像用刀戈毁坏贵重之物。到了小篆中，刀从左下边移到右边戈的左下方，贝从中间移到了左边。到了隶书和楷书中，贝与戈之间的刀变形成为交叉着的横和撇，刀、戈看起来就像"戎"字了。"贼"表示毁坏、破坏的意义，如《左传》"毁则为贼"，《庄子》"寒暑弗能害，禽兽弗能贼"；又如"贼害、贼殃、贼蠹"。"贼"进一步引申为杀害、残杀的意义，如《左传》"杀民不忌为贼""贼民之主"，《荀子》"害良为贼"；又如"贼杀、贼诛、贼刑"。

　　"贼"还用作名词，在上古时期指作乱叛国、危害社会的人，如《出师表》"讨贼复兴之效"，又如"贼寇、贼臣、蟊贼、奸贼、民贼、公贼、卖国贼、乱臣贼子"；又指抢劫财物的人，"盗"则指偷窃的人，如"盗贼、窃贼、贼人、贼赃、贼不空手、贼喊捉贼、贼走关门"。后来"贼"既指抢劫者，也指偷窃者。在现代汉语中，"贼"多指偷窃者，"盗"多指抢劫者，与古汉语用法相反。

"贼"又引申为不正派、狡猾、邪恶等意义，如《史记》"贼气相奸"，又如"贼溜溜、贼心不死、贼头贼脑、贼眉鼠眼、贼风贼雨、这家伙挺贼的"；也用作骂人话，如"老贼"。在现代口语中，"贼"还用作副词，表示非常的意义，如"贼冷、贼亮"等。

懂得"贼"古今字形的变化，书写时就不会把"贼"右边的"戎"错写成"戒"或"成"了。

前出塞（其六）

（唐代）杜甫

挽弓当挽强，用箭当用长。

射人先射马，擒贼先擒王。

杀人亦有限，列国自有疆。

苟能制侵陵，岂在多杀伤。

朋

péng

【笔顺】丿 刀 月 月 月 朋 朋 朋

【笔画数】8画

【部首】月（月部）

【结构】左右

【书写提示】"朋"第一笔和第五笔都是撇，不要错写成竖。

【词语】呼朋引类 狐朋狗友 酒肉朋友

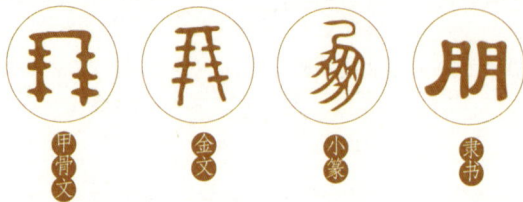

甲骨文 金文 小篆 隶书

甲骨文中的"朋"像两串连在一起的贝壳。古代曾以贝作为货币，叫作"贝币、货贝"，"朋"是贝币的单位，五贝为一串，两串为一朋，如《诗经》"既见君子，赐我百朋"，《淮南子》"大贝百朋"，"百朋"就是一百朋贝币。

"朋"由紧密串连的贝币喻指师从同一老师且关系密切的同学，即"同门曰朋，同志曰友"，如《周易》"君子以朋友讲习"。"朋"由同学又泛指彼此关系友好且志趣相投的人，如《诗经》"每有良朋"，《论语》"有朋自远方来，不亦乐乎"；又如"朋辈、朋好、朋故、朋伴、宾朋、亲朋好友、高朋满座"。后来"朋"与"友"意义逐渐趋同，组成"朋友"一词，指称志同道合、同甘共苦的人。

"朋"由朋友引申为同类的意义，如"朋类"；还引申为群聚的意义，如"朋宴、朋饮、朋戏、群居朋飞"；又引申为相互勾结、结党营私的意义，含有贬义色彩，如"朋党、朋附、朋徒、朋比为奸"。"朋"也表示相比的意义，如"硕大无朋"；还表示共同的意义，如"朋心合力"。

四时读书乐·春

（宋代）翁森

山光照槛水绕廊，舞雩归咏春风香。

好鸟枝头亦朋友，落花水面皆文章。

蹉跎莫遣韶光老，人生唯有读书好。

读书之乐乐何如，绿满窗前草不除。

蚕

cán

【笔顺】一 二 于 天 天 吞 吞 吞 蚕 蚕

【笔画数】10 画

【部首】虫（虫部）

【结构】上下

【书写提示】"蚕"字上边是"天"，不要错写成"天"。

甲骨文　小篆　隶书　繁体楷书

"蚕"在甲骨文中就像一条蚕的样子，是象形字。在小篆中变成了形声字，下面是两个虫，用作形旁，表示蚕是一种昆虫；上面的朁表示读音，也有人认为兼作形旁，有潜入其中之含义，表示蚕埋头吃桑叶。

蚕原产于中国，经驯化可在室内饲养，故又称家蚕，主食为桑叶，蚕吐出的丝是制作丝绸的主要原料。中国是

◎ 商代蚕形玉饰

世界上最早养蚕并利用蚕丝的国家，养蚕缫丝是中国人的发明，蚕在中国人的经济生活和文化历史上有着极其重要的地位。相传黄帝的元妃嫘祖发现野蚕吐丝作茧，受到启发，于是她亲自栽桑养蚕，还"教民养蚕"、缫丝、织绸、制衣，"养天虫以吐经纶，始衣裳而福万民"，华夏丝绸文明由此而始。人们感激于她对后世的贡献，把她尊称为"先蚕、蚕神、蚕母娘娘"来加以敬祭。

◎ 汉代彩绘茧形壶

据古代文献记录，中国的第一个王朝——夏代就已经有了丝织物的生产，现代考古出土过那个时期不完整的蚕茧。商代的甲骨文中有了"蚕、桑、丝、帛"诸字，说明至少在夏商时期中国就开始人工养蚕、缫丝织绸。到了战国时期，人们已用专用蚕室养蚕，蚕桑业成为中国古代农业的重要组成部分。养蚕、缫丝、织绸是一系列繁杂而精细的劳动，需要灵巧的双手和精巧的技术，因此蚕桑业一直由妇女承担，司马光曾说："蚕妇育蚕治茧，绩麻纺纬，缕缕而积之，寸寸而成之，其勤极矣。"正是千千万万中国妇女的劳动与技艺创造了灿烂的华夏丝绸文明。

在长达数千年的实践中，中国的养蚕技术一直领先于世界，先传播到朝鲜、日本，再经过举世闻名的丝绸之路传播到中亚、南亚、西亚直至欧洲，成为中华民族对人类文明的一个伟大贡献。

　　蚕的一生只有短暂的一个来月，最后吐丝成茧，蚕茧由一根长度为300—900米的丝织成；再化蛹为蛾，产卵后死亡。蚕因此成为历代文人歌咏的对象，唐代著名诗人李商隐用"春蚕到死丝方尽"比喻情侣之间绵绵的情思与忠贞的爱情，成为千古绝唱。蚕每天一点一点不停地吃桑叶，人们用"蚕食"喻指逐步侵占的意义。

无题

（唐代）李商隐

相见时难别亦难，东风无力百花残。

春蚕到死丝方尽，蜡炬成灰泪始干。

晓镜但愁云鬓改，夜吟应觉月光寒。

蓬山此去无多路，青鸟殷勤为探看。

丝

sī

【笔顺】⺻ ⺀ ⺙ 纟纟丝丝

【笔画数】5 画

【部首】一（横部）

【结构】上下

【书写提示】"丝"的上边不要错写成两个"幺"；下边是一横，不要错写成两个短横。"丝"在字的左边时写作"纟"，叫作绞丝旁；在字的下边时写作"糸"，叫作紧字底。

"丝"在甲骨文中由两个糸（mì）组成，就像两束绞成麻花状的丝，上下两头像捆扎后留下的丝头。丝抽出来后一般绞成麻花状，一绞即一束。"丝"的本义是从蚕茧抽出来的丝，如《诗经》"素丝五总"，又如"丝线、丝絮、新丝、抽丝剥茧"。

蚕丝是织绸缎等丝织品的原料，"丝"由此泛指蚕丝做成的丝织品，如"丝帛、丝麻、丝布、丝绸、丝棉、丝衣、丝履"；又引申为缫丝、纺丝的意义，如"丝人"指缫丝织绸的人，"丝妇"指养蚕治丝的妇女，"丝车"是缫丝的机器。蚕丝非常纤细，"丝"由此喻指纤细如丝的东西，如"丝网、柳丝、雨丝、青丝、铁丝、蛛丝马迹、藕断丝连、千丝万缕、一丝一毫"；也喻指细腻绵长的情思，如"愁思、情丝"；又比喻极其细微或少量的意义，如"丝毫不差、丝丝入扣、

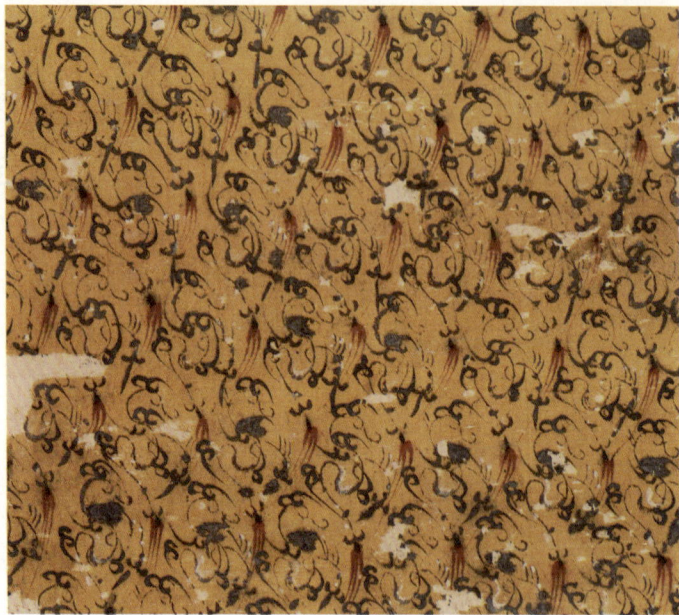

◎ 汉代印花敷彩纱

一丝不苟、一丝不挂、一丝笑意、纹丝不动、命若游丝"。古代的弦乐器多用蚕丝作弦，"丝"又代指琴瑟等弦乐器，如《礼记》"金石丝竹，乐之器也"，"丝竹"指弦乐器和管乐器，代指乐器或音乐，如"江南丝竹"；又如"丝簧、丝管、丝桐、丝篁"都指乐器。

中国是最早开始种桑养蚕、缫丝织绸的国家，早在四千多年前中国就有了丝织品。考古发现表明，商周至战国时期，中国丝绸生产技术已经发展到相当高的水平。河南安阳殷墟出土了成束的丝线、丝绳，还发现了大量丝织品的遗痕。商代的甲骨文中从系的汉字就有一百多个，都与蚕丝有关；"红、绿、绯、绛、紫"等表示颜色的汉字也都含有与丝相关的偏旁，表明中国古代丝织物的印染技术已相当发达。

西汉时期，张骞出使西域，当时带出去的主要货物就是丝绸。从此汉朝的使者、商人接踵西行，西域的使者、商人也纷纷东来，他们把中国的丝、绸、绫、缎、绢等丝制品从洛阳、长安通过河西走廊、新疆地区运往中亚、西亚和欧洲，又把西域各国的奇珍异宝带到中国内地。这条贯穿亚欧、全长七千多千米的路线就是著名的"丝绸之路"。1972年考古工作者在长沙马王堆汉墓中发掘出大量保护完好的丝织品，有绢、绮、罗、纱、锦等众多品种。其中一件素纱禅（单）衣衣长128厘米，通袖长190厘米，用料约2.6平方米，重量仅49克，还不到一两，是世界上最轻的纱衣，素纱丝缕极细，薄如蝉翼，轻若烟雾，代表了西汉初期养蚕、缫丝、织造工艺的最高水平，当时丝织工艺之高超真是巧夺天工。

中国的丝织品种类繁多，工艺精巧，花纹精美，名扬世界。古代希腊人和罗马人称中国为赛里斯国，称中国人为赛里斯人，认为丝绸是赛里斯人从树上摘下来的，"赛里斯"即"丝绸"的意思。据说古罗马人曾狂热地迷恋来自中国的神奇的半透明的丝绸，当时欧洲的王公贵族以穿着中国丝绸、使用中国瓷器为富有荣耀的象征。

汉字中凡是以"丝"为形旁的字大都与丝有关或有束缚之意，如"绢、绫、绸、缎、绳、纤、细、经、绑、缠、结、绞、绕、缚、紧"等。

咏田家

（唐代）聂夷中

二月卖新丝，五月粜新谷。

医得眼前疮，剜却心头肉。

我愿君王心，化作光明烛。

不照绮罗筵，只照逃亡屋。

素

sù

【笔顺】一一十主夫去表表素素
素

【笔画数】10画

【部首】糸（紧字底部）

【结构】上下

【书写提示】"素"最下边是
"小"，中间一竖要带钩。

【词语】素不相识 素昧平生
素心若雪 训练有素

小篆

隶书

　　小篆中的"素"下边是糸，像绞成一束的丝，表示丝织品；上边是垂，像未染色的织物毛边下垂的样子。"素"是未经染色的丝织成的白色生绢，在丝织品中，素的质地较为厚密，是比较贵重的一种丝帛，如《诗经》描写当时诸侯的穿着为"素衣朱绣"，就是穿着素做成的衣服上绣着红色的花纹；又如《乐府诗集·孔雀东南飞》"十三能织素，十四学裁衣"，《古诗十九首》"织素五余丈"。"素"在古代不仅可以用来制作服饰，也用来书写文字，"素书"就是帛书，写信的素一般一尺见方，因此"尺素"也是书信的代称。

　　"素"由白色的丝织品引申为白色的，如《左传》"秦伯素服郊次"，《古诗十九首》"娥娥红粉妆，纤纤出素手"；又如"素丝、素纸、素装、素白、纤纤素手"。古时白色的衣物多用于凶丧之事，即丧服，丧服一般由不染色的麻做成，如《礼记》"素服，以送终也""素服哭于库门之外"，又如"缟素、素服缟冠、白马素车"。

"素"由未染色引申为本色的、质朴的、纯洁的等意义，根据《杨太真外传》记载，杨贵妃的姐姐虢国夫人"自炫美貌"，常不施脂粉就入朝觐见天子，即所谓"素面朝天"；又如"素妆、素淡、素雅、素洁、素净、素材、朴素"。"素"也引申为本性的、原有的、过去的、平常的等意义，如"素质、素养、素怀、素友、素旧、素常、素来、素日、安之若素"。"素"还表示事物最小的基本成分，如"元素、因素、要素、语素、毒素、维生素"。

"素"又表示植物类的食品，与"荤"相对，如"素菜、素餐、素食、素油、吃素、素什锦、两荤两素"。

踏莎行·郴州旅舍

（宋代）秦观

雾失楼台，月迷津渡。

桃源望断无寻处。

可堪孤馆闭春寒，杜鹃声里斜阳暮。

驿寄梅花，鱼传尺素。

砌成此恨无重数。

郴江幸自绕郴山，为谁流下潇湘去。

率

shuài

【笔顺】' 宀 亠 宀 宀 宀 宀 宀 宀 宀 宀 宀 宀 率

【笔画数】11 画

【部首】亠（点横部）

【结构】上中下

【书写提示】"率"下边一竖上端要出头。

【读音提示】"率"又读作 lǜ。

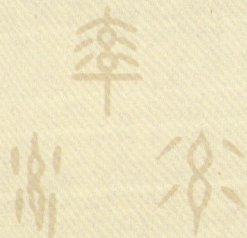

甲骨文中和金文的"率"中间像捆在一起的一束丝绳的样子，上下左右的小点像丝绳捆束后留下的绳头。整个字像很多股细丝绳捆束在一起，表示统领、聚集的意义，如《左传》"率师以来，惟敌是求"。"率"由此引申为统率、带领的意义，如《荀子》"将率不能，则兵弱"；又如"率领、率队、率兵、率众、率先"。

"率"也引申为遵循、顺随、沿着等意义，如《诗经》"率由旧章"中的"率"即遵循；《诗经》"率西水浒，至于岐下"中的"率"即随着；《诗经》"普天之下，莫非王土，率土之滨，莫非王臣"中的"率"即沿着，"率土之滨"意为沿着王土的边涯，即指普天之下、四海之内；又如"率意、率从、率性而为"中的"率"都是顺从的意思。"率"还引申为直接、简单、粗心、轻易等意义，如《论语》"子路率尔而对"，《魏书》"率心奉上，不顾嫌疑"；又如"率直、率真、直率、坦率、草率、粗率、轻率"。

"率"也用作名词，表示榜样、楷模的意义，如"表率"；又用作副词，表示大概、大略、一概等意义，如"大率如此"。

"率"是多音字，又读作 lǜ，表示比值、比例的意义，如"比率、概率、利率、税率、效率、圆周率"等。

升仙桥

（唐代）汪遵

题桥贵欲露先诚，此日人皆笑率情。

应讶临邛沽酒客，逢时还作汉公卿。

绝

jué

【笔顺】ㄥ 幺 纟 纟' 纠 纩 绉 绉 绝

【笔画数】9画

【部首】纟（绞丝部）

【结构】左右

【词语】绝处逢生 绝口不提
绝无仅有 惨绝人寰 精美绝伦

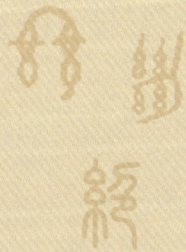

"绝"的甲骨文字形像两束绞在一起的丝，束丝的中间有一横，表示将束丝切割成两段。金文字形在两束丝中加了一把刀，表示用刀将束丝割成两段的样子。小篆中的"绝"变成形声字，左边是糸（mì），右上边是刀，都用作形旁；右下边是卩（jié），用作声旁。"绝"的本义是以刀断丝，如《史记》"冠缨索绝"。"绝"引申为截断、中断的意义，如《淮南子》"江河山川绝而不流"，《战国策》"今楚国狭小，绝长续短，犹以数千里，岂特百里哉"，《史记》"绝秦赵之欢"；又如"绝弦、绝交、绝缘、绝望、绝情、断绝、络绎不绝"。

"绝"由此特指生命、后代的断绝，如"绝命、绝类、气绝、悲痛欲绝、绝种、绝育、绝户、绝后、断子绝孙"；引申为停止，如《吕氏春秋》"嗜酒甘而不能绝于口"，又如"绝息、绝脉、绝食、不绝于口";还引申为独特的意义，如"绝才、绝学、绝技、绝活";又引申为极远的、穷尽的意义，如"绝顶、绝路、绝目、绝唱、绝笔、绝色、空前绝后、弹尽粮绝、赶尽杀绝"。

"绝"也用作副词，表示完全、极其等意义，如"绝对、绝不、绝非、绝少、绝密、绝妙、绝佳"等。

洛桥晚望

（唐代）孟郊

天津桥下冰初结，洛阳陌上人行绝。

榆柳萧疏楼阁闲，月明直见嵩山雪。

编

bian

【笔顺】乡乡乡纩纩纩纩编编编编编

【笔画数】12 画

【部首】纟（绞丝部）

【结构】左右

甲骨文中的"编"右边是纟，像一束丝绳的样子；左边是册，像中间用绳子编串起来的竹片或木片。金文位置与甲骨文相反。在纸张发明以前，古代先民将字用毛笔蘸墨写在烤干的竹简上，一片片竹简用绳子编联起来，就成为一卷卷的书。"编"就是编串竹简用的绳子，一般用麻绳，讲究的用丝绳，还有用皮绳的。据《史记》记载，孔子晚年很喜欢研读《周易》，翻来覆去地反复阅读，以致编串竹简的绳子都断了很多次。成语"韦编三绝"即源于此，"韦"是熟牛皮，"韦编"就是用熟牛皮做的皮绳，"绝"是断的意思，"三"表示很多次；后来人们就用"韦编三绝"形容读书勤奋刻苦。

"编"由编串竹简用的绳子泛指书籍、文献，如"编简"即书籍，又如"上编、下编、补编、第一编、人手一编"。

竹简用绳子依次编排，"编"由此用作动词，表示依序排列、按条理组织等意义，如《谷梁传》"春秋编年"，《史记》"而况匹夫编户之民乎"；又如"编钟、编码、编目、编队、编结、编排、编草席、编年体"。"编"还表示为文字加工、创作等意义，如"编辑、编译、编订、编写、编纂、编书、编剧、编舞、编导"；又表示为造假、捏造的意义，如"编造、编派、编瞎话"等。

四时读书乐·冬

（宋代）翁森

木落水尽千崖枯，迥然吾亦见真吾。

坐对韦编灯动壁，高歌夜半雪压庐。

地炉茶鼎烹活火，一清足称读书者。

读书之乐何处寻，数点梅花天地心。

纸

zhǐ

【笔顺】ノ ㄥ ㄠ ㄠ ㄠ 纟 纽 纸

【笔画数】7 画

【部首】纟（绞丝部）

【结构】左右

【书写提示】"纸"字右边是"氏"，不要错写成"氐"。

【词语】纸老虎 纸上谈兵 纸醉金迷 洛阳纸贵

纸 <small>小篆</small>　　纸 <small>隶书</small>　　纸 <small>繁体楷书</small>

　　小篆中的"纸"是形声字，左边是糸，用作形旁，表示丝织品；右边是氏，用作声旁。"纸"的古字形反映了纸与丝的渊源关系，中国最早的纸是在制丝的过程中发明的。

　　中国是世界上最早养蚕织丝的国家，古人用上等蚕茧抽丝织绸，剩下的碎茧残料就用漂絮法制取丝绵，漂下来的残絮在平板上均匀地铺开晾干，形成一层薄薄的纤维，晾干后可用来书写文字。西安灞桥附近西汉墓葬中出土的灞桥纸，经化验其材料就是由丝絮制成。这种丝絮制成的纸产量低，价格高，难以广泛应用。西汉时期开始采用麻、竹、藤、桑皮、稻草、麦秆等植物纤维煮沸制浆，压制成纸，其中产于北方的桑皮纸色泽洁白，轻薄软绵，被称作"棉纸"，是现存的古代书画作品的主要用纸。

　　东汉时期有个宦官名叫蔡伦，他改进了古人的造纸工艺，在造纸材料中增加了树皮、渔网，树皮造纸开创了木浆纸的先河，是造纸技术的一次飞跃，从而造出了原料易得、价格低廉的纸，人们把这种纸叫作"蔡侯纸"，统称为"麻纸"。从此，纸得以广泛流行并普遍应用，彻底结束了以帛简为书写材料的历史，促进了文化的发展与传播。纸和笔、墨、砚一起被称为"文房四宝"，是古代文人书房里的宝贝。我国安徽宣城泾县所产的纸称为"宣纸"，因质量优异、易于书画、经久不变等特点成为纸中珍品，被誉为"纸中之王、千年寿纸"。

中国的纸和造纸术向东南传入朝鲜和越南，朝鲜和尚昙征渡海到日本，把造纸术献给日本摄政王圣德太子，日本从此有了纸张；向西沿着丝绸之路经阿拉伯诸国传到欧洲、北非和印度。从蔡伦时代起，中国的造纸技术在世界上持续领先了近两千年，现代造纸工业的基本原理仍与蔡伦

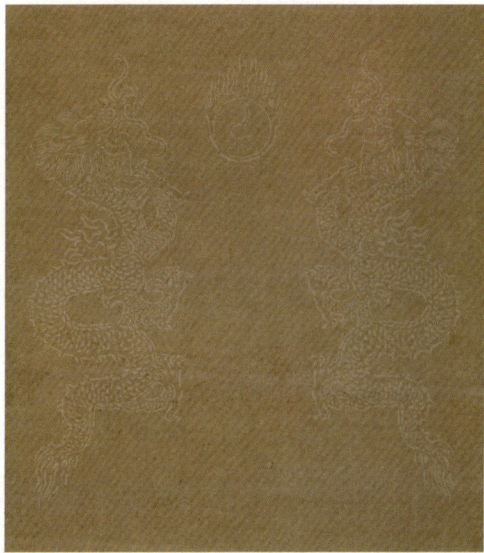

◎ 清代双龙戏珠暗花宣纸

造纸相同。造纸术是中国古代四大发明之一，是中国人智慧的结晶，也是中国对人类文明的杰出贡献。

中国有一种非常古老的传统民间手工艺术，叫作"剪纸"，也叫"刻纸"，人们用剪刀将鲜艳美丽的彩纸剪成各种各样的图案，逢年过节或新婚喜庆之时贴在窗、门、墙、灯笼上，美化居家环境，烘托节日气氛，又叫"窗花、门笺、墙花、灯花"

等。剪纸艺术起源于春秋战国时期，在纸未发明之时，古人就在树叶、丝帛、皮革或金箔上

剪刻出镂空的图案；纸发明以后，出现了真正意义上的剪纸，并在民间广为流传，不断发展

成为具有浓郁民族民间特色的艺术瑰宝。

冬夜读书示子聿

（宋代）陆游

古人学问无遗力，少壮工夫老始成。

纸上得来终觉浅，绝知此事要躬行。

◎ 剪纸青花瓷

乐

yuè

【笔顺】一 仁 午 牙 乐

【笔画数】5 画

【部首】丿（撇部）

【结构】独体

【书写提示】"乐"中间一竖要带钩。

【读音提示】"乐"又读作 lè、lào。

　　"乐"在甲骨文中上面是丝，表示丝制的琴弦；下面是木，表示竹木做的琴枕；整个字像古代琴类的弦乐器。"乐"在金文中多了一个白，有人认为是调弦器，也有人

◎ 汉代抚琴陶俑

◎ 南北朝陶女乐俑

认为像大拇指的形状，强调用手弹奏乐器。"乐"本义指乐器，读作 yuè，如《诗经》"乐既和奏"；又如"乐悬"是古代钟、磬一类悬挂着的打击乐器，"乐歌、乐舞"是有乐器伴奏的唱歌、舞蹈。

相传女娲制造了笙簧瑟埙等乐器，是中国的音乐女神。古书也曾记载"伏羲作琴""神农作琴""舜作五弦琴"等，可见琴这种乐器的出现不晚于尧舜时期。相传神农氏削桐为琴，结丝为五弦，内合金、木、水、火、土五行，外合宫、商、角、徵、羽五音，后人称这种五弦琴为"神农琴"，说其发出的声音能道天地之德，能表神农之和，能使人们娱乐。现代考古发现，七八千年前原始人类就用猛禽的肢骨制成吹奏用的管乐器，如骨笛、骨哨，后来用陶土和石头制作出吹奏乐器和打击乐器，如陶哨、陶埙、陶鼓、石磬，再往后又有了青铜、丝竹制作的打击乐器和管弦乐器。唐代出现了数量庞大、种类繁多的中外乐器，据记载唐代的乐器竟多达三百多种。

乐器是演奏音乐用的，"乐"由乐器引申为音乐，如《礼记》"乐者，天地之和也""伶伦作乐"，《吕氏春秋》"以乐传教"；又如"乐德"，指音乐教育中的六种品德。音乐在中国出现得很早，夏商周时期，音乐已达到十分发达的阶段，乐和礼、射、御、书、数一起被称作"六艺"，是贵族子弟必须学习和掌握的技艺。古人认为音乐是天地间最为和谐的声音，有着娱乐、教化民众的作用，用于祭祀、礼仪、宴飨、丧葬、军事等活动。西周时期形成了一套完整的礼乐制度，其中乐是礼制的

重要组成部分，规定在祭祀、朝聘、宴飨、乡射等不同场合要配以特定的音乐，用乐顺序也有一定之规，贵族等级不同，所享用的音乐也有所不同，由此形成"雅乐"。《礼记》中有《乐记》一章，阐述了音乐的起源和作用，是我国最早的音乐论著之一；《荀子》有《乐论》一篇，是我国最早的音乐美学论著。古代朝廷设有音乐官署"乐府"，专事采集民间诗歌和乐曲，后来人们也把这类民歌称作"乐府"；"乐官、乐工"是管理音乐的官员，"大司乐、乐师"是教习音乐的人，"乐人、乐女、乐妇"是演奏音乐的人。"乐"由音乐又引申指精通音乐的人；泛指艺人，如《诗经》"乐具入奏"，《论语》"齐人归女乐，季恒子受之，三日不朝"。

音乐能使人愉悦，当用乐器演奏出美妙动听的音乐时，音乐与欢乐就成了一回事，于是"乐"由音乐又引申出喜悦、愉快、

欢乐的意义，读作 lè，孔子在《论语》中说："有朋自远方来，不亦乐乎！"又说："发愤忘食，乐以忘忧，不知老之将至云尔。"其中的"乐"便是愉快的意思。又如"快乐、欢乐、乐观、乐趣、乐事、乐不可支、其乐无穷、怡然自乐"。"乐"由快乐还引申为安乐的意义，如《诗经》"适彼乐土""适彼乐国""适彼乐郊"；又如"乐园、乐居"。

音乐能使人快乐，自然受到人们的喜爱，"乐"由此引申为喜欢、爱好，如《论语》"智者乐水，仁者乐山"；又如"乐意、乐此不疲、乐善好施、乐于助人、津津乐道"。"乐"还引申为安于，如《周易》"乐天知命，故不忧"，意思是顺应宇宙的法则与生命的真谛，保持乐观豁达的心态，人就可以无忧了；又如"乐游、安居乐业、安贫乐道"。"乐"又引申为笑，如"真可乐、乐个不停"。

"乐"与"悲"相对，中国人认为二者还可以相互转化，如《礼记》"傲不可长，欲不可纵，志不可满，乐不可极"；《淮南子》"夫物胜而衰，乐极则悲"；《史记》"酒急则乱，乐极则悲，万事尽然，言不可极，极之而衰"。这些论述无不阐释了物极必反的深刻哲理，警示人们做任何事情都应该适可而止，蕴含了中国古代哲学思辨和中国古代文化精髓。

"乐"是个多音字，又读作 lào，用于地名，如河北"乐亭"、山东"乐陵"。

汉苑行

（唐代）王涯

二月春风遍柳条，九天仙乐奏云韶。

蓬莱殿后花如锦，紫阁阶前雪未销。

万

wàn

【笔顺】一丂万

【笔画数】3画

【部首】一（横部）

【结构】独体

【书写提示】"万"三画，注意不要与"方"相混。

【词语】万古长青 万劫不复 万籁俱寂 万马奔腾 万马齐喑 成千上万 挂一漏万 万变不离其宗 万事俱备，只欠东风

甲骨文中的"万"就像一只巨螯屈尾的蝎子，本义就是蝎子。或许是远古时期蝎子数量很多，后来"万"借为数字，表示十个千的巨大数目，本义也就不再使用了，如《列子》"高万仞"；又如《史记》"万家之侯"，汉代侯爵最高一级叫作"万户侯"，意思是享有一万户农民的赋税；还有"万人、万夫、万国、万顷良田"。在甲骨文中，我们现在见到的最大数字是三万，是在"万"字的蝎子尾巴上加三横来表示的。

"万"由此引申为极大的、极多的意义，并不表示具体的数目，只是一个概数，且常与"千"并用，如"万物、万象更新、万众一心、万贯家财、万里长城、万念俱灰、日理万机、万水千山、万紫千红、千家万户、千秋万代"。"万"由极数又用于至高无上的皇帝，皇帝的身体为"万乘

之躯"，皇帝、皇后的生日为"万岁、万寿、万寿圣节"，祝皇帝、皇后长寿用"万岁、万万岁、万寿无疆"。今天中国人在祝福别人时仍常说"万事如意、万事大吉"。

"万"又用作副词，表示极其、非常的意义，如"万幸、万难、万恶、万分、万不得已、万全之策"；也表示一定、绝对的意义，如"万无一失、千万保重、万万不可去"等。

"万"的繁体字笔画繁多，后来简化成"万"。"万"又读作 mò，用于复姓"万俟（qí）"。

春日

（宋代）朱熹

胜日寻芳泗水滨，无边光景一时新。

等闲识得东风面，万紫千红总是春。

guī

【笔顺】ノ ク 夕 夕 冄 角 龟

【笔画数】7 画

【部首】刀（刀部）

【结构】上下

【读音提示】"龟"又读作 jūn、qiū。

甲骨文　金文　小篆　隶书　繁体楷书

　　"龟"在甲骨文和金文中像一只乌龟的俯视图，龟头、龟身、龟甲、龟足和龟尾都清晰可见。

　　龟耐饥渴，是长寿动物，有的据说可以活上千年。中国古代的灵龟崇拜可上溯至新石器时代，辽西地区的史前墓葬中常常有成对的玉龟出土，表现出史前人类对神龟的膜拜。用龟甲占卜源自史前的灵龟崇拜，是对龟灵性神力的信赖，新石器时代末期已经出现了灼龟现兆的占卜习俗。

◎ 魏晋青铜乌龟

殷商时期大量使用龟甲占卜，商人笃信鬼神，认为占卜能显示神谕，他们灼烧龟的腹甲，以显现在龟甲上的兆纹来预卜吉凶，如"龟卜、龟兆、龟筮"。他们把文字刻写在龟甲和大的兽骨上，如《诗经》"爰契我龟"。这些契刻在龟甲上的文字就是"甲骨文"，甲骨文是目前发现的最早的汉字。在河南安阳小屯附近的商朝晚期都城遗址殷墟一带，考古发现了为数众多的甲骨窖穴，共出土甲骨约一万五千多片。在陕西宝鸡岐山、扶风一带的西周时期周原遗址中，共发现甲骨一万七千多片。

◎ 汉代石洛侯金印

传说龟曾帮助大禹制服洪水，帮助女娲补天，深得古人敬重，用其象征帝位，如古人常刻龟于印玺之上，又如"龟玉"指龟甲和宝玉，古时都是国家重器。龟因长寿被视为吉祥之物，与传说中的神物龙、凤、麟并称为"四灵物、四瑞兽"，四物中只有龟在现实中确有其物。古人常以"龟龄鹤寿"喻人高寿，如"龟寿、龟龄、龟鹤、龟鹄"都是比喻高寿的词语。"龟"与"贵"同音，龟又成为富贵的象征，古人常以龟为配饰，随身携带；古代起名也多用"龟"字，这种文化现象影响到日本，日本人名也常用"龟"字。

从唐宋时期开始，"龟"渐渐有了贬义。

乌龟用坚硬的甲壳裹住身体，一有危险就把头、尾和四肢缩进龟甲中以保护自己，于是"龟"引申出胆小怕事的意义，那些胆小怕事的人被称为"缩头乌龟"。"龟"还成了骂人话，因龟头为暗绿色，妻子红杏出墙而自己不知道，即所谓戴了绿帽子的男人被称作"乌龟"。

小篆以后的"龟"失去了象形特征，笔画、结构趋于繁复，后来简化成现在的字形。"龟"是多音字，在"龟裂、龟坼"中要读作 jūn；在古代西域国名"龟兹"中要读作 qiū。

蝶恋花

（宋代）晏殊

一霎秋风惊画扇。

艳粉娇红，尚拆荷花面。

草际露垂虫响遍，珠帘不下留归燕。

扫掠亭台开小院。

四坐清欢，莫放金杯浅。

龟鹤命长松寿远，阳春一曲情千万。

它

tā

【笔顺】丶丶宀宀它

【笔画数】5 画

【部首】宀（宝盖部）

【结构】上下

【书写提示】"它"字下边是"匕"，撇的下端不出头。

甲骨文　金文　小篆　隶书

　　"它"在甲骨文中像一条大蛇，从头部看还像是一条毒蛇。"它"本义就是蛇，是"蛇"的本字。远古时代，草木茂密，蛇虫很多，古人穴居，常会遇到各种各样的蛇，其中毒蛇对人的威胁更大，一旦遭蛇咬，就会丧命于蛇口。《说文解字》说："上古草居患它，故相问无它乎。"说的就是远古时代人们结草而居，害怕有蛇出没，所以见面时互相问候"没有蛇吧"。可见蛇，尤其是毒蛇，是当时人类的灾难之一，"有它"则遭难，"无它"则谢天谢地、大吉大利。

　　蛇在地球上出现得比人类要早，属于两栖爬行动物。蛇没有四肢却能自由爬行，在陆地和水中都能生存，具有某种难以琢磨的灵性，这使蛇成为远古时期先民的崇拜之物；有些蛇有毒，能致人死命，这又使先民对蛇滋生出恐惧心理；蛇繁殖能力很强，具有起死回生的能力，冬眠的蛇到了春天便复苏、蜕皮、再生，其旺盛的生殖力和顽强的生命力在古人眼里象征着永恒的生命。因此原始人类把蛇作为部族的图腾加以崇拜，以此保护自己免受伤害。

蛇在中华文化中是很重要的远古图腾标记。蛇也由此演化成为人类的祖先。在上古神话传说中，华夏民族的祖先有不少具有蛇身形象，如人类始祖伏羲和女娲、开天辟地的盘古，以及神农氏、夏后氏、

共工氏等，都是人面蛇身的形象。有学者考证，禹姓姒，姒即巳，巳是蛇，"禹"在甲骨文中与"巳"同字，可见"禹"也是蛇，蛇很可能是夏代的图腾标志。考古发现，夏代的陶器上多有蛇的形象，商周时期的青铜器上也多有蛇的纹饰。龙即源于古代的蛇图腾，是由蛇演变并美化而成的，蛇文化可谓龙文化的祖源。原始社会有不少以"龙"为名的氏族，这些所谓的"龙"应当都是"小龙"，即蛇，这些氏族很可能

◎ 春秋人首蛇身玉饰——两件器物面部似一男一女，可能是传说中伏羲和女娲的形象

都是以蛇为图腾的。

在其他民族的文化中，蛇同样有着重要的地位。世界上很多民族都把蛇视为吉祥与神圣的象征或智慧与神力的化身，神与蛇密不可分，如埃及的蛇神，北欧神话中的巨蟒，古希腊神话中的大地母神手持长蛇寓意蛇能带来丰收，印第安人在宗教日跳起蛇舞祈求族人繁盛与大地丰收等。

在古代先民看来，蛇处于人类的对立面，因此"它"又借作代词，指代人类以外的各种事物。"它"被借作代词后专用于假借意义，人们给"它"加了一个虫，另造"蛇"字来表示"它"的本义。

虫

chóng

【笔顺】丶冂口中虫虫

【笔画数】6画

【部首】虫（虫部）

【结构】独体

【词语】害人虫

百足之虫，死而不僵

"虫"的甲骨文字形像一条三角头形、长身屈曲的蛇，从头部看，更像是一条毒蛇。"虫"的本义是一种巨毒的蛇，即蝮蛇，古读huǐ，即"虺"的本字，如《山海经》"猨翼之山多蝮虫"，"蝮虫"就是蝮蛇。远古时代中原地区气候湿润，蛇的种类和数量比现在要多很多，汉字中的"虫、它、也、巳、禹、蛇"等字最初都表示蛇，正是当时人类生存环境的反映，后来这些字的意义才逐渐分化。古代常"鱼""虫"并称，也说明当时渔猎与蛇灾之普遍。各种各样的蛇，尤其是毒蛇，给人类的生命安全带来极大的威胁，是人类的大灾难，如《韩非子》"人民不胜虫蛇"，"虫蛇"指的就是不同种类的蛇。

后来古人用三个虫组成"蟲"字，表示那些像蛇一样软体的爬行小动物，三个虫以示这类昆虫种类之繁多与数量之众多，读作 chóng，如《列子》"禽兽虫蛾"，又如"虫豸、虫蛭、虫灾、虫害、花鸟鱼虫"。在民间"虫"很早就被用作"蟲"的简化字，于是"虫"的本义就由"虺"字表示了。"虫"不仅是昆虫的通称，也泛指某些动物，如"大虫"指老虎，"长虫"指蛇，"蛟虫"指蛟龙，"甲虫"指龟，"毛虫"指兽类，"羽虫"指禽类。

到了现代，"虫"不仅指动物，还喻指沉迷于某事或具有某种特点的人，含有戏谑或轻蔑的意味，如"书虫、网虫、房虫、应声虫、糊涂虫、可怜虫、寄生虫"，成语"雕虫小技"就比喻那些微不足道的技能。

汉字中以"虫"为形旁的字多与虫或蛇有关，如"虱、蝉、蠕、蛾、蝇、蚁、蝎、蝗、蛭、蛟、蝮、蟒"等。

月夜

（唐代）刘方平

更深月色半人家，北斗阑干南斗斜。

今夜偏知春气暖，虫声新透绿窗纱。

龙

lóng

【笔顺】一ナ九龙龙

【笔画数】5 画

【部首】龙（龙部）

【结构】独体

【书写提示】"龙"五画，注意不要与"尤"相混。

【词语】龙马精神 龙潭虎穴 龙争虎斗 画龙点睛 来龙去脉 生龙活虎 降龙伏虎 鱼龙混杂 车水马龙

| 甲骨文 | 金文 | 小篆 | 隶书 | 繁体楷书 |

"龙"在甲骨文和金文中都是一个有头有角、张着大口露出锋利的牙齿、身长而弯曲的动物形象。从"龙"的古字形看，在甲骨文时代，龙是一种爬行动物，它有着食肉动物的血盆大口和像蛇一样细长而弯曲的身体，它的头

◎ 新石器时代玉龙——被誉为"中华第一龙"

◎ 宋代浮雕青龙石刻

上有"辛"，辛表示枷锁或刑具，这说明龙最初的原型是一种凶猛的动物，很可能是古代中原地区生存的一种体型巨大的爬行动物，因会伤人，所以给它戴上了枷锁。爬行动物一般对天气变化极为敏感，来无影去无踪，古人便认为这种动物具有神异之处。在夏商周时期，龙的形象多与蟒蛇相关，远远没有我们今天所见的龙造型复杂。随着时间的推移，先民们用自己的想象不断地丰富并美化着龙的形象，渐渐地，龙的身上集合了许多动物的特点。相传伏羲取蟒蛇的身、鳄鱼的头、雄鹿的角、猛虎的眼、骏马的嘴、鲸鱼的须、红鲤的鳞、巨蜥的腿、苍鹰的爪、白鲨的尾创造了龙，龙终于成了现在这种有鳞、有角、有须、有爪，善于变化、能腾云驾雾的神异动物。

龙在中国传统文化中有着极为丰富的内容。从一诞生，龙便被打上神话与巫术的烙印，它上天入水，呼风唤雨，无所不能，是传说中的万物生灵之首，与麟、凤、龟并称为"四灵物、四瑞兽"。中国最早的龙的形象出现在六七千年前的辽河流域史前文化，龙曾是中国北方民族的远古图腾。新石器时代龙已在中国南北广泛传播，逐渐成为中华民族文化认同的重要标志。传说中华民族的始祖黄帝就是龙的化身，龙是华夏民族的图腾。上古时期"龙"喻指贵族，贵族使用的旗帜为"龙旗"。秦汉以后"龙"成为帝王与皇权的象征，居于万人之上的皇帝自称为"真龙天子"，皇帝的容貌称为"龙颜"，皇帝的身体为"龙体"，皇帝穿的绣着龙的华美长袍为"龙袍"，皇帝的乘车为"龙辇"，皇帝的卧具为"龙床"，皇帝的坐具为"龙椅"，皇宫中的一切用具上都有龙的图案或以龙为装饰。"龙"还喻指非凡杰出的人物，如三国时的诸葛亮被称为"卧龙"，杰出的人物被喻为"龙鹏、龙虎"，青年才俊被喻为"龙驹"。"龙"也喻指雄健的书法或雄美的文章，如"龙蛇、龙文、龙章、龙藻、龙飞凤舞"；又象征着吉祥、威武的意义，如成语"龙凤呈祥、龙腾虎跃、龙蟠虎踞"。时至今日，中国人仍然以龙为尊，中国是一条"东方巨龙"，中华民族是"龙的传人"。

在历史的发展过程中，"龙"的字形也发生了很大的变化，小篆中的"龙"已经完全改变了甲骨文、金文的象形结构和笔意，"龙"的繁体字即源于小篆字形。

奉和登骊山应制

（唐代）阎朝隐

龙行踏绛气，天半语相闻。

混沌疑初判，洪荒若始分。

◎ 剪纸龙

鸟

niǎo

【笔顺】'勹勹鸟鸟

【笔画数】5画

【部首】鸟（鸟部）

【结构】独体

【书写提示】"鸟"五画，注意不要与"乌"相混。

【词语】笨鸟先飞 惊弓之鸟

甲骨文　金文　小篆　隶书　繁体楷书

　　甲骨文中的"鸟"就像一只小鸟，金文中的"鸟"则像一只长尾鸟的剪纸画。到了隶书中，"鸟"的字形基本丧失了象形特点，原来的鸟尾巴变成了四个小点。在简化字中，四个小点又变成了一横。古代"鸟"和"隹（zhuī）"都指飞禽，所不同的是，"鸟"的本义指长尾飞禽，而"隹"的本义指短尾飞禽。"鸟"由此泛指飞禽，如《诗经》"有鸟高飞""鸟乃去矣"，《尚书》"我则鸣鸟不闻"；又如"飞鸟、禽鸟、鸟兽、鸟巢、鸟窝、鸟尽弓藏、鸟语花香、百

◎ 商代鸟形玉佩

◎ 春秋青铜鸟尊

鸟朝凤"等。

　　相传上古帝王帝喾的次妃简狄在一次沐浴的时候，有一只玄鸟飞临并产下一枚蛋。出于好奇，简狄吞食了这枚鸟蛋，由此怀孕生下了契，契就是商人的始祖。《诗经》中有一篇《商颂》，其中"天命玄鸟，降而生商"记录的就是这一历史。由于商人的起源与禽鸟有关，因此鸟类为商人所崇拜和喜爱。殷商时期，鸟纹广泛见于各种器物装饰。考古发现，在河南安阳殷墟宫殿宗庙区遗址有许多禽鸟类的骨骼，很可能是殷商贵族豢养的珍禽异鸟。

　　汉字中凡是以"鸟"为形旁的字大多与飞禽类有关，如"鸡、鸭、鹤、鹏、鸿、鸳、鸯、枭、凫"等。注意"鸟"字里有一点，那是鸟的眼睛，书写时不要漏写。

江雪

（唐代）柳宗元

千山鸟飞绝，万径人踪灭。

孤舟蓑笠翁，独钓寒江雪。

乌

wū

【笔顺】ノ ⺃ 乌 乌

【笔画数】4画

【部首】ノ（撇部）

【结构】独体

【书写提示】"乌"四画，注意不要与"鸟"相混。

【词语】乌溜溜　乌油油　乌七八糟　乌烟瘴气

金文　小篆　隶书　繁体楷书

金文中的"乌"像乌鸦的样子，大张着嘴，表现出乌鸦常张嘴大叫的特点。乌鸦全身都是黑色的，隐藏在黑色羽毛中的眼睛不易被人看到，所以"乌"与"鸟"的字形就在于一点之差："乌"字没有点睛，是无眼鸟形，而"鸟"字点了睛。"乌"本义为乌鸦，如"乌鹊"是乌鸦和喜鹊，"乌鸢"是乌鸦和老鹰。成语"爱屋及乌"意思是爱一个人，连他屋上的乌鸦都爱；喻指因爱一个人而关爱到与其有关的一切，也形容过分偏爱。

传说太阳中有一只硕大的三足乌，每日由东向西飞翔，因此古人们常以"乌"代指太阳，"金乌、乌阳、乌轮、乌照、乌焰"都指太阳；"乌兔、兔乌"是金乌、玉兔的简称，借指日、月，成语"乌飞兔走、兔起乌沉、兔缺乌沉、东兔西乌"都形容月出日落或日往月来、时间飞逝。

◎ 西周青铜三足乌尊

◎ 汉代海昏侯墓车马器上的金乌纹饰图

与其他鸟类相比，乌鸦嗜食腐肉，能闻到地下散发出来的腐尸气味，常在有新坟的墓地呱呱乱叫，因此乌鸦后来有了贬义色彩，人们用"乌鸦嘴"比喻人散布坏消息或形容人不说好话。聚在一起的乌鸦受惊易散，人们便用"乌合之众"喻指临时拼凑、毫无组织纪律的群体。

"乌"由乌鸦引申为黑色，如"乌亮、乌云、乌衣、乌麻、乌金、乌木、乌鸡、乌纱帽"；又引申为没有，如"化为乌有、子虚乌有"。

知道了"乌"的字形来源，书写时就不会多写一点，错写成"鸟"了。

枫桥夜泊

（唐代）张继

月落乌啼霜满天，

江枫渔火对愁眠。

姑苏城外寒山寺，

夜半钟声到客船。

鸡

jī

【笔顺】フ ヌ ヌ′ ヌ′ 鸡 鸡

【笔画数】7 画

【部首】鸟（鸟部）

【结构】左右

【书写提示】"鸡"字左边的"又"最后一笔捺要写作点。

【词语】鸡飞蛋打 鸡毛蒜皮 鸡鸣狗盗 鸡犬不宁 鸡犬升天 杀鸡取卵 鹤立鸡群

甲骨文 金文 小篆 隶书 繁体楷书

◎ 三国青釉鸡首壶

甲骨文和金文中的"鸡"都是象形字，像一种头顶有冠的飞禽。甲骨文中也有形声兼会意字的"鸡"，左边是奚，表示读音，兼表意义，有用绳子捆缚的含义；右边是鸟，表示飞禽。到了小篆中，右边的鸟变成了隹，隹也是鸟，是短尾的飞禽，作为表示意义范围的形旁，隹、鸟可以互换而不影响字的意义。鸡在古代属于鸟类，最早的鸡是飞鸟的一种，是从野生鸟类演变成家禽的，如"鸡雏、鸡鸣、鸡笼、鸡舍、鸡飞狗跳、鸡犬相闻"。鸡是人类最先驯养为家禽的动物，在三千年多前的商代，人们就将捕猎来的活的野鸡用绳子拴住加以驯养，慢慢地野鸡就退化成不会飞的家鸡。周代青铜器上铸刻有这样的狩猎图：天上飞着一群鸟，人们朝着飞鸟射箭，箭上都拴着长长的绳子，这是为了便于将箭射中的野禽拉回来，也便于收回没射中目标的箭头，捕获到的活的野禽就用绳子系住足部，圈养起来慢慢驯化。

古人不仅"牛鼎烹鸡""食菽与鸡"，也"斗鸡"娱乐，这一习俗不仅在中国长盛不衰，还传到日本、越南、老挝、菲律宾等国家。据《庄子》记载，周宣王特别喜欢斗鸡，他请来驯鸡高手训练出一只常胜不败的斗鸡，这只鸡上场后不骄不躁、神情安定，看上去就像木鸡一样，看见它这副样子，其他的鸡都不敢与它相斗。这就是成语"呆若木鸡"的来源，后来"呆若木鸡"的意义发生变化，成为形容因恐惧或惊讶而发呆的样子。

雄鸡在早晨打鸣，向人们报告一天的开始，鸡鸣日出，黑暗消退，鸡也因此具有了勤奋、负责、守信、守时的美德。相传东晋大将祖逖（tì）年轻时很有抱负，当时北方沦陷，为了收复失地、报效国家，他与好友刘琨每日鸡鸣即起，练剑习武，后来率部北伐，收复了黄河以南大片土地。成语"闻鸡起舞"说的就是祖逖的故事，后人以此比喻有志者奋发图强。

源于小篆的"雞"是繁体字"鷄"的异体字，繁体字"鷄"现在简化作"鸡"。

商山早行

（唐代）温庭筠

晨起动征铎，客行悲故乡。

鸡声茅店月，人迹板桥霜。

槲叶落山路，枳花明驿墙。

因思杜陵梦，凫雁满回塘。

hè

【笔顺】一ナナ右右右右右右 崔雀鹤鹤鹤鹤鹤

【笔画数】15 画

【部首】鸟（鸟部）

【结构】左右

【词语】驾鹤西游 风声鹤唳 焚琴煮鹤 杳如黄鹤

金文

小篆

隶书

繁体楷书

◎ 商代玉鹤

金文中的"鹤"是形声字，左边是声旁，右边是形旁。在中国传统文化中，鹤有着不同于一般鸟类的崇高地位，它与人的精神品德以及仙、道等有着密切的关系，是深受人们喜爱的珍贵仙禽。春秋时期，卫国国君卫懿公玩鹤成癖，以致不理国事，他将鹤分了品位，称鹤为"鹤将军"，最后落得个亡国被杀的结果。

鹤形象优美，姿态优雅，鸣声嘹亮，高飞且长寿，是吉祥、长寿、高雅、飘逸的象征，代表了人们的美好期望，因此又称"仙鹤、仙禽"。古人常以有君子之风的白鹤比喻品德高尚的贤达之士，《诗经》中就有《鹤鸣》一篇，如"鹤鸣九皋，声闻于野"，以鹤喻指隐居山野修身洁行的高德之士，又有"鹤鸣之士"之称。鹤常与神仙联系在一起，道教中的仙人多以鹤为座驾，以示其修炼得道、仙风道骨，如仙人乘车叫"鹤驭、鹤驾"。文人雅士、高僧道士常常借鹤抒怀，以鹤入诗入画，人们用"鹤望、鹤立鸡群"以示清高，用"鹤寿、鹤龄"祝人长寿，用"鹤发松姿、鹤发童颜"形容人虽老犹健。在中国画中，鹤常与松、竹、石、龟、灵芝等相伴，取其"松鹤延年、龟鹤齐龄"之寓意。

◎ 明代边景昭 《雪梅双鹤图》

秋词（其一）

（唐代）刘禹锡

自古逢秋悲寂寥，我言秋日胜春朝。

晴空一鹤排云上，便引诗情到碧霄。

枭

xiāo

【笔顺】 ′ 勹 勺 鸟 鸟 枭 枭 枭

【笔画数】8画

【部首】木（木部）

【结构】上下

【书写提示】"枭"字上边的"鸟"没有下面的一横；下边的"木"中间一竖不带钩。

小篆　隶书　繁体楷书

小篆中的"枭"下面是木，表示树木；上面是鸟的头部。"枭"即鸱鸮，俗称猫头鹰。这种鸟头大，生性凶猛，昼伏夜出，古人将其视作沟通人间与冥界的使者而加以崇拜，从史前至商代一直被先民视为祥瑞的神鸟。相传母枭为幼枭捕食，待母枭目盲力尽时，幼枭便齐啄母枭，母枭啮住树枝任幼枭啄食而死，仅余枭首空悬树枝之上。因此古人用树上的鸟头来表示栖于树上的这种猛禽，如《诗经》"为枭为鸱"，《汉书》"鸱枭群翔"。

"枭"由此引申为勇猛强悍的意义，喻指英雄豪杰，如《淮南子》"为天下枭"，《后汉书》

◎ 新石器时代红陶猫头鹰头

"刘备有枭名";又如"枭将、枭雄、枭骑"。商王武丁的王后妇好是中国历史上以骁勇善战闻名的女将军，河南安阳的妇好墓中出土了一对青铜鸮尊，头顶羽冠，昂首挺立，通体以云雷纹为底，上面装饰有兽面纹、蝉纹、夔龙纹、盘蛇纹、鸮纹等多种纹饰，鸮尊内壁铸有铭文"妇好"。妇好墓中以鸮为造型的文物还不止这一对青铜尊，还有玉鸮。看来以这种猛禽象征这位勇猛善战、屡建奇功的女中豪杰是最恰当不过的，同时也反映出勇猛强悍的猫头鹰深得妇好这位女将军的喜爱。

◎ 商代妇好墓青铜鸮尊

从西周中期开始，猫头鹰的形象出现了变化，渐渐被人们视为恶鸟，"枭"由此也转为贬义，引申为凶猛可怕的意义，喻指凶恶之人，如"枭奴、毒枭"。

"枭"还用作动词，由树上的鸟头引申出把人的头悬挂在树上的意义，如"枭首"，指把人的头砍下来使其身首异处，并将砍下来的头颅悬挂在树上示众；又如"枭斩、枭示、枭其二子"。"枭首"是中国古代死刑之一，直到清末才被废除。"枭"由砍头也泛指诛杀，如"枭除、枭夷"。

懂得"枭"的古字形和意义，书写时就不要多写一横，把上边的鸟头错写成"鸟"。

凤

fèng

【笔顺】丿几凤凤

【笔画数】4画

【部首】几（几部）

【结构】半包围

【书写提示】"凤"字里面是"又"，最后一笔捺要写作点；不要错写成"乂"，与"风"相混。

【词语】凤凰涅槃 凤毛鳞角 龙飞凤舞 攀龙附凤

甲骨文　金文　小篆　隶书　繁体楷书

"凤"的甲骨文和金文字形像一只长尾鸟的样子，头部有羽冠，身后有华丽的长尾羽。"凤"即凤凰，是中国古代传说中的百鸟之王，如"百鸟朝凤"。古人称雄的为凤，雌的为凰，有"凤求凰"之说；统称为"凤凰"，如《尚书》"凤皇来仪"，《诗经》"凤皇于飞"，"凤皇"即凤凰。

凤在中国传统文化中有着悠久的历史和重要的地位。凤由鸟演变并美化而成，曾是中国南方民族的远古图腾。凤身上集中了许多飞禽的特征，有着鸡头、燕颌、蛇颈、龟背、鱼尾和五彩色，羽毛美丽，仪态万方。古人认为，凤是一种美丽而吉祥的神鸟，"出于东方君子之国"，与龙、龟、麟并称为"四灵物、四瑞兽"，凤凰飞来往往预示着天下安宁、太平盛世，如"龙凤呈祥"。《国语》中以"凤鸣岐山"喻指周族兴盛、最终周兴商亡的吉祥之兆。古人还

◎ 新石器时代玉凤

常以凤凰喻指具有圣德之人或华美珍贵之物，如"凤藻"喻指华美的文辞，"凤雏"喻指青年才俊，"凤毛"喻指文采俊秀，"凤穴"喻指文才荟萃之地，"龙肝凤髓"喻指非常难得的珍贵食品。凤是百鸟之王，又能预示天下祥瑞，于是"凤"与"龙"一样喻指帝王，象征着皇权，如"凤诏、凤邸、凤阙、凤驾、凤辇"分别指帝王的诏书、宫殿、车驾。后来在中国的龙凤文化中，凤渐渐处于从属地位，喻指与"真龙天子"皇帝相配的皇后，如皇后头上戴的叫"凤

冠"，头发上插的叫"凤钗"，居住的楼阁叫"凤阁、凤楼"。

登金陵凤凰台

（唐代）李白

凤凰台上凤凰游，凤去台空江自流。

吴宫花草埋幽径，晋代衣冠成古丘。

三山半落青天外，二水中分白鹭洲。

总为浮云能蔽日，长安不见使人愁。

◎ 商代玉凤

雀

què

【笔顺】 ⺌ ⺌ ⺌ 少 少 少 少 少 雀 雀 雀 雀

【笔画数】11 画

【部首】隹（隹部）

【结构】上下

【书写提示】"雀"字上边的"小"中间一竖不带钩。

甲骨文　金文　小篆　隶书

　　"雀"在甲骨文中上面是小；下面是隹，隹像一种短尾鸟的样子。整个字指的是如麻雀一类体型小的鸟类，如

◎ 明代陈洪绶《父子合册》

《礼记》"小者至于燕雀","燕雀"即麻雀；又如"家雀、山雀、鸦雀无声、门可罗雀"。《史记》

"嗟乎，燕雀安知鸿鹄之志哉"，意思是小小的麻雀哪里知道天鹅的远大志向，比喻平庸之人

与英雄豪杰的志向抱负高下异殊。

"雀"由麻雀泛指鸟或飞禽，如"雀立、雀噪、雀爪、雀翎、雀卵、喜鹊、云雀、孔雀"。

中国古代神话传说中有一种神鸟，代表南方之神，又象征着幸福，颜色是红色，名叫"朱雀"，

又叫"朱鸟"；也有说法认为朱雀属于凤凰的一种，俗称"火凤凰"。

"雀"又泛指像雀一样的，如《庄子》"雀跃而游"，"雀跃"指像麻雀般跳跃，形容兴

奋的样子；又如"雀斑"指褐色斑点，"雀饰"指赤黑色的装饰。

乌衣巷

（唐代）刘禹锡

朱雀桥边野草花，乌衣巷口夕阳斜。

旧时王谢堂前燕，飞入寻常百姓家。

只

zhī

【笔顺】丶冂口尸只

【笔画数】5 画

【部首】口（口部）

【结构】上下

【读音提示】"只"又读作 zhǐ。

【词语】只手遮天　形单影只

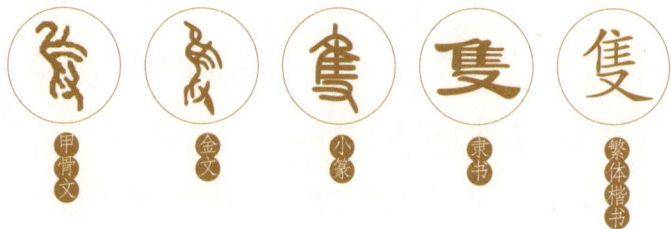

　　"只"的甲骨文字形上面是隹，隹像鸟的样子；下面是又，又是手。整个字像一手持一鸟，表示一个、单独的意义，如《公羊传》"匹马只轮无反者"，又如"只轮不反、只鸡架酒、只言片语、只字不提、独具只眼"。

　　"只"由此引申为孤单、孤独的意义，如"只翼、只凰、只影、只立、只身一人、只身在外、鸾孤凤只"；又引申为单数的意义，如《宋史》"只日临朝，双日不坐"，"只日"即单日。"只"还用作量词，用于动物、船只、某些器具以及成对东西中的一个，如"一只鸟、一只碗、两只眼睛、睁一只眼闭一只眼"。

　　简化汉字时，表示单一、孤独等意义的"隻"与表示仅仅、唯独意义的"祇"合并为一个字，都简化作"只"，因此"只"是多音字，表示上述意义时，读作 zhī，繁体字写作"隻";表示仅仅、唯独的意义时,读作 zhǐ,用作副词,繁体字写作"祇",如"只顾、只管、只得、只是、只要、只有、只怕、只好、只见树木、只重衣衫不重人""万事俱备,只欠东风""只可意会,不可言传""只知其一,不知其二"等。

塞下曲

（唐代）李益

伏波惟愿裹尸还,定远何须生入关。

莫遣只轮归海窟,仍留一箭射天山。

双

shuāng

【笔顺】フ 又 刃 双

【笔画数】4 画

【部首】又（又部）

【结构】左右

【书写提示】"双"字左边的"又"最后一笔捺要写作点。

【词语】双管齐下 双喜临门 出双入对 一箭双雕 一语双关 智勇双全 举世无双 福无双至，祸不单行

鸒 小篆
雙 隶书
雙 繁体楷书

　　小篆中的"双"上面是两个隹，隹像鸟的样子，二隹表示两只鸟；下面是又，又是手。整个字像一手持二鸟，表示两个、一对的意义，如《古诗为焦仲卿妻作》"云有第三郎，窈窕世无双"。"双"引申为偶数的意义，与"单"相对，如"双数、双人"；又引申为加倍的意义，如"双倍"。"双"也用作量词，用于成双成对的东西，如《仪礼》"凡献，执一双"。

　　"双"的繁体字笔画很多，后简化为两个又。

池上双鸟

（唐代）薛涛

双栖绿池上，朝暮共飞还。

更忆将雏日，同心莲叶间。

焦

jiāo

【笔顺】ノイイ作作作佳佳佳佳焦焦

【笔画数】12 画

【部首】灬（四点部）

【结构】上下

【词语】焦沙烂石 焦心劳思 心焦气躁 近火先焦

"焦"的金文上面是隹，隹是鸟；下面是火。到了隶书中，下面的火变成了四个点。整个字像一只鸟挂在火上烧烤的样子，表示用火烤熟鸟兽的意义；泛指烤到干枯的程度，如《墨子》"五谷焦死"，《吕氏春秋》"焦而不熟"；又如"烧焦、烤焦、焦干、焦热、焦灼、焦枯、焦竭、焦土、焦渴、舌敝唇焦"。"焦"引申指烤干后的黄黑色，如"焦黄、焦黑"；也引申指烤干后变得酥脆的状态，如"焦脆、焦枣"；还引申指烧焦后产生的气味，如"焦味、焦苦、焦臭"；特指焦炭，如"煤焦、炼焦"；又表示火力集中于一点，喻指热点，如"焦点、焦距、聚焦"。"焦"在中医里指人体内水谷运行、化生气血的脏腑，如"中焦、三焦"。"焦"又喻指人心急火燎的状态，如"焦心、焦急、焦虑、焦愁、焦躁、焦头烂额、心焦如焚"等。

奋

fèn

【笔顺】一ナ大太夲夲奋奋

【笔画数】8画

【部首】大（大部）

【结构】上下

【词语】奋发图强　奋武扬威
自告奋勇

金文　小篆　隶书　繁体楷书

　　金文中的"奋"上面是隹，隹是鸟；隹的外面是衣，表示用衣服捕捉鸟雀的样子；鸟下边是田，表示田野；整个字像用衣服捕捉田野上的鸟雀。在小篆中，衣变成了大，于是有了我们今天看到的繁体字的字形。"奋"表示拼力、使劲捕捉鸟雀的意义；泛指用力、使劲，如《诗经》"王奋厥武"，又如"奋力、奋张、奋飞、奋翔、奋不顾身"。

　　"奋"引申为用力摇动、振动、挥动、举起等意义，如《周易》"雷出地奋"，《淮南子》"羽翼奋也"；又如"奋髯"即抖动胡须，"奋袂"即举袖或挥袖，"奋臂"即有力地举起手臂，"奋戈"即使劲挥舞干戈，"奋翅、奋翼"即用力振动翅膀，"奋蹄"即振蹄或扬蹄，"奋笔疾书"即拿起笔飞快地书写。"奋"又引申为振作、激励、猛烈等意义，如《报任安书》"常思奋不顾身，以殉国家之急"，

《史记》"及至始皇，奋六世之余烈"；又如"振奋、昂奋、兴奋、勤奋、奋激、奋战、奋勇前进、奋起直追、艰苦奋斗"等。

"奋"的繁体字笔画繁多，简化字减去了中间的隹，保留了上面的大和下面的田，写作"奋"。

送金潮州（其二）

（宋代）刘克庄

潮人无计驻轩车，来扇仁风仅岁余。

棘院从今添立鹄，金堤亘古免为鱼。

真堪香火陪韩庙，谁采风谣继叶渠。

曾忝史官牛马走，不妨奋笔为公书。

◎ 唐代镂金银香熏——上有鸟展翅纹饰

飞

fēi

【笔顺】飞飞飞

【笔画数】3 画

【部首】乙（乙部）

【结构】独体

【词语】飞蛾扑火 飞飞扬扬
飞黄腾达 飞流直下 飞禽走兽
飞沙走石 飞扬跋扈 飞针走线
灰飞烟灭 鸡飞蛋打 突飞猛进
笨鸟先飞 不翼而飞 远走高飞

甲骨文　金文　小篆　隶书　繁体楷书

　　"飞"的甲骨文字形像鸟展开的双翼，金文字形像鸟振动双翅的样子，表示鸟展翅飞翔的意义，如《周易》"飞鸟遗之音"，又如"飞燕、飞鸿"。

◎ 敦煌莫高窟飞天壁画

"飞"泛指飞翔，如《周易》"飞龙在天"，又如"飞虫、龙飞凤舞"；引申为物体在空中移动、飘荡的意义，如"飞絮、飞尘、飞雪、飞舞、飞扬"。"飞"还引申为像飞一样疾速的意义，如《乐府诗集·木兰诗》"万里赴戎机，关山度若飞"；又如"飞云、飞马、飞人、飞船、飞速、飞驰、飞奔"。"飞"又表示突然发生、出乎意料、没有根据等意义，用于不希望出现的事情或灾祸，如"飞来横祸"等。

独坐敬亭山

（唐代）李白

众鸟高飞尽，孤云独去闲。

相看两不厌，只有敬亭山。

羽

yǔ

【笔顺】㇆㇆㇆羽羽羽

【笔画数】6画

【部首】羽（羽部）

【结构】左右

甲骨文 金文 小篆 隶书

　　甲骨文中的"羽"像鸟身上长长的羽毛，本义就是鸟的长羽毛，如《左传》"初献六羽"，又如"羽冠、羽佩、

◎ 唐代羽人瓦当

队的文书上插羽毛以示紧急，"羽"又代指书信，如"羽书、羽檄"。

"羽"由鸟羽代指鸟，如"羽族、羽物、羽类、倦羽知还、奇禽异羽"；泛指鸟、虫的翅膀，如"羽翼、羽翰、蝉羽"；喻指辅佐的人，如"羽翼已成、羽翼未丰"；又指同党、同伙，如"羽党、党羽"。

"羽"也指道教得道飞升成仙的意义，如"羽化升天"；由此代指道士，如"羽士、羽人"。"羽"还是古代五音"宫、商、角、徵、羽"之一。"羽"又用作量词，用于鸟类，如"一羽信鸽"。

◎ 剪纸《羽鹅戏水》

羽旗、羽扇纶巾、霓裳羽衣"。古代舞蹈分为文舞、武舞，执羽而舞为文舞，如《尚书》"舞干羽于两阶"，《周礼》"教羽舞"。古代箭杆尾部绑有羽毛，用以保持箭矢的飞行方向，即箭翎，"羽"由此代指箭，如"羽猎、羽箭、羽镞、负羽从军"。古代征调军

塞上曲·送元美

（明代）李攀龙

白羽如霜出塞寒，胡烽不断接长安。

城头一片西山月，多少征人马上看。

巢

cháo

【笔顺】 ' " "" """ 丷" 毕 筲 单 巢 巢

【笔画数】11 画

【部首】巛（三拐部）

【结构】上下

【书写提示】"巢"上边的三拐是三画，不要把每一笔分成两笔，错写成六画；下边是"果"，中间一竖不带钩。

【词语】巢倾卵破　覆巢无完卵

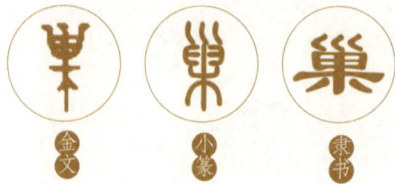

金文　小篆　隶书

　　"巢"的金文字形像树上的鸟窝的样子，本义就是树上的鸟窝，如《诗经》"维鹊有巢，维鸠居之"；后有成语"鹊巢鸠占"，意思是斑鸠不会做巢，常强占喜鹊的巢穴，喻指强占他人住所。"巢"由鸟窝泛指昆虫、野兽的窝，如"蜂巢、蚁巢、狼巢"。

　　"巢"不仅是鸟兽的窝，还是人类的居所。《韩非子》记载："上古之世，人民少而禽兽众，人民不胜禽兽虫蛇。有圣人作，构木为巢，以避群害，而民悦之，使王天下，号曰有巢氏。"说的是远古时期，先民们穴居野外，饱受风雨侵袭和禽兽侵害。于是有圣人受鸟巢的启发，教人们在树上架木为巢，搭建起简陋的窝棚，以挡风遮雨、躲避野兽，人们终于"冬则营窟，夏则居巢"，"昼拾橡栗，暮栖木上"，得以安居。先民们感激这位圣人，推举他为部落首领，尊其为"有巢氏"。有巢氏为民办事，德高望重，后来被各部落拥立为部落联盟的首领，尊称为"巢皇"。有巢氏是神话传说中人类原始房屋——巢居的发明者，可谓步入华夏建筑文化之门的第一人，有关有巢氏的美丽神话反映了人类发展历程中从穴居到巢居这一重要阶段。

随着社会的发展，人类后来把房屋从树上搬到平坦的地面上，"巢"不再是人类的栖身之处，但人们用它喻指盗贼、土匪、敌人的藏身之所，如"匪巢、倾巢出动、敌人的老巢"等。古代禽类的窝称为"巢"，兽类的窝称为"穴"，"巢穴"与"巢"一样，既统指鸟兽的窝，也喻指盗匪或敌人的盘踞之地。

山居即事

（唐代）王维

寂寞掩柴扉，苍茫对落晖。

鹤巢松树遍，人访荜门稀。

绿竹含新粉，红莲落故衣。

渡头烟火起，处处采菱归。

虎

hǔ

【笔顺】一 ト 上 广 卢 卢 虎 虎

【笔画数】8 画

【部首】虍（虎字头部）

【结构】半包围

【书写提示】"虎"里面的上边是"七"，不要错写成"匕"。"虎"在字的左上边时写作"虍"，叫作虎字头，第四笔撇要包住字的下半边。

【词语】虎背熊腰 虎踞龙盘 虎口拔牙 虎头蛇尾 为虎作伥 狐假虎威 狼吞虎咽 龙争虎斗

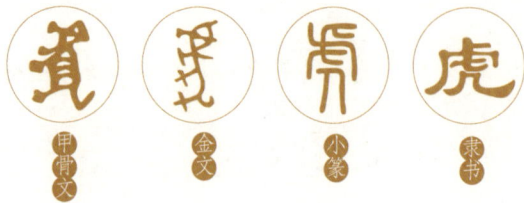

甲骨文　金文　小篆　隶书

　　"虎"的甲骨文字形像一只侧立的老虎的简笔画，老虎张牙舞爪的形态和身上的花纹描绘得非常细致。虎是古代常见的动物，它性情凶猛，被称为"兽中之王、百兽之王"，古人常以"虎"象征威武勇猛，如"虎将、虎子、虎步、

◎ 商代立鸟双尾青铜卧虎

© 商代玉虎

虎踞、虎啸、虎跃、虎威、虎劲、生龙活虎、虎虎有生气";也以"虎"比喻厉害、凶狠、残暴,如《捕蛇者说》"苛政猛于虎",又如"拦路虎、母老虎、秋老虎、笑面虎、纸老虎、虎豹豺狼、虎狼之人、虎狼之心、虎视眈眈、为虎作伥";还以"虎"比喻危险,如"虎口、虎穴";又以"虎"表示那些伤害人畜的厉害的虫子,如"蝎虎、蝇虎"。

在中国传统文化中,虎被视为镇邪驱鬼、象征吉祥的神兽。商代士兵胸前的甲胄上、商周时期的青铜器上都铸有猛虎的形象,古代贵族身上佩带着虎形的玉饰。

民间还将虎用于小孩的帽子、鞋子、围嘴、枕头或玩具上,如"虎头帽、虎头鞋、虎头枕"等,虎头上绣上"王"字,取其镇邪驱鬼、保佑平安、像虎一样强壮威武之寓意,人们还常用成语"虎头虎脑"来形容男孩子健壮、憨厚、可爱的模样,这些习俗一直流传到现在。

汉字中以"虎"为形旁的字多与虎有关,如"虐、虏、彪、虤(bào)"等。

牧

(宋代)翁森

细雨空蒙烟草稠,相呼相逐过林丘。

回来莫向山边去,昨夜前村虎食牛。

虐

nüè

【笔顺】 ⼀ ⼁ ⼴ ⼴ ⼴ ⼧ ⼧ 虐 虐

【笔画数】9画

【部首】虍（虎字头部）

【结构】半包围

【书写提示】"虐"里面的上边是"七"，不要错写成"匕"；下边开口向右，中间一横的左端要出头，不要错写成开口向左，也不要与"ヨ"相混。

甲骨文　金文　小篆　隶书

甲骨文中的"虐"右边是张着大嘴的老虎，左边是一个侧身而立的人；整个字像凶猛的老虎要吞噬人的样子。

◎ 商代龙虎纹青铜尊——上有双虎食人纹饰

如果把字横过来看，就像一个人被老虎一巴掌拍在地上，老虎张开血盆大口，正准备吃人。小篆字形在虎的左下边加了一个

爪，表示老虎用利爪伤人。"虐"的本义是老虎食人，商周时代的青铜器上常有虎食人的图案，表现的正是"虐"字的本义。

　　"虐"由老虎食人泛指残害、伤害的意义，如《孟子》"方命虐民"，又如"虐待、虐杀、虐害、虐戕、凌虐、自虐"。夏代最后一个统治者桀和商代最后一个统治者纣，都是历史上有名的暴君，他们残害忠良，暴虐无道，坏事做尽，最后被杀亡国，成语"助桀为虐、助纣为虐"即比喻帮助坏人作恶的意思。"虐"还引申为残暴的意义，如《国语》"厉王虐，国人谤王"；又如"虐政、虐行、暴虐"。"虐"又引申为酷烈、凶险的意义，如"肆虐、酷虐、凶虐、虐暑"等。

落梅

（宋代）陆游

雪虐风饕愈凛然，花中气节最高坚。

过时自合飘零去，耻向东君更乞怜。

象

xiàng

【笔顺】ノ ⺈ ⺈ ⺈ ⺈ 彑 亀 ⻝ 亀 象 象

【笔画数】11 画

【部首】刀（刀部）

【结构】上下

【书写提示】"象"十一画，不要把第六笔错分成两笔，也不要把第十笔和第十一笔错连成一笔。

【词语】象形文字 象牙之塔 盲人摸象

甲骨文　金文　小篆　隶书

　　"象"在甲骨文中像一头侧面直立的大象，最上边是长长的鼻子和头部，中间是象身，下边是象尾，活脱脱一幅大象的简笔画。上古时期，我国中原地区的气候很像现在的南方，温暖潮湿，森林遍布，栖息着大量的鹿、野猪、

◎ 商代青铜象尊

狐狸、老虎、犀牛和野象，如《山海经》"祷过之山多象"；又如河南古称"豫州"，即因生产大象而得名，"豫"指特大的象，也指大象通过。后来中原一带气候逐渐变得寒冷干燥，喜欢热带气候的大象逐渐南迁到云南一带。

大象身体庞大，力大无比，性情温顺，先民们很早就开始驯养野象，让大象为人类劳作。甲骨卜辞中有猎捕野象的记录，古文献中有商人驯养大象的记载。在河南安阳殷墟王陵祭祀坑内，发现了一只颈系铜铃的幼象，证实了商人驯象的说法。古人还训练大象按照音乐的节拍跳舞，"舞象"就是会跳舞的象；又训练大象为作战时的乘骑，如《汉书》"其民乘象以战"。

象的獠牙很长，可雕刻成器皿、饰物或工艺品，自古以来就是珍贵之物，在殷墟多次发现象牙制品，古代贵族使用的器物很多都是用象牙制成。"象"由此特指象

◎ 商代象牙杯

牙，如《诗经》"元龟象齿"；又如"象床、象尊、象管"是用象牙装饰的床、樽、笔，"象箸、象笏"是用象牙做的筷子和记事的手板。

大象身高体大，在古人眼中是庞然大物，"象"由此表示事物的外形、情景、征兆等意义，如"形象、景象、现象、气象万千、万象更新"。

"象"也用作动词，表示模仿、使外形相像的意义，如"象形、象声、象征"等。

为

wéi

【笔顺】丶ノ为为

【笔画数】4画

【部首】丶（点部）

【结构】独体

【读音提示】"为"又读作 wèi。

【词语】为富不仁 为所欲为 不足为奇 化整为零 画地为牢 无能为力 指鹿为马 胡作非为

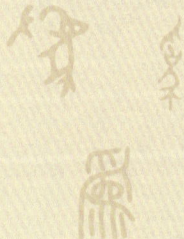

甲骨文　　金文

小篆

甲骨文　金文　小篆　隶书　繁体楷书

"为"的甲骨文字形左上边是爪，像一只朝下抓的手；右边像一头侧面直立的大象，象的大耳朵、长鼻子清晰可见。整个字像一只手牵着大象，表示人用手牵象从事劳作

◎ 汉代驯象画像砖

的意义。上古时期中原一带气候温润，适合大象、犀牛等动物生存。古人很早就驯养野象，让身高力大的大象像牛马一样进行劳作，"为"的古字形展示的就是远古时期的这一景象。

后来"为"的意义渐渐泛化，由牵象劳作引申出做、干、制作、种植、学习、写作、治理等意义，如《周礼》"以为乐器"，《墨子》"其为衣裘何"，《诗经》"我生之初，尚无为"，《战国策》"东周欲为稻"；又如"为人、为诗、为学、为政、为害、为非作歹、无为之治、事在人为、见义勇为、大有作为、巧妇难为无米之炊"。"为"还引申出当作、变成、认为等意义，如《论语》"可以为师"，《列子》"为汝多智"；又如"为首、为伍、作为、成为、以为、为人师表、为时尚早、一分为二、以弱为强、变废为宝、习以为常"。"为"又表示是，如《列子》"不为远者小"，又如"天下为公、情为何

物、失败为成功之母"。

"为"的意义进一步虚化，由动词又用作介词，表示被动、原因、目的等意义，如《论语》"不为酒困"，《韩非子》"为王吹竽"；又如"因为、为了、为何、为什么、为人喜爱、为天下笑、为人作嫁、为国捐躯"。"为"还用作词缀，用于单音节形容词或副词后，表示程度、范围或加强语气，如"大为、广为、极为、尤为、颇为"等。

"为"的繁体字繁杂又难写，后来简化成现在的字形。"为"是多音字，用作动词、词缀以及表示被动意义时，读作 wéi；用作介词，表示原因、目的等意义时，读作 wèi。

离思（其四）

（唐代）元稹

曾经沧海难为水，除却巫山不是云。
取次花丛懒回顾，半缘修道半缘君。

鹿

lù

| 甲骨文 | 金文 | 小篆 | 隶书 |

【笔顺】 丶 亠 广 广 庐 庐 庐 庐 鹿 鹿 鹿

【笔画数】11 画

【部首】鹿（鹿部）

【结构】半包围

【书写提示】"鹿"的里面，上边的左侧不封口；左下边第二笔是竖提，不要错写成竖弯钩，右下边是"匕"，撇的下端不出头。

【词语】指鹿为马

甲骨文中的"鹿"像一头鹿的侧面形象，有角和长长的颈，身体具有跳跃的动感。如《诗经》"呦呦鹿鸣，食野之萍"。上古时期黄河流域生活着大量的鹿、野猪等动物，

◎ 商代玉鹿

五六十万年前的蓝田人、北京人以及他们的后代主要靠捕猎鹿和野猪为生。

鹿温顺美丽，与人无害，而且全身都是宝，除了鹿皮、鹿肉可供衣食之用，鹿茸、鹿血、鹿骨等都是极其名贵的药材，因此早在远古的渔猎时代，鹿就成为人们猎捕的主要对象。到了农耕时代，鹿又成为帝王热衷于猎捕和畜养的珍兽，有专门的王家鹿苑，甲骨卜辞中就有不少关于商王武丁"逐鹿"活动的记录。据记载，商王武丁曾乐此不疲地逐鹿，有时甚至一连数日奔走于中原大地，不理朝政。由于历代帝王的大肆捕猎，到了汉代鹿成了稀有动物，已经很难捕到了。鹿的可爱与珍贵使其备受统治者的喜爱，"鹿"也被用来喻指政权或帝位，如《史记》"秦失其鹿，天下共逐之"；而"逐鹿、鹿死谁手"也从猎捕鹿变成了夺取政权的代名词。

在中国传统文化中，鹿被视为仁兽和

◎ 西周玉鹿

祥瑞之兽。鹿和鹿皮是馈赠之礼和婚姻的象征，相传伏羲氏制定婚姻制度时，规定男方给女方的订婚聘礼就是俪皮，俪皮即两张鹿皮，喻好事成双、夫妻和美。《诗经》中有"野有死鹿，白茅纯束。有女如玉，舒而脱脱兮"的诗句，描写的就是青年将猎到的小鹿用白茅包好，送给美丽如玉的少女。古人祝寿时，常画鹿送给寿星以象征长寿；"鹿"与"禄"同音，在吉祥图案中常以鹿代"禄"，寓意有福气或做官受禄。

仙人

（唐代）李贺

弹琴石壁上，翻翻一仙人。

手持白鸾尾，夜扫南山云。

鹿饮寒涧下，鱼归清海滨。

当时汉武帝，书报桃花春。

◎ 清代朱耷《松树双鹿图》

尘

chén

【笔顺】⺊⺌小尘尘尘

【笔画数】6画

【部首】土（土部）

【结构】上下

【书写提示】"尘"字上边的"小"中间一竖不带钩。

【词语】风尘仆仆 望尘莫及 一尘不染 甚嚣尘上

甲骨文中的"尘"上面是鹿，下面是土。小篆中的"尘"用三个鹿表示许多鹿，即鹿群。鹿过尘飞，古人用群鹿奔跑时扬起的大量尘埃土灰表示尘土的意义，如《庄子》"而游于尘垢之外"，《史记》"蝉蜕于浊秽，以浮游尘埃之外"；又如"尘封、沙尘、灰尘、浮尘、粉尘、烟尘"。

"尘"由鹿群奔跑时扬起的尘土引申为足迹、踪迹，如"前尘、遗尘、步人后尘"。"尘"由尘土又引申为俗世，即相对于仙界的人间，如陶渊明《归园田居》"误落尘网中，一去三十年"；又如"尘世、尘缘、尘俗、尘事、尘嚣、凡尘、红尘"等。

繁体字"塵"笔画太多，不便书写，"尘"原来是民间的俗体字，用小、土表示尘土意义鲜明确切，因此被确定为"塵"的简化字。

牛

niú

【笔顺】 ノ 一 二 牛

【笔画数】 4 画

【部首】 牛（牛部）

【结构】 独体

【书写提示】 "牛"中间一竖上端要出头，下端不带钩；注意不要与"午"相混。"牛"在字的左边时，下面的横要写作提，叫作牛字旁；笔顺也与作为单字的"牛"不同。

【词语】 牛鬼蛇神 牛郎织女 牛头马面 汗牛充栋 钻牛角尖 多如牛毛 牛头不对马嘴 初生牛犊不怕虎

甲骨文　金文　小篆　隶书

◎ 商代石牛

甲骨文中的"牛"像牛的俯视图，两旁向上弯起的是两只牛角，下面是牛身的简单勾画，字形突出了弯曲的牛角这一典型特征。牛与原始人类的生活密切相关，我们的祖先很早就开始驯养牛，考古发现，从新石器时代晚期起，先民们就开始饲养家牛。商代甲骨卜辞记载，商代晚期已有畜牧业管理制度和专职官员，牧牛规模极大，商王朝还通过贡品获得牛，最多一次贡牛达四百头，多于其他家禽的进贡数量，商代甲骨文中有"牧、牢、告、犁"等汉字，可见牛在古代畜牧业和农业中的重要地位。

牛是大牲畜，古人认为牛能娱神，因此牛被用作祭祀的重要牲畜，只有在隆重的祭祀场合才以牛为祭品，如《大戴礼记》"诸侯之祭，牛曰太牢"，"太牢"是最高规格的祭品，非一般人所能享用。甲骨卜辞中曾有一次祭祀用一千头牛的记载，远超其他家畜的祭祀数量，当时统治者所拥有的牛数量之巨大就可想而知了。在漫长的农耕时代，牛是力畜，在农业生产劳动中是人类最为得力的助手，因此在重农的古代社会，耕牛受到保护，历代刑法都有禁止杀牛的规定。鉴于牛在祭祀与农耕活动中的重要作用，与羊、猪等日常食用的家畜不同，古人平时并不食用牛肉，举行祭祀仪式时，一部分牛肉供奉神灵或祖先，余下的才由王公贵族食用。古代诸侯会盟时有一个仪式，割下牛的耳朵，将流出来的血盛放于杯中，参加盟会的人分而尝之，

◎ 西周玉牛面

以示守信而不背叛，主持盟会的人被称为"执牛耳"，后来"执牛耳"喻指处于主导地位的人。

牛身高力大，不仅能耕田，还能拉车。商代就有了牛车，用来运载货物，是重要的运输工具。上古时期马车体积小、速度快，称为"小车"，除了贵族乘坐，主要用于战争，又叫"兵车、戎车"。牛车称为"大

◎ 南北朝陶牛车

车"，车厢体积比马车大，牛走起路来速度较慢，四平八稳，牛车颠簸的程度比马车轻，扬起的尘土也比马车少，后来也用于载客。出于对乘车舒适的追求，牛车曾深受人们的青睐，身价逐步提高，装备也日益讲究，乘坐者可坐可卧，是贵族、官员甚至皇帝出行时舒适的代步工具。自东汉以来，牛车着实风光了好几百年。

牛力大性倔，走起路来昂首向上，"牛"由此喻指喝得多、力气大、迟钝、固执、倔强、高傲等意义，如"牛饮、牛劲、笨牛、顶牛、牛脾气、牛气、牛市、太牛了"。

汉字中以"牛"为形旁的字多与牛有关，如"犊、牧、牺、牲、犏、牢、犟"等。

田园乐（其四）

（唐代）王维

萋萋芳草春绿，落落长松夏寒。

牛羊自归村巷，童稚不识衣冠。

牢

láo

【笔顺】丶丷宀宀宀宀牢

【笔画数】7画

【部首】宀（宝盖部）

【结构】上下

【词语】牢狱之灾　画地为牢

"牢"的甲骨文字形外面是宝盖，表示圈养牲畜的围栏；里面是牛。"牢"是饲养牛的栏圈；泛指饲养牲畜的栏圈，如《诗经》"执豕于牢"，《战国策》"亡羊而补牢，未为迟也"。殷商时期人们已经大量饲养牛、羊、猪、马等牲畜，用于祭祀及供王公贵族享用，"牢"引申指祭祀或宴享用的牛、羊、猪等牲畜，如《礼记》"天子社稷皆太牢，诸侯社稷皆少牢"，"太牢"指牛、羊、猪各一头，"少牢"指羊、猪各一头。有了牢，圈里的牲畜就无法跑出来，正如小篆字形多了一横，像在圈门上横了一根大木头，十分牢固。"牢"由此引申为坚固，如《平淮西碑》"牢不可破"；还引申为坚决，如"牢记"。关牲畜的地方也可以用来关人，"牢"又引申指监狱，如《周礼》"祀五帝则系于牢"。

"牢"后来专指关人的监狱，本义已不再使用了。

牧

mù

【笔顺】丿 丿 牛 牛 牜 牧 牧 牧

【笔画数】8 画

【部首】牛（牛部）

【结构】左右

【书写提示】"牧"字左边的"牛"最后一笔横要写作提，中间一竖不带钩；右边是四画的"攵"，不要错写成三画的"夂"。

甲骨文中的"牧"右边是牛，左边像一只手拿着棍棒或鞭子。整个字像手执棍棒或鞭子驱赶牛的样子，表示放养牛的意义。"牧"由此泛指放养牲畜，如《周礼》"掌牧六畜"，《诗经》"牧人乃梦"，《汉书》"使牧羝"，"羝"（dī）是公羊；又如"牧马、牧羊、牧畜、牧场、牧苑、牧夫、

◎ 新石器时代放牧纹彩陶盆

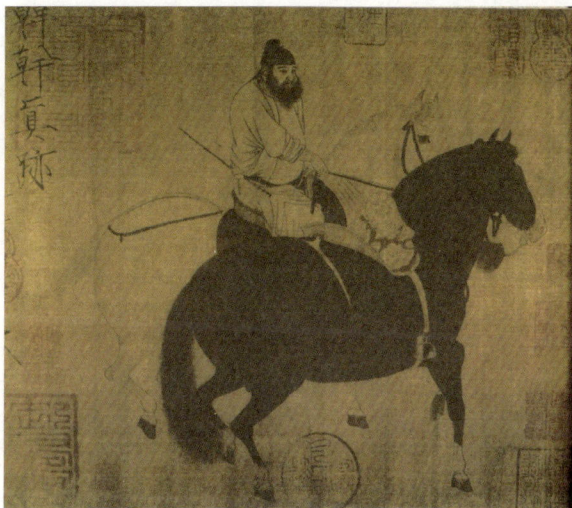

◎ 唐代韩幹《牧马图》

牧童、游牧、放牧、畜牧业"。"牧"还引申为放牧的人，如《诗经》"尔牧来思"；又如《左传》"马有圉，牛有牧"，"圉（yǔ）"指牧马的人，"牧"指牧牛的人。"牧"由放牧牲畜的意义喻指统治百姓，如《国语》"且夫君也者，将牧民而正其邪者也"；《抱朴子》"苛政而政荒，牧民而民散"。"牧"由统治百姓又引申为治民的官名，如"牧司、牧令、牧守、牧宰、州牧"都是地方上的官吏名称。

村晚

（宋代）雷震

草满池塘水满陂，山衔落日浸寒漪。

牧童归去横牛背，短笛无腔信口吹。

半

bàn

【笔顺】丶丷亠兰半

【笔画数】5 画

【部首】八（八部）

【结构】独体

【书写提示】"半"中间一竖不带钩。

【词语】半边天 半壁江山
半工半读 半饥半饱 半斤八两
半路出家 半生不熟 半死不活
半推半就 半信半疑 半夜三更
深更半夜 一时半会 一星半点
一言半语 一知半解 事倍功半

金文　小篆　隶书

　　"半"的金文字形上面是八，表示分开；下面是牛。整个字表示把牛从中间分开，分解成两个部分。"半"的本义表示一头牛的一半；泛指所有东西的一半、二分之一，如《汉书》"今汉有天下太半"，"太半"即"大半"。"半"引申为中间的，如《礼记》"君子遵道而行，半途而废，吾不能已矣"。"半"还引申为部分的、不完全的，如白居易《琵琶行》"犹抱琵琶半遮面"，又如"半岛"。"半"又喻指极少的，如《史记》"而侯生曾无一言半辞送我"。

暮江吟

（唐代）白居易

一道残阳铺水中，半江瑟瑟半江红。

可怜九月初三夜，露似珍珠月似弓。

解

jiě

【笔顺】 ' ⺈ ⺈ 广 ⺁ 角 角 角 解 解 解 解 解

【笔画数】13 画

【部首】角（角部）

【结构】左右

【读音提示】"解"又读作 jiè、xiè。

【词语】解甲归田 难解难分 善解人意

甲骨文 金文 小篆 隶书

"解"的甲骨文字形就像两只手抓住牛角进行解剖的样子。在小篆中，甲骨文里的两只手变成了刀，成了现在的字形。"解"的本义是用刀分解牛。《庄子》中有一个"庖丁解牛"的故事，说的是有个名叫丁的厨师宰牛的技术非常高超，他对牛的生理结构了如指掌。"解牛之时"，他顺着牛的骨节间隙进刀，进刀之声如同音乐，只需轻轻用力，

◎ 汉代庖厨画像砖

牛的骨肉便"迎刃而解",如同泥土而豁然散落在地上,他剖牛"所解数千",可用过的刀刃依然锋利如初。后来人们就用成语"庖丁解牛"比喻经反复实践掌握了规律,做起事来得心应手、驾驭自如。

"解"由解牛泛指分开、剖开,如《吕氏春秋》"鹿角解",又如"解剖"。"解"还引申为打开、松开,如《礼记》"解屦不敢当阶","屦(jù)"是用麻葛编制的鞋子;又如《墨子》"解带为城";还有"解放、解散、解脱、松解、宽衣解带、解囊相助、解铃系铃"。"解"又引申为除去、溶掉等意义,如《战国策》"解燕国之围",还有"解除、解禁、解毒、解乏、解馋、解渴、解冻、解恨、解闷"。"解"由分开、剖开进一步引申为分析说明的意义,如《汉书》"皆众理解也",又如"解说、解答、解释、解析、解惑、解疑、解题、讲解、辩解、求解、见解、说文解字、一知半解、令人

不解";由除掉引申为处理的意义,如"解决、排解、调解、劝解、排忧解难"等。

"解"是多音字,还读作 jiè,表示押送、科举考试等意义,如"起解、押解、解差、解试、解元";又读作 xiè,用于姓氏和山西"解湖"等地名。

酬张少府

(唐代)王维

晚年唯好静,万事不关心。

自顾无长策,空知返旧林。

松风吹解带,山月照弹琴。

君问穷通理,渔歌入浦深。

豕

shǐ

【笔顺】一丆丂丂豸豸豕

【笔画数】7画

【部首】豕（豕部）

【结构】独体

【书写提示】"豕"七画，不要把第六笔和第七笔错连成一笔。

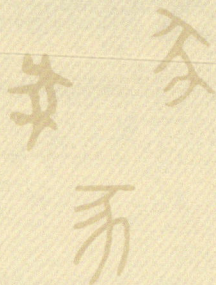

甲骨文中的"豕"像一头侧面直立的猪，突出了猪肥胖的身躯。"豕"就是猪，如《诗经》"有豕白蹢"，"蹢"（dí）指蹄子；又如"狼奔豕突"。猪是古代"六畜"之一，是原始农业最重要的家畜，也是古代定居农业文化的象征。猪不挑食，繁殖快，畜之能"以备食者"，还能"宴飨速宾"，非常适合家庭饲养。在六七千年以前，我们的祖先就将猎获的野猪进行饲养驯化，经过漫长的岁月，逐渐驯化成为家畜，形成了原始的养猪业。《诗经》"执豕于牢，酌之用匏"就为我们展现出一幅圈里捉猪宰杀、杯中斟满美酒的景象，"豕牢"即养猪的房舍。直到现在，中国人仍然以猪肉为主要的肉类消费品，人均猪肉占有量超过世界平均水平，生猪养殖业依然是我国农业的支柱产业，在国民经济中占有重要地位。

◎ 新石器时代陶猪

古人对猪的类别有详细的区分，"豕"是猪的总称，"豭（jiā）"是公猪，"彘（zhì）、豝（bā）"是母猪，"豮（fén）"是阉过的猪，"豨（xī）、豜（jiān）"是大猪，"豚、豯（xī）"是小猪。猪肉味道鲜美，猪粪是优质肥料，俗话说"猪是家中宝，粪是地里金"，古人很早就认识到肥料与土壤的关系，养猪既为食肉，也为积肥。猪是家庭里的重要财产，在家畜中独具地位与价值，猎猪、养猪成为当时重要的生产活动。这些活动在古老的甲骨文中都有反映，如"事"字展现了以手持网捕捉野猪的场景，"家"字表现的是在房屋内养猪的情形，"豢"字像用双手照料即将产崽的母猪的样子。在中国人眼里，猪是富裕吉祥的象征，我国民间以"肥猪拱门"寓意吉祥，以"金猪送福"象征富足；"猪入门，百福臻"，猪背上驮着聚宝盆成为中国人过年贴的年画和剪纸中常见的题材。

"豬"是后起的形声字，豕表示意义，者表示读音。后来"豕"简化成了反犬旁"犭"，"豬"简化为"猪"。

在现代汉语中，"豕"虽然早已被"猪"取代，但由"豕"构成的汉字还仍然使用着，这些字在意义上都与猪有关，如"家、豪、豢、逐、豚"等。

家

jiā

【笔顺】丶丶宀宀宀宀穷豕豕家

【笔画数】10 画

【部首】宀（宝盖部）

【结构】上下

【词语】家长里短 家家户户
家喻户晓 保家卫国 当家作主
家和万事兴

甲骨文　金文　小篆　隶书

"家"的甲骨文字形外面是宝盖，表示房子；里面是豕，豕像一头侧立的猪。在金文中，猪的形象更为清晰。《说文解字》说："豕居之圈曰家。""家"就是房屋里有猪，而

◎ 汉代下层有猪圈的三合式陶屋

◎ 汉代陶猪圈

养着猪的房屋就是人食宿生活的居所。远古时期人们以捕猎为生，他们把捕获来的动物养在家里，以备捕不到猎物时食用。猪繁殖快，适应性强，肉可食用，粪可肥田，古人很早就认识到猪的习性特点，将猪驯养在家中，利用猪的价值为人类服务。家里有了圈养的猪，食物就可以得到保证，生活也就安定了，因此"无豕不成家"，家里养猪成为人类家庭的一个重要特征，标志着人类进入了农耕社会，有了稳定的居所，开始了定居生活，"家"的古字形真实地反映了古代人猪同居共处的生活状态。浙江河姆渡文化遗址曾发现新石器时期的干栏式建筑遗址，上层搭建人住的居室，下层腾空用来饲养家畜。西汉时期墓葬品中有陶制的双层建筑，上层是人住的房舍，下层是猪圈。现在在我国一些偏远的山村，仍可以见到将饲养猪等牲畜的棚圈建在住宅下层或旁边的现象。

"家"的本义是人的居室、住所，如《诗经》"室为夫妇所居，家为一门之内"，《史记》"皆没其家而迁之蜀"；又如"回家、还家、家所、家第、家宅、家室、家舍"。家不只是一间房子，还是一种寄托，房子作为家的载体，更多表达的是家人的团聚。在古人眼里，有房子，有家畜，生活才能安定，也才算真正有了家，生活才称得上完满。"家"由此也指家庭、人家，如《孟子》"数口之家，可以无饥矣"，《墨子》"治天下之国若治一家"；又如"家业、家产、家境、家务、家长、家眷、家人、家教、安家、养家、持家、成家立业、一家之主"。

家里有猪不仅代表着居有定所，养猪的多少还代表着家庭的财富，以猪为代表的家畜是家庭的重要财产之一。早在新石器晚期，猪就作为陪葬品，墓葬中陪葬的猪的数量标志着墓主人的社会地位和富有程度。"家"由此又指家庭财产，如"发家、分家、抄家、家破人亡"。"家"由家庭还引申为卿大夫统治管理的区域，"家主"指卿大夫，"家臣"指卿大夫的臣属，"家甲"指卿大夫的私人武装；又引申为族群、民族、国家，如"家族、公家、客家、汉家、傣家、国家、家邦、家国"。

"家"也表示门派、派别的意义，如"百家争鸣、一家之言、自成一家"。"家"既可以指经管某种行业或具有某种身份的人，如"农家、田家、渔家、东家、商家"；

也可以指具有某种专门知识或技能的人，如"专家、画家、作家、科学家、艺术家、行家里手"；还可以用作谦称，对人指称自己的长辈或年长的亲属，如"家父、家母、家尊、家堂、家岳、家兄"；又可以表示内部的、人工喂养的等意义，如"家贼、家兔、家禽"。"家"还用作量词，用于计算家庭或企业，如"一家人家、两家公司、三家银行、一家一户、千家万户"等。

需要注意的是，"家"在表示家具、家伙的意义时，繁体字写作"傢"；其他意义繁体字仍作"家"。

回乡偶书（其一）

（唐代）贺知章

少小离家老大回，乡音无改鬓毛衰。
儿童相见不相识，笑问客从何处来。

逐

zhú

【笔顺】一丆丂丂丂豸豸豕豕逐
逐

【笔画数】10画

【部首】辶（走之部）

【结构】半包围

【书写提示】"逐"字里面是"豕"，注意不要与"遂"相混。

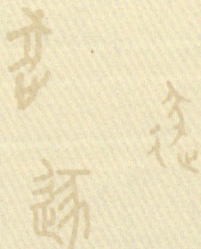

甲骨文　金文　小篆　隶书

"逐"的甲骨文就像一幅狩猎图，上面是豕，像一只奔跑的野猪；下面是止，止是人的脚；整个字像人在后面追赶猎物的样子。在甲骨文中，"逐"字的上半部有的是豕，有的是犬，有的是鹿，还有的是兔，并不固定，说明古人追赶的野兽并不限于某一种，主要有野猪、野狗、野鹿、野兔等，同时也反映了文字起源时期字形还不固定的现象。"逐"的本义是追赶，如《周易》"良马逐""丧马未逐"，《左传》"遂逐齐师"；又如"追逐、角逐、逐射、逐胜、笑逐颜开、舍本逐末"。古代帝王曾大肆捕猎鹿、兔等野兽，如"逐鹿、逐兔"，后来人们用"逐鹿、逐兔"喻指争夺帝位、夺取天下的意义，如"逐鹿中原"，又如《史记》"秦失其鹿，天下共逐之"。

"逐"由追赶引申为追求的意义，如"追名逐利、逐名趋势"；还引申为驱赶、轰走的意义，如《公羊传》"文公逐卫侯而立叔武"，又如"驱逐、放逐、逐客令、逐出门外"；又引申为跟随的意义，如"随波逐流"。"逐"也用作副词，表示按照先后顺序的意义，如"逐步、逐渐、逐一、逐个、逐年、逐句、逐字逐句"等。

使东川·江花落

（唐代）元稹

日暮嘉陵江水东，梨花万片逐江风。

江花何处最肠断，半落江流半在空。

羊

yáng

【笔顺】丶丷𠂉兰兰羊

【笔画数】6画

【部首】羊（羊部）

【结构】独体

【书写提示】"羊"在字的上边时，中间一竖的下端有时不出头；在字的左上边时，竖要写作撇。

【词语】替罪羊 羊肠小道
十羊九牧 亡羊补牢 饿虎扑羊
歧路亡羊 顺手牵羊
挂羊头，卖狗肉

甲骨文中的"羊"像一个正面的羊头形象，上面是两只弯曲的羊角。羊是人类最早开始狩猎和驯养的动物之一，与古代人类的生活可谓息息相关。

作为古代"六畜"之一，羊肉质细嫩，肉味鲜美，是古人食用的主要肉类。新石器时代晚期已开始饲养羊，羊是原始人类食用最多的动物。夏商周时期，羊更是人们重要的肉食来源，畜牧规模大，有着多种烹饪和食用方法，主要是烧烤或水煮，如《礼记》"食麦与羊"。商代的甲骨文中与膳食有关的"羹、羞、羡、养、鲜"等字都从羊，表示与羊肉有关，后人据此也可了解古人对羊肉的喜好和食羊习俗。春秋战国时期，羊肉和以羊肉为主要原料的"羊羹"是盛大国宴和庆功酒宴上的名贵菜肴，象征着食用者的身份和荣誉。《左传》中就记录了一个因没吃到羊肉而临

◎ 商代灰陶羊头

阵倒戈的故事：郑国攻打宋国，开战之前，宋国主帅华元为鼓舞士气，杀羊炖汤慰劳将士，却偏偏遗漏了他的战车御手羊斟。羊斟对此怀恨在心：给谁吃肉由你华元说了算，胜负可就由我羊斟说了算！两军交锋之际，羊斟驾着华元所乘的战车，驷马长驱直入宋军阵地。一眨眼的工夫，主帅华元被俘，宋军失去了统帅，一败涂地。一碗羊肉决定了一场战事的胜负，美味佳

肴也能引发历史大事件，羊肉的美味与诱惑、羊肉所代表的荣耀和地位由此可见一斑。汉代以后直至清代，羊肉作为肉类中的上品，做法日益丰富多样，食用也更加普遍，"羊脍、羊酪、羊羔酒、羊骨汤、涮羊肉、手扒羊肉"等羊肉食品深受人们的喜爱。

羊性情温顺，董仲舒在《春秋繁露》中说："羔有角而不任，设备而不用，类好仁者；执之不鸣，杀之不谛，类死义者；羔食于其母，必跪而受之，类知礼者。"羊如此顺从的性情在动物中是独有的，古代中国人把羊的这些品性融入自己的价值观，将羊视作宽厚仁义、善良美好、孝顺知礼的象征。《诗经》中有《羔羊》一篇，就是以羔羊比喻仁德之人；甲骨文中的"美、善、义（義）"等字都从羊，表示美善之意；又如"羊水"是母体中维系胎儿生命的液体。古人还有"送羊劝孝"的风俗，以"羔

羊跪乳"来教育和提醒子女孝敬父母、不忘父母的养育之恩。

羊还象征着吉祥，"羊"也是"祥"的本字，"祥"是后起的字。古人以"羊"代"祥"，除了音近或形省，更多的还是由于羊在中国人心目中所具有的仁、义、礼、美、善、孝等德行。古代宫廷里有"羊车、羊灯"，器物上常有"羊吉、吉羊、辟不羊"等字眼，都表示吉祥之意。古时羊是士大夫之间的见面礼，如《仪礼》"士大夫相见以羔，饰之以布，四维之，结于面"，称为"执羔之礼"。古人还以羊为婚姻的吉祥之物，"梦见羊者，主得好妻"；婚仪中也有以羊为礼的习俗，男方向女方家庭行"三纳"之礼，其中必有羊羔，"牵羊担酒""杀羊造酒"都是为了"婚之有羊"。

羊在古代又是祭祀的"三牲"之一，先民们以羊为祭品，将吉羊奉献给神灵和祖先。《大戴礼记》说："羊曰少牢。"羊是小牲口，因此叫作"少牢"。《诗经》中有一首《楚茨》，诗中详细描写了人们隆重祭祀祖先的全过程，展现出一幅从祭前准备到祭后欢宴的生动画卷，其中有"絜（jié）尔牛羊，以往烝（zhēng）尝。或剥或亨（烹），或肆或将"的诗句，说的就是人们在冬祭和秋祭之时，清洗宰割牛羊，将烧煮后的祭肉放入盛祭品的鼎俎（zǔ）之中，双手捧着奉献给祖先之灵。据《周礼》记载，天子祭天时必须身穿黑色羔裘，以示庄重与恭敬，表明自己如同顺服的羔羊一样服从上天的旨意。商周时期祭祀用的青铜礼器上多铸有羊或羊头的形象。据说原始人类祭天地时立在地上的柱子上端就做成羊角的样子，以方便悬挂祭品，伏羲氏就是受到羊角柱在地上投影的启发而发明了八卦。所有这些都充分说明，羊在中国古代礼仪文化中具有重要而丰富的文化含义。

◎ 三国青瓷羊形烛台

云中道上作

（唐代）施肩吾

羊马群中觅人道，雁门关外绝人家。

昔时闻有云中郡，今日无云空见沙。

羔

gāo

【笔顺】丶丷丷䒑羊羊羊羔羔羔

【笔画数】10画

【部首】羊（羊部）

【结构】上下

【书写提示】"羔"字上边的"羊"中间一竖的下端不出头。

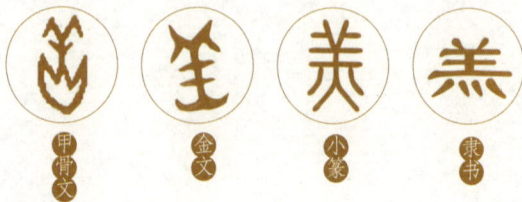

甲骨文　金文　小篆　隶书

　　"羔"的金文字形上面是羊，下面是火；整个字像用火烧烤全羊的样子。羊肉是古人的主要食物之一，古人认为羊肉是美味的肉食，因此将羊作为祭品，以羊献祭，"羔"的古字形表现的就是古人用羊火祭的场景。古代祭祀用全牲，小羊不仅易于烤制，而且肉质细嫩，肉味也更加鲜美，因此"羔"指用火烧烤的小羊，甲骨卜辞中就有以火祭羔祈雨的记录，如"取羔，雨"；又如《周礼》"凡祭祀用羔"，《诗经》"献羔祭韭"。"羔"由火烤的小羊泛指小羊，如《诗经》"羔裘豹饰"，又如"羔皮"。小羊羔温顺可爱，很受人们喜爱，古时也用作互赠的礼品和订婚的礼物，如"羔雁"即羔羊和大雁，是古代的订婚礼物。"羔"由小羊又泛指幼小的动物，即动物的幼崽，如"牛羔、狼羔"等。

羹

gēng

【笔顺】` ` ` ` 一 ⺍ ⺍ ㇇ ㇇ ㇇ ㇇ ㇇ ㇇ 羔 羔 羔 羔 羔 羹 羹 羹

【笔画数】19画

【部首】羊（羊部）

【结构】上下

【书写提示】"羹"字上边是"羔"，下边是"美"，其中的两个"羊"中间一竖的下端都不出头；不要漏写"羔"下的四点。

【词语】残羹冷炙

羹是中国的一种传统食物，流传了近三千年。小篆中的"羹"上面是羔，表示小羊肉；下面是美，表示味道鲜美。整个字表示用羊肉做成的五味调和的美味肉食，如"羊羹"。

羊羹在古代可是上等绝美的佳肴，不仅名贵，还代表着荣誉，历史上曾发生过因羊羹而亡国和因羊羹而平步青云的故事。据《战国策》记载，战国时期，中山国的国君设宴款待宾客，大夫司马子期在座。席间为宾客们分羊羹时，因"羊羹不遍"，司马子期没有分到。司马子期盛怒之下投奔楚国，游说楚王出兵攻打中山国。中山国君被迫逃亡，喟然而仰叹：仇怨不在深浅，在于是否伤了人心，"吾以一杯羊羹亡国"！又据《南史》记载，东晋将领毛修之投降北魏，成了北魏的将军，他以羊羹进献给尚书，尚书"以为绝味"，转而又推荐给魏太武帝，太武帝"大悦"，毛修之因此做了大官，专门负责给魏太武帝提供南方的美食。两种绝然不同的结局皆因羊羹而起，羊羹之大美由此而知。

"羹"由羊肉做成的美食引申为用各种肉做成的带汁的美食，如"肉羹"。《孟子》中有"一箪食，一豆羹，得之则生，弗得则死"的说法，"豆"是古代盛肉的器皿，"羹"即煮熟的肉食；《尚书》"若作和羹，尔惟盐梅"，意思是盐咸梅酸，羹必须用咸酸来调和。"羹"还引申指用蔬菜做成的带汁的食物，如《韩非子》"藜藿之羹"，"藜"和"藿"都是野菜；又如"菜羹、羹食、羹粥、羹汤"。"羹"由此又泛指普通的饭食，如"蔬食菜羹"指粗米饭、蔬菜汤，意为普通的饭菜。据说唐代有一名妓不愿接客时，"仅作羹待客而不与相见"，即安排一餐普通的饭菜待客以示婉拒，客人见羹即心领神会，自动告退，人称"闭门羹"。现在"闭门羹"则指拒绝客人进门，如果去某人家吃了"闭门羹"，那就意味着不但吃不着羹，连门都进不去了。

中古以后，"羹"由带汁的肉、菜引申为由煮熟的肉、蛋、菜、粮食、水果等勾芡而成的浓稠的汤，如"蛋羹、面羹、水果羹、银耳羹、莲子羹"等，"羹匙"就是喝汤用的勺子。

新嫁娘词（其三）

（唐代）王建

三日入厨下，洗手作羹汤。

未谙姑食性，先遣小姑尝。

羞

xiū

【笔顺】 丶 ⺍ ⺌ ⺌ 芒 兰 羊 羊 养 养 羞

【笔画数】10 画

【部首】羊（羊部）

【结构】半包围

【书写提示】"羞"左上边的"羊"中间一竖要写作撇；右下边是"丑"，中间一横的右端不出头。

【词语】羞与为伍

"羞"在甲骨文中左上边是羊，右下边是手。整个字像一只手拿着羊，表示手捧着羊向上进献的意义。"羞"的本义是进献羊；泛指进献食物，如《礼记》"闻子有客，使某羞"，《左传》"可荐于鬼神，可羞于王公"，其中的"羞"用的都是本义；又如"羞豆、羞鼎"指祭祀进献食物用的食器豆和鼎。进献给神灵的食物必然是精美可口的，"羞"由此引申为一切精致而美味的食物，是"馐"的本字，如《周礼》"膳夫掌王之食饮膳羞"，《荀子》"祭齐大羹而饱庶羞"；又如"肴羞、珍羞、羞膳、羞味"。

后来"羞"被借来表示难为情、惭愧、耻辱等意义，如《孟子》"无羞恶之心，非人也"，《史记》"吾羞，不忍为之下"；又如"羞颜、羞口、羞赧、羞怯、羞涩、害羞、含羞、娇羞、羞答答"中的"羞"是难为情的意思，"羞丑、羞作、羞惭、羞愧、羞耻、羞辱、羞臊、羞戮、遮羞"中的"羞"是惭愧、耻辱的意思。

"羞"后来多用于假借意义，人们给"羞"加了个食字旁，另造"馐"字表示美食的意义。

幼女词

（明代）毛铉

下床着新衣，初学小姑拜。

低头羞见人，双手结裙带。

美

měi

【笔顺】 丶 丷 丷 艹 ⺷ 兰 美 美 美

【笔画数】9画

【部首】羊（羊部）

【结构】上下

【书写提示】"美"九画，不要把上边的竖和下边的撇连成一笔，错写成八画；上边的"羊"中间一竖的下端不出头。

【词语】美不胜收 美其名曰

甲骨文　金文　小篆　隶书

　　甲骨文中的"美"下面是大，像一个正面站立的人；上面是羊，表示人头上戴的羊角，也就是羊角头饰。羊人为美，反映出原始时代先民的审美心理，表现了以温顺吉祥的羊为图腾的原始崇拜。远古的先民们在祭祀仪式中戴上羊角头饰或羊头面具，手舞足蹈，这种载歌载舞的身体形象和亢奋愉悦的心理感受使人获得外在与内在的美感，因此古人用头戴羊角头饰的人来表示美丽、美观、美好等意义。

　　"美"既表示人的形貌美观漂亮，如《诗经》"美孟姜也"；《礼记》"美哉轮焉，美哉奂焉"，成语"美轮美奂"即出于此；又如"美姬、美眷、美人、美女、美貌、美色、美姿、美艳"；也表示食物之味美可口，如"甘美、甜美、鲜美、肥美、美味、美酒、美食"；还表示事物的美好，如

"美德、美才、美文、美名、美德、美誉、美玉、美事、美梦、良辰美景、美中不足"。

"美"又用作名词，表示好事、善事，与"恶"相对，如《论语》"君子成人之美，不成人之恶"；还表示美丽的人或事物，如《公羊传》"晋侯之美也"，《管子》"天地之美生"。"美"也用作动词，表示称赞，如《战国策》"吾妻之美我者"，又如"赞美、美言、美咏"；还表示变好、变美，如"美政、美田、美化"等。

凉州词（其一）

（唐代）王翰

葡萄美酒夜光杯，欲饮琵琶马上催。

醉卧沙场君莫笑，古来征战几人回。

善

shàn

【笔顺】`丶丷丷屮屮羊羊羊盖`
羊善善

【笔画数】12 画

【部首】羊（羊部）

【结构】上下

【书写提示】"善"字上边的
"羊"中间一竖的下端要出头；
中间是两点一横，不要错写成
"艹"。

【词语】善男信女 善始善终
独善其身 尽善尽美 多谋善断
多多益善 来者不善 与人为善

金文　小篆　隶书

　　金文中的"善"上面是羊；下面是两个言，表示两个人在讲话。古人认为羊的性格最为温顺，与牛、马、猪等其他大型牲畜相比，羊很难致人死命，是善良、吉祥的象征，受到人们的喜爱。在古代传说中，羊是一种能够判断善恶曲直的动物，"善"的古字形用两个言表示两人各执一词、相争不止，用羊表示对其进行评判。古代先民把羊与善联系在一起，羊既是善良正直的象征，也是善恶曲直的评判者，因此"善"表示好、吉祥、美好、仁爱等意义，如"善言"即美言，"善马"即良马，"善时、善祥、善日"中的"善"是吉祥的意思；又如《诗经》"母氏圣善"，《国语》"善人国之主也"；还有"善心、善举、善意、和善、友善、行善、乐善好施、慈眉善目、惩恶扬善"。

　　中国传统文化有着丰富的劝人向善的内容，古人认为

"上善若水"，至高境界的追求就是"止于至善"。"善"因此表示美好的品行和义举，与"恶"相对，如《孟子》"人性之善也，犹水之就下也。人无有不善，水无有不下"；《论语》"择其善者而从之，其不善者而改之"；刘备去世前给儿子刘禅的遗诏"莫以恶小而为之，以善小而不为"；这些论述都向人们阐释了"人心向善、从善如流、改过迁善、弃恶从善"的做人之道。

"善"还用作动词，表示使人变得美好、把事情办好等意义，如《孟子》"穷则独善其身，达则兼济天下"，意思是不得志时完善自己的身心，得意时拯济天下，后有成语"独善其身"，喻指在污浊之中坚持美好的品性；又如《论语》"工欲善其事，必先利其器"，意指工匠要想把他的事情做好，一定要先使工具锋利，说明准备工作的重要。"善"又表示擅长，如《诗经》"善戏谑兮"，《孟子》"奕秋，通国之善奕者"；又如"善于辞令、循循善诱、长袖善舞、英勇善战"。

"善"也用作副词，表示容易的意义，如"善变、多愁善感"；又表示好好的意义，如"善待他人、善罢甘休、不善自改"等。

钱唐永昌

（唐代）李乂

田郎才貌出咸京，潘子文华向洛城。

愿以深心留善政，当令强项谢高名。

犬

quǎn

【笔顺】一ナ大犬

【笔画数】4画

【部首】犬（犬部）

【结构】独体

【书写提示】"犬"四画，注意不要与"大"相混；第三笔是捺，注意不要与"尤"相混。"犬"在字的左边时写作"犭"，叫作反犬旁。

【词语】犬马之劳 犬牙交错

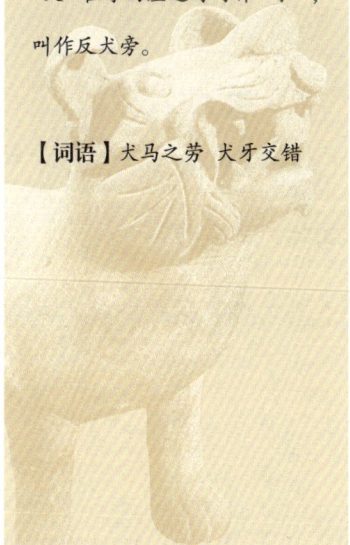

甲骨文　金文　小篆　隶书

　　"犬"的甲骨文像一只侧面直立的狗，只见它张着嘴巴，翘着尾巴，似乎正在奔跑着。我们的祖先对动物的形体特征观察入微，抓住狗狂吠时翘着尾巴这一特点，把狗描绘得活灵活现。"犬"即狗，以前与"狗"音近，后来读音变化才变成今天的读音，而"狗"则是人们以犬为形旁、以句（勾）为声旁后造的形声字，如《礼记·注疏》"大者为犬，小者为狗"；又如"猎犬、警犬、牧羊犬、鸡鸣犬吠"。考古发现，犬是人类最早驯养的动物，八千多年前我们的祖先就已经驯养犬了，属于新石器时代的大汶口文化遗址出土的陶屋上刻画有狗的图像，浙江河姆渡文化遗址出土了我国最早的家犬化石，这些文物形象地揭示了狗的驯养在当时人们生活中占有的重要地位。

　　犬是人类捕猎野兔、野猪等猎物的好帮手，如《淮南子》"狡兔得而猎犬烹",《史记》"狡兔死,良狗烹";成语"兔死狗烹"即源于此,意思是兔子已死,猎狗也就没用了,不如烹食之,喻指事情成功后杀死效力有功之人,其中还蕴含着世态炎凉、不得善终之感叹。犬忠于主人,能看家护院,深受人们的宠爱,成为人类亲密的伙伴。古人常用"犬"作为小儿的爱称,或用来谦称自己的儿子,如"犬子、犬儿、小犬名宝玉";也用作自谦之称,如"犬马、犬妇"。

犬虽然忠于主人,却惯于苟且偷生,得过且过,因此以"犬"或"狗"组成的词语和成语有不少都含有贬义,如"鹰犬、丧家犬、桀犬吠尧",又如"疯狗、走狗、狗腿子、癞皮狗、落水狗、鸡鸣狗盗、人模狗样、狗胆包天、狗急跳墙、狗血喷头、狗仗人势、狗嘴吐不出象牙"等。现在多用"狗","犬"只用于一些词语或成语中。

汉字中以"犬"为形旁的字多与狗或体态像狗的动物有关,如"獒、哭、突、器、狡、献、吠、猫、狼、狐、狸、猛、狠、狰、狞、狂、猎"等。

◎ 汉代灰陶狗

逢雪宿芙蓉山主人

(唐代)刘长卿

日暮苍山远,天寒白屋贫。

柴门闻犬吠,风雪夜归人。

臭

chòu

【笔顺】ノ 亻 亻 白 白 自 自 臭 臭 臭

【笔画数】10 画

【部首】自（自部）

【结构】上下

【书写提示】"臭"字上边是"自"，不要错写成"白"；下边是"犬"，不要错写成"大"。

【读音提示】"臭"又读作 xiù。

【词语】臭不可闻 臭味相投 遗臭万年

甲骨文中的"臭"上面是自，像鼻子的形状；下面是犬，像一只竖立的狗的形象。狗的嗅觉器官非常灵敏，古人用"自"和"犬"来表示擅闻气味的狗鼻子，指用鼻子闻味儿，是"嗅"的本字，读作 xiù，如《荀子》"彼臭之而无嗛（qiǎn）于鼻"，"臭"即嗅。"臭"由闻味儿引申作名词，表示各种气味，如《周易》"其臭如兰"，《诗经》"上天之载，无声无臭"；又如"铜臭、乳臭未干、无色无臭"，其中的"臭"都是气味的意思。

"臭"后来由气味特指难闻的气味，读作 chòu，如"恶臭"；又引申为不好的、恶劣的、令人厌恶的意义，如"臭名昭著"。"臭"还用作副词，相当于"狠狠地"，多用于口语，如"臭骂一顿"。"臭"后来专用于恶臭、厌恶的意义，人们又另造"嗅"字表示"臭"的本义。

甲骨文　小篆　隶书

狱

yù

【笔顺】ノ ノ オ オ 书 狩 狩 狱 狱

【笔画数】9画

【部首】犭（反犬部）

【结构】左中右

【书写提示】"狱"字右边是"犬"，不要错写成"大"。

金文　小篆　隶书　繁体楷书

　　金文中的"狱"左右是两个犬，中间是言。人有纷争时，就像二犬相斗般地争持不下，"狱"用两只犬撕咬相斗来表示原告与被告之间纷争辩诉的意义，即打官司，如《周礼》"而有狱讼者"，《左传》"小大之狱，虽不能察，必以情"；又如"狱讼"指诉讼，"狱文"指判决诉讼的文辞，"狱司"是管理诉讼的机构。打官司就要断案，"狱"引申指案件、官司，如"冤狱、判狱、文字狱"。诉讼断案之后，败诉者要被判刑，送入监牢关押，"狱"也引申指刑罚，如"缓其狱"即缓其刑。"狱"又引申指监禁犯人的监牢，如《诗经》"哀我填寡，宜岸宜狱"，说的是哀叹我贫病交加，还有狱讼之事；又如"监狱、牢狱、入狱、越狱"。

　　懂得"狱"最初的字义，书写时就不会将左边反犬旁和中间言字旁的位置写颠倒了。

马

mǎ

【笔顺】ㄱ 马 马

【笔画数】3画

【部首】马（马部）

【结构】独体

【书写提示】"马"三画，不要把第二笔分成两笔或三笔，错写成四画或五画。"马"在字的左边时，最后一笔横要写作提。

【词语】马大哈 马前卒
马不停蹄 马到成功 马失前蹄
天马行空 一马当先 单枪匹马
害群之马 悬崖勒马
兵马未动，粮草先行

甲骨文　金文　小篆　隶书　繁体楷书

"马"在甲骨文中像一匹直立着的马的样子，马的长脸、大眼睛、竖起的鬃毛、短腿以及下垂的长尾巴都清晰可见，这些正是古代马的典型特征。

◎ 汉代铜马

作为"六畜"之首，马是人类重要的家畜，在古代生产、交通和战争中起着不可代替的作用。我们的祖先在五千多年前就将野马驯养为家畜，如"牧马、养马、良马、驽马、战马、骏马、飞马、千里马、快马加鞭、老马识途"。中国人认为马是龙的五世孙,黄帝曾将马喻为"济世之基,立国之本",民间有"行天莫如龙,行地莫如马"的说法,足见马在古代先民心目中的地位。

商殷时代畜马业已较发达,开始将畜养的马匹广泛用于战争和农耕,出现了"马车",有管理马匹的官署"马曹"。据说殷纣王的儿子殷郊就是管理马匹的官员,死后被封为"马王"。1955年,陕西眉县出土了一件西周时期的盛酒器,叫作"盠驹尊","盠"(lí)是人名。这件青铜尊用写实的手法生动逼真地刻划画出一匹小马驹的形

◎ 西周盠青铜驹尊

象。尊上的铭文记载了周孝王亲自参加执驹典礼,并赐予盠马驹,盠因此而铸尊的事件。驹尊应该是按照周王所赐马驹的真实形象铸造的,马的珍贵由此可见。古时马的价格十分昂贵,奴隶五人始抵"匹马束丝",即使到了汉初,马的价格亦高于人的价格,难怪周王如此重视,亲自参加执驹典礼。《周礼》记载:"春祭马祖执驹",说明古时执驹之礼多在春天举行。《盠驹尊铭文》是研究西周马政及中国古代畜牧史的重要文献。

春秋时期车战盛行,军队以步兵和兵车混合为主,当时国家强盛与否根据所拥有的战车数量来决定。战国初年,赵武灵王下令"易胡服,改兵制,习骑射",取胡人之长补中原之短,不仅开军事变革之先河,富国强兵,使赵国跻身于"战国七雄"之列,同时也促进了中原文化与西北游牧文化的融合。马车是汉代最主要的交通工

◎ 唐代驯马陶俑

具，汉代马车种类繁多，并有等级和功用之分。汉武帝时期，"武帝为伐胡，盛养马"，在对匈奴的战争中，汉武帝大规模使用骑兵，使骑兵成为军队的主力兵种。

在辽宁与内蒙古相接的地方，出土了一对公元三世纪左右的铜片夹裹木芯的"马镫"，这是世界范围内发现的最早的马镫。南北朝时马镫已经普及。马镫虽小，它的发明却具有划时代的重大意义。它可使骑兵保持身体平衡，更好地控制战马，

◎ 明代铜马镫

将人与马的力量充分结合，解放了骑兵的双手，极大地增强了骑兵的战斗力。虽然马镫的发明传播史目前尚不清晰，还有待更多的考古发现，但马镫在中国要比西方早出现了近两个世纪却是不争的事实，因此一些西方学者把马镫称作"中国靴子"。

"马"还表示大的意义，多用于口语，如"马路、马船、马蜂、马勺、马桶"等。

汉字中以"马"为形旁的字多与马或外形像马的动物有关，如"骏、骥、骑、驶、驰、驯、骗、驱、驴、骡、驼、鸷、驽"。

边将

（唐代）马戴

玉榼酒频倾，论功笑李陵。

红缰跑骏马，金镞掣秋鹰。

塞迥连天雪，河深彻底冰。

谁言提一剑，勤苦事中兴。

yù

【笔顺】乛 马 马 驭 驭

【笔画数】5画

【部首】马（马部）

【结构】左右

【书写提示】"驭"字左边的"马"三画，不要把第二笔错分成两笔或三笔；最后一笔横要写作提。

小篆

隶书

繁体楷书

　　小篆中的"驭"左边是马；右边是又，又是手。整个字表示人用手抓住马缰驾驭马匹，是驾驭车马的意义，如《荀子》"东野子之善驭乎"；又如"驭人、驭手、驭者"是驾驶车马的人，"驭吏、驭夫"是驾驶车马的小官吏。"驭"

◎ 汉代驭车画像砖

◎ 汉代胡人驭车画像砖

由驾驶车马引申为控制、统治的意义，如"驭控、驭教、驭国、驭宇、驭外、驭众有方"。

"驭"还用作名词，表示驾驶车马的人，如《庄子》"颜回为驭"；又表示驾车的马，如《隋书》"风为驭，雷为车"。

立春后作

（宋代）王初

东君珂佩响珊珊，青驭多时下九关。

方信玉霄千万里，春风犹未到人间。

兔

tù

【笔顺】ノ ク ク 各 免 免 兔 兔

【笔画数】8 画

【部首】刀（刀部）

【结构】上下

【书写提示】"兔"八画，注意不要与"免"相混。

【词语】兔死狗烹 兔死狐悲 狮子搏兔

甲骨文　金文　小篆　隶书

◎宋代玉卧兔

　　甲骨文中的"兔"像一只长耳短尾的兔子的侧面形象，金文则更加形象。在中国传统文化中，兔子聪明灵巧，温柔善良，美丽可爱。在古代典籍中兔子往往是瑞兽的形象，如"赤兔大瑞，白兔中瑞"。

　　传说月亮中有一只玉兔，总在桂树下捣制长生不老之药，与奔月的嫦娥终年相伴，人们认为月中白兔是明月之精，尊称其为"兔儿爷"。于是"兔"又代指月亮，如称月亮为"玉兔、兔月、兔宫、兔阙、兔魄、兔轮、兔钩、兔影、兔辉"；又如"兔乌、乌兔"是玉兔、金乌的简称，分别代指月、日，成语"东兔西乌、兔起乌沉、兔走乌飞、兔缺乌沉"形容月出日落、光阴流逝。

古代汉语中有很多描写兔子灵巧跳跃的诗句，如《诗经》"跃跃逸兔""有兔爰爰"。成语"兔子蹬鹰"说明兔子的机智勇敢；"狡兔三窟"说明狡猾的兔子有好几个藏身之窝，教人遇事要多做几手准备；"动若脱兔、势若脱兔、惊猿脱兔"描写逃脱飞跑的兔子，"脱兔"喻指动作敏捷迅速。由于兔子善跳跃，行动迅速，在民间传说中常扮演机敏灵巧的角色。《韩非子》中有一个与兔子有关的著名故事：有个农夫看见一只飞奔的兔子撞树桩而死，便放下锄头日夜守在树桩旁，希望再次得到撞死的兔子。聪明的兔子哪里会像农夫这般愚蠢，农夫再也不会等来第二只撞死的兔子了。成语"守株待兔"就源于这个故事，比喻心存侥幸妄想不劳而获或墨守成规而不知变通的人。

兔子在人们心中不仅是祥瑞可爱的角色，在实际生活中也极有实用价值。中国

◎ 明代中秋节令玉兔织锦补子图案

传统的毛笔用兔毛制作笔头，所以毛笔也被称作"兔毫、兔颖、兔翰、兔管"。唐代韩愈写了一篇《毛颖传》，"毛颖"就是兔毛做的毛笔。

八月十五夜月 (其一)

（唐代）杜甫

满月飞明镜，归心折大刀。

转蓬行地远，攀桂仰天高。

水路疑霜雪，林栖见羽毛。

此时瞻白兔，直欲数秋毫。

逸

yì

【笔顺】ノ ⺈ ⺈ ⼞ ⼣ ⼣ 兔 兔 兔 逸 逸

【笔画数】11 画

【部首】辶（走之部）

【结构】半包围

【书写提示】"逸"字里边是"兔"，不要错写成"免"。

【词语】以逸待劳　一劳永逸

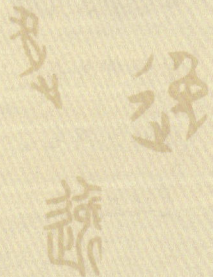

甲骨文　金文　小篆　隶书

　　"逸"的甲骨文左上边是兔；右下边是止，止是人的脚。金文左边是辶（chuò），表示走路、行走；右边是兔。野兔善于奔跑，古人用辶与兔会意，表示逃脱、逃跑的意义，如《左传》"随侯逸"，《国语》"马逸不能止"；又如"逃逸、奔逸、逸走、逸亡、逸窜、逸兔、逸匪、逸犯"。

　　"逸"由此引申为释放、放出的意义，如《左传》"乃逸楚囚"，又如"逸水"即洪水。"逸"还引申为不受约束、隐匿的意义，如《论语》"兴灭国，继绝世，举逸民，天下之民归心焉"，"逸民"即隐居的名士；又如"逸士、逸叟、隐逸"。"逸"又引申为散失、消失的意义，如"逸失、逸事、逸言、逸句、逸诗、逸书"。"逸"也表示超越、超出一般的意义，如"超逸、逸才、逸志、逸兴、逸品、逸群之才"；又表示闲适、放纵等意义，如《史记》"身安逸乐"，又如"安逸、飘逸、逸游、闲情逸致、好逸恶劳、骄奢淫逸"等。

知道"逸"的古字形，书写时就不要漏写一点，把里边的"兔"错写成"免"。

送贺宾客归越

（唐代）李白

镜湖流水漾清波，狂客归舟逸兴多。

山阴道士如相见，应写黄庭换白鹅。

鼠

shǔ

【笔顺】 ㇒ ㇒ ㇒ ㅡ ㅡ ㄅ ㄅ ㄅ
ㄅ ㄅ ㄅ 鼠

【笔画数】13 画

【部首】鼠（鼠部）

【结构】上下

【书写提示】"鼠"字上边是
"臼"，不要错写成"白"；
下边第一笔和第四笔都是竖
提，不要错写成竖弯钩。

【词语】投鼠忌器

甲骨文　金文　小篆　隶书

◎ 汉代衔物鼠

　　"鼠"在甲骨文中是象形字，像一只张着嘴在咬东西
的老鼠，嘴旁边的几个小点代表老鼠咬碎的物品碎屑。金
文字形上面像锐利的鼠牙，下面像鼠足、脊背、鼠尾的样
子。"鼠"指老鼠，又叫"耗子"。鼠在地球上生活了近
五千万年，远比人类的历史悠久得多，不仅种类繁多，而
且数量惊人，是人口数量的数倍。鼠的门齿很特别，能够
不断生长，为了抑制其生长，鼠需要经常啮咬硬物，每年
吃掉的粮食多达数千亿斤，给人类造成巨大损失。别看鼠

个头不大，相貌猥琐，但生命力极强，它们不仅"性盗窃"，四处为害，还传播疾病，对人类的生活危害极大，因此落下了"老鼠过街，人人喊打"的千古恶名。《诗经》中有《硕鼠》一篇，其中写道"硕鼠硕鼠，无食我黍。三岁贯女，莫我肯顾"，以"大老鼠"比喻横征暴敛的贪官污吏。汉语常以"鼠"比喻小人、奸臣等卑微害人之人，如"鼠目寸光、鼠牙雀角、鼠肚鸡肠、鼠窃狗盗、鼠雀之辈、贼眉鼠眼、抱头鼠窜"。

别看鼠在现实生活中令人生厌，在中国传统的十二生肖中，鼠却脱胎换骨，由害人精变成了机灵可爱的小生灵，代表着智慧与灵敏。据说远古天地未开之时，宇宙混沌一片，是天上的神鼠将密封粘连在一起的天地咬破，使宇宙阴阳之气泄露出来，万物才得以滋生。天鼠还引来火种，偷来谷种，使人类得以生存延续。由于天鼠为人类立下了创世之功，因此鼠排在十二

◎ 剪纸双鼠图

生肖的首位。到了科学发达的今天，老鼠对我们人类仍然有着很大的贡献。据研究，老鼠有99%的骨骼结构与人类相同，也就是说，除了脸部、足部和尾巴之外，老鼠竟与人类的骨骼架构相差无几，基因密码链的长度也与人类极其相似，因此有"老鼠比猴子更像人"的说法。正因为如此，科学家们往往利用老鼠做实验，研究治疗人类疾病、延长人类寿命的药物和方法。

禽虫十二章（其六）

（唐代）白居易

一鼠得仙生羽翼，众鼠相看有羡色。

岂知飞上未半空，已作乌鸢口中食。

角

jiǎo

【笔顺】 ′ ″ ″ ′ ′ ′ ′ ′ ′

【笔画数】7画

【部首】角（角部）

【结构】上下

【读音提示】"角"又读作jué。

【词语】钻牛角尖 凤毛麟角 钩心斗角 转弯抹角

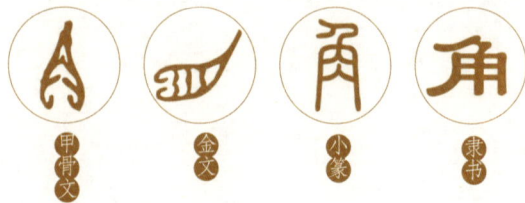

甲骨文　　金文　　小篆　　隶书

　　在甲骨文和金文中，"角"都像一只兽角的样子，本义就是动物的角，读作jiǎo，如《诗经》"麟之角"，又如"鹿角、牛角、羊角"；泛指形状像角的东西，如"菱角、皂角、号角、角弓、角铁"。在几何学里，"角"指从一点引出的两条直线所形成的图形，如"直角、钝角"；也引申指两线或两面相交形成的夹角，如"墙角、桌角、嘴角、拐角、角楼、角门、角落、天涯海角"。"角"后来用作货币单位，一元的十分之一等于一角，如"一元五角、两角三分"。

　　兽角是动物头部的利器，是动物攻击或自卫的武器，有角的动物在格斗时往往以角相抵。"角"由此引申为格斗、较量的意义，读作jué，如《吕氏春秋》"肆射御角力"，《战国策》"以与秦角逐"；又如"角斗、角抵、角试、口角"。

　　兽角在古代也用作饮酒的器皿，所以"角"也表示酒具，如《礼记》"宗庙之祭，尊者举觯（zhì），卑者举角"，意思是在宗庙祭祀仪式中，地位较高的人用觯，地位较低的人用角。"角"还是古代五音"宫、商、角、徵、羽"之一。在中国传统戏曲中，"角"又表示人的类型与身份，如"角色、生角、旦角、丑角、主角、配角、名角"。

◎ 新石器时代陶号角

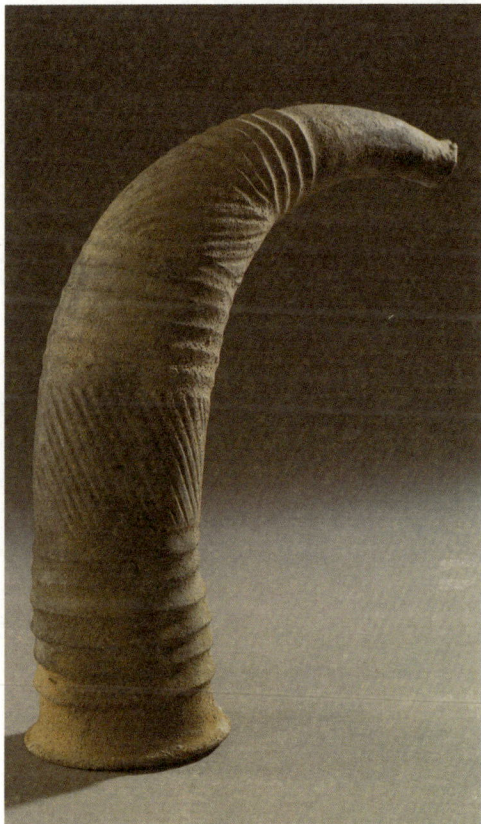

武威送刘判官赴碛西行军

（唐代）岑参

火山五月行人少，

看君马去疾如鸟。

都护行营太白西，

角声一动胡天晓。

皮

pí

【笔顺】 一 广 广 皮 皮

【笔画数】 5 画

【部首】 皮（皮部）

【结构】 独体

【书写提示】 "皮"第一笔是横钩，不要错写成横。

【词语】 皮肉之苦 浮皮潦草 没皮没脸 食肉寝皮 与虎谋皮 皮笑肉不笑 皮之不存，毛将焉附

金文　小篆　隶书

　　金文中的"皮"上面的小方框表示兽头；中间一竖表示野兽的身体，右边的半圆表示揭起来的兽皮；右下边是手。整个字像用手剥兽皮的样子，表示手剥兽皮的意义，如《战国策》"因自皮面抉眼，自屠出肠，遂以死"，其中"皮"就是剥皮的意思。

　　"皮"也用作名词，表示兽皮，古代称带毛的兽皮为"皮"，去毛的兽皮为"革"，如《周礼》"孤执皮帛"，《韩非子》"禽兽之皮足衣也"；泛指人的皮肤或动植物的表皮，如"肚皮、牛皮、鸡皮、树皮、皮包骨、皮开肉绽、鸡毛蒜皮"；还泛指加工后的兽皮，如"皮毛、皮革、皮甲、皮鼓、皮船、皮裘、皮褂、皮袄、皮笠"；又泛指包围在物体外面的一层东西或像皮一样片状的东西，如"冰皮、书皮、封皮、铁皮、饺子皮、豆腐皮、塑料皮"。

◎ 皮影

　　中国民间有一种传统的艺术形式，叫作"皮影戏"，用蜡烛或灯光照射着用兽皮或纸板等做成的人物或动物剪影，在幕布上进行表演。戏中的人物、动物形象以及场面景物最初都是民间艺人用牛、驴、马、骡的皮经雕刻、彩绘、缝缀等工序手工做成的，是地道的艺术品。表演的时候，艺人们在白色幕布后面，一边操纵着人物或动物，一边唱述着故事，生动有趣，乡土气息非常浓厚，在没有电影、电视的漫长年月里，皮影戏曾经是广受欢迎的民间娱乐活动。皮影戏的历史非常古老，据记载始于战国，盛行于宋代，元代还传至西亚和欧洲。

　　"皮"又引申为表面的、肤浅的意义，成语"皮肤之见"指肤浅的见解；"皮里春秋"指表面上不说，心里却是非分明。在口语中，"皮"还有淘气、不在乎的意义，如"顽皮、调皮、这孩子可皮了、说得他都皮了"；又有不酥脆、有韧性的意义，如"皮蛋、皮糖、皮纸、皮实、这花生米皮了"等。

◎ 未上色的皮影（局部）

革

gé

【笔顺】一十廿廿芒芦芦苗革

【笔画数】9 画

【部首】革（革部）

【结构】上下

【书写提示】"革"字上边是"廿"，不要错写成"艹"。

【词语】马革裹尸

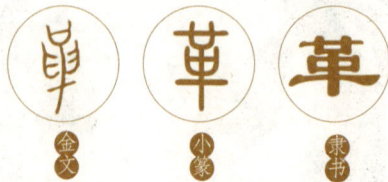

金文中的"革"像被剥下来摊开的一张兽皮；中间的部分是剥下来的兽身的皮，上下和中间的一竖是兽的头、身和尾。"革"的本义指去毛的兽皮，带毛的兽皮古称"皮"，如《周礼》"掌秋敛皮，冬敛革"，《周易》"执之用黄牛之革"；又如"革笥、革车、革船"是兽皮做的甲胄、战车、战船，"革带、革履"是兽皮做的皮带、皮鞋。

因"革"有经过加工的含义，因此又用作动词，表示更改、改变的意义，如《国语》"历治革典"，《汉书》"愿革心易行"；又如"改革、变革、沿革、革新、洗心革面"。"革"还表示消除、取消的意义，如"革除、革职、革旧从新、革故鼎新、革去官职"等。

木

mù

【笔顺】一十才木

【笔画数】4 画

【部首】木（木部）

【结构】独体

【书写提示】"木"中间一竖不带钩。"木"在字的左边时，最后一笔捺要写作点。

【词语】木乃伊 木直中绳 大兴土木

甲骨文　金文　小篆　隶书

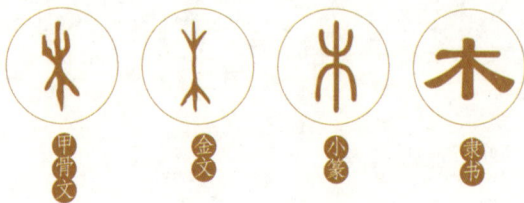

　　"木"的甲骨文字形就像一棵树的样子；上面是树枝，中间是树干，下面是树根。"木"的本义是树木，如《庄子》"庄子行于山中，见大木，枝叶盛茂"；《孟子》"舜之居深山之中，与木石居，与鹿豕游"；成语"缘木求鱼"指爬到树上去找鱼，比喻方向或方法错误；又如"花木、乔木、古木、枯木逢春、草木皆兵"。

　　树砍下后可作木材，"木"由此引申为木材、木料，如《论语》"朽木不可雕也"，《庄子》"我善治木，曲者中钩，直者应绳"；又如"木板、木刻、木简、木器、木船、木匠、木已成舟、朽木不可雕"。中国人很早就善于利用木材，古书记载古人曾"构木为巢"，现代考古证实，我们的祖先早在六七千年以前就建造出木架房屋。与世界其他民族的建筑主要以砖石结构为主、以石为主要建筑材料不同，

◎ 山西应县木塔

几千年来，中国的传统建筑都是木构架结构，以木材为建筑的主要材料，形成了独特的建筑样式和风格。我国山西省应县的佛宫寺木塔高达67.1米，是世界上现存最高的木结构建筑。

"木"也指树叶，如"木落"即叶落，"木落归本"即叶落归根。古代的棺材多用木材制成，"木"又代指棺材，如"行将就木"。"木"还表示迟钝、呆笨、不灵活的意义，如"木然、木讷、木呆呆、木头木脑、呆若木鸡"；也表示感觉不灵敏的意义，如"麻木、嘴唇发木"。

在现代汉语中，"木"的本义由"树"表示。汉字中以"木"为形旁的字大多与树木或木材有关，如"树、林、森、松、栢、柳、槐、梅、桂、桃、椅、柜、柴、梁、架、桌、床"等。

破山寺后禅院

（唐代）常建

清晨入古寺，初日照高林。

曲径通幽处，禅房花木深。

山光悦鸟性，潭影空人心。

万籁此皆寂，惟闻钟磬音。

本

běn

【笔顺】一十才木本

【笔画数】5 画

【部首】木（木部）

【结构】独体

【书写提示】"本"中间一竖不带钩。

【词语】大本营 吃老本 本固枝荣 本乡本土 本性难移 舍本逐末 无本之木

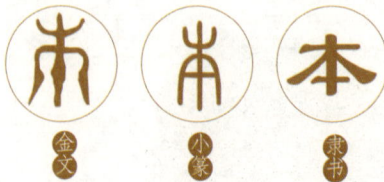

金文　小篆　隶书

　　"本"是指事字，金文字形是在树的根部上有一点或短横，表示草木伸到土壤下面的部分。"本"指草木的根，如《诗经》"本实先拨"，《国语》"伐木不自其本，必复生"；又如"本干"是草木的根干，"草本"是草茎树干，"本草"是草木之根，代指中草药。

　　"本"由此泛指事物的根源、主体或中心，与"末"相对，如《礼记》"物有本末，事有始终"，《论语》"君子务本"；又如"本质、本源、本初、本体、根本、原本、追本穷源、本末倒置、治标不治本"。"本"也表示自己、原来的意义，如《诗经》"本支百世"，《出师表》"臣本布衣"；又如"本市、本地、本身、本来、本性、本分、本能、本色、本意、原本、忘本"。现在"本"还表示当前的意义，如"本次、本届、本周、本世纪"。

"本"也用作名词，表示底本、书册的意义，如"文本、脚本、剧本、唱本、书本、精装本、照本宣科"；又用作动词，表示根据、按照的意义，如"有所本、本着认真负责的精神"。"本"还用作量词，用于书本、账册等，如"三本书、两本杂志、一本糊涂账"等。

初出城留别

（唐代）白居易

朝从紫禁归，暮出青门去。

勿言城东陌，便是江南路。

扬鞭簇车马，挥手辞亲故。

我生本无乡，心安是归处。

末

mò

【笔顺】一 二 十 才 末

【笔画数】5 画

【部首】一（横部）

【结构】独体

【书写提示】"末"上横长，下横短，注意不要与"未"相混；中间一竖不带钩。

【词语】本末倒置 穷途末路 细枝末节 秋毫之末 舍本逐末

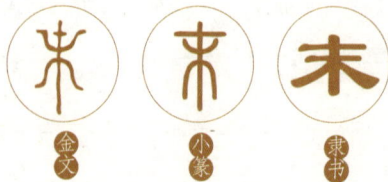

金文　小篆　隶书

　　金文中的"末"是指事字，在木的上面有一短横；木表示树木，木上面的短横表示树木上面的树梢。"末"的本义指树梢，如《左传》"末大必折"，又如"末梢"；泛指末端、尽头，如《资治通鉴》"强弩之末"，又如"末日"；引申为次要的事物，如"细枝末节"。"末"与"本"分别表示树的树梢和树根，又分别引申为事物的次要部分和主要部分，因此常常并用，如《孟子》"不揣其本，而齐其末"。"末"又表示碎屑，如"粉末"等。

天末怀李白

（唐代）杜甫

凉风起天末，君子意如何。鸿雁几时到，江湖秋水多。

文章憎命达，魑魅喜人过。应共冤魂语，投诗赠汨罗。

束

shù

【笔顺】一 ｢ 一 口 申 束 束

【笔画数】7 画

【部首】一（横部）

【结构】独体

【书写提示】"束"中间一竖不带钩。

【读音提示】"束"读作 shù，不要错读成 sù。

【词语】束手待毙 束手就擒 束手无策

甲骨文中的"束"在木中间加一方框，像用绳子将树枝、木柴等捆扎成一捆的样子。"束"的本义是捆扎柴草；泛指捆扎、捆绑的意义，如《仪礼》"束帛俪皮"，"束帛"即捆成一束的丝帛；《周礼》"入束矢于朝"，"束矢"即捆成一束的箭矢；又如"束发、束身、束竹、束锦"。上古时期，学生与老师初次见面时要先奉赠礼物，以示敬意，称为"束脩、束脩之礼"，"脩"是干肉，"束脩"即将十条干肉捆成一捆。古时婚礼在黄昏举行，需要燃薪照明，于是人们以"束薪"为订婚之物、娶妻之礼，"束薪"是捆扎起来的柴草，喻指婚姻爱情，如《诗经》"绸缪束薪，三星在天。今夕何夕，见此良人"，表现的是新婚的幸福欢乐；"扬之水，不流束薪"，抒发的是在外服役的丈夫对妻子的思念之情。

"束"由捆绑引申为捆扎行李的意义，如《三国志》"去者束装以待期，妻子鹤望而计日"，"束装"即收拾行装；还引申为限制、控制的意义，如"束缚、约束、管束、拘束、无拘无束、束手束脚"；又引申为放置、搁置的意义，如"束之高阁、束书不观"。

"束"也用作名词，表示捆扎在一起或聚集成一条的东西，如"花束、光束、电子束"；又用作量词，表示小捆或一缕，如《诗经》"生刍一束"，又如"一束花、一束阳光"。

出塞词

（唐代）马戴

金带连环束战袍，马头冲雪度临洮。

卷旗夜劫单于帐，乱斫胡儿缺宝刀。

林

lín

【笔顺】一十才木 木 杜 村 林

【笔画数】8画

【部首】木（木部）

【结构】左右

【书写提示】"林"字是两个"木"，中间两竖都不带钩；左边的"木"最后一笔捺要写作点。

【词语】 林林总总 枪林弹雨 深山老林

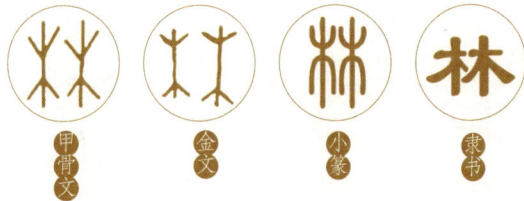

俗话说："独木不成林"。"林"在甲骨文中是左右两个木，像竹木丛生的样子，表示连绵丛生的竹子或树木，即竹林、树林的意义，如《释名》"山中丛木曰林"，《诗经》"有鹤在林"；又如"林木、丛林、森林"。

"林"由连绵丛生的竹木泛指人或事物聚集于一处的意义，如《报任安书》"列于君子之林"，又如"林薮、碑林、翰林、武林、儒林"；喻指众多的意义，如"高楼林立、高手如林"。

竹里馆

（唐代）王维

独坐幽篁里，弹琴复长啸。

深林人不知，明月来相照。

野

yě

【笔顺】丶丨丨曰甲里里里野野野

【笔画数】11 画

【部首】里（里部）

【结构】左右

【书写提示】"野"字左边的"里"最后一笔横要写作提；右边是"予"，不要错写成"矛"。

【词语】漫山遍野

　　甲骨文中的"野"是会意字，左右两边是两个木，即林；中间是土，表示土地、田地。整个字表示多树林和土地的地方，是山林旷野的意义。小篆中的"野"变成了形声字，左边是上田下土，用作形旁；右边是予，用作声旁。后来"野"的小篆字形约定俗成，成了规范字形，而甲骨文、金文的"埜"则成了"野"的异体字。"野"的本义是城邑以外广大的田野之地，如《周易》"龙战于野"，《尚书》"王朝至于商郊牧野"，《诗经》"七月在野"；又如"郊野、原野、乡野、村野、山野、荒野、野地、野外、野渡"。

　　"野"由此引申为界限、范围的意义，如"视野、分野"；还引申为原始的、非人工养的意义，如《左传》"狼子野心"，又如"野菜、野草、野花、野果、野菊、野猪、野兔、野兽、野味、闲云野鹤"；又引申为民间的意义，与表示朝廷意义的"朝"相对，如《晋书》"朝野清晏，国富兵强"；又如"在野、下野、野史"。

"野"在户外的意义，如"野战、野营、野炊、野餐、野合"还表示不文雅、不受拘束、非正式、不合法等意义，如"粗野、撒野、野蛮、野性、玩儿野了、野种、野路子"。

宿建德江

（唐代）孟浩然

移舟泊烟渚，日暮客愁新。

野旷天低树，江清月近人。

焚

fén

【笔顺】一十十十十十村村村材 梦梦焚

【笔画数】12画

【部首】火（火部）

【结构】上下

【书写提示】"焚"字上边是"林"，中间两竖都不带钩，最后一笔捺都要写作点；下边是"火"，要注意正确的笔顺，先左右两点，再一撇一捺。

【词语】五内如焚　心急如焚 玉石俱焚

甲骨文　金文　小篆　隶书

　　"焚"在甲骨文中上面是木，表示树木；下面是火。在金文中上面是林，表示连绵成片的树木，即树林。整个字像树林着火，表示焚林烧山的意义。森林中的一场大火会烧死很多动物，也会把动物逼出森林。受此启发，古代先民们也常在森林中放火，逼出林中的动物进行捕猎，甲骨文中在与狩猎有关的卜辞中常出现"焚"字，都表示焚烧山林的意思；又如《韩非子》"焚林而田"，即焚林而猎捕动物，"田"指田猎、狩猎。

　　"焚"由此泛指焚烧的意义，如《周礼》"凡杀其亲者焚之"，又如"焚帛、焚舟、焚香、焚毁、玩火自焚"。据史书记载，秦始皇统一天下后，自以为"功高三皇、德迈五帝"，为树立自己的绝对权威，维护统一的集权政治，他采纳丞相李斯的建议，下令焚烧秦国史书之外的先代典籍，活埋了四百六十多个以古非今、批评时政的儒生、术士，"焚百家之言，以愚黔首"，史称"焚书坑儒"。"焚书坑儒"使秦代以前的古代典籍在大火中化为灰烬，封建社会愚民统治由此开启，秦始皇的暴政亦为天下人所唾骂。

"焚"又引申为烧烤、烤炙的意义，如成语"焚枯食淡"，意思是炙烤干鱼，食不放盐，形容生活清苦。

咏史诗·赤壁

（唐代）胡曾

烈火西焚魏帝旗，周郎开国虎争时。

交兵不假挥长剑，已挫英雄百万师。

桑

sāng

【笔顺】 ⼀ ⼜ ⼜ ⼜ ⼜ ⼜ ⼜ 桑 桑

【笔画数】10 画

【部首】木（木部）

【结构】上下

【书写提示】"桑"上边的三个"又"最后一笔捺都要写作点；下边是"木"，中间一竖不带钩。

甲骨文　小篆　隶书

甲骨文中的"桑"下面是木，上面像桑树的叶子，整个字表示桑树。我国是世界上种桑养蚕最早的国家，已有七千多年的历史。桑树原产我国中部，自黄帝至周代绵延数千年间，桑树只为中国所独有，是优良的乡土树种之一。桑树的叶、果、木材、枝条等可以用来养蚕、食用、酿酒、编筐、造纸和制作各种器具，桑树的叶、皮、枝、根、果还是防治疾病的良药。

桑叶是蚕的主要食物，相传黄帝的元妃嫘祖曾亲自栽桑养蚕，教民纺织，至商周时期采桑养蚕成为重要的农事，当时妇女的主要任务就是采桑养蚕缫丝织绸，周代的青铜器上常有妇女采桑的画面，《诗经》中也有许多与桑有关的描述，如"蚕月条桑""维桑与梓，必恭敬之""无折我树桑"，可见当时桑蚕业在社会生产中的重要地位。春秋战国

◎ 战国红铜镶嵌壶采桑习射纹饰图（局部）

时期，桑蚕业在黄河中游一带已相当发达，此后更从北方到南方持续发展，成为中国古代社会经济的主要支柱，也是丝绸之路历经千年而不衰的重要支撑。

　　语言文字是社会生活的一面镜子，在汉语汉字中可以找到桑蚕文化繁盛的印记。古人在中原大地广种桑、麻，因桑和麻可以提供制衣原料；还在房前屋后以及家族墓地植桑栽梓，因桑树、梓树可以留给子孙供其养蚕、制器、建筑之用，如《穆天子传》"天子命桑"，《孟子》"五亩之宅，树之以桑"，《吕氏春秋》"吴之边邑处女桑于境上"，古乐府《陌上桑》"采桑城南隅"。

因此"桑麻"亦指农事，泛指农村；"桑梓"喻指家乡及其父老乡亲，"桑梓之情"即思乡之情；"桑田"由植桑之田泛指田地，而"沧桑、沧海桑田"则比喻世事变化；"桑榆暮景"使人联想到人的暮年光景；透过"桑间月下、桑中之约"则隐约可见古代青年男女在浓荫匝地的桑林里谈情说爱的情景。

春日田园杂兴（其一）

（宋代）范成大

柳花深巷午鸡声，桑叶尖新绿未成。

坐睡觉来无一事，满窗晴日看蚕生。

栗
lì

【笔顺】一 丆 丙 丙 两 西 西 平 栗 栗

【笔画数】10 画

【部首】木（木部）

【结构】上下

【书写提示】"栗"字下边是"木"，中间一竖不带钩；注意不要与"粟"想混。

【词语】火中取栗

甲骨文中的"栗"像一棵果树的样子，上面结着刺球状的果实。栗树的果实叫栗子，外面密密地长着坚硬的利刺，里面一层褐色的果皮，果皮里面是黄色的果肉。"栗"的甲骨文正像结着果实的栗树，既指栗树，也指栗树结的

◎ 栗子

果实——栗子，如《诗经》"树之榛栗"，指种植榛、栗之树。栗树是中国的特产，栽培历史极其悠久。栗木坚硬，可用于建筑或制作器具，《论语》中有"殷人以柏，周人以栗"的说法，意思是社稷时殷人用柏木、周人用栗木制作神的牌位。栗子香甜美味，能强壮身体，素有"千果之王"的美称，自古以来是人们的喜食之物。距今六千多年的陕西西安半坡遗址中就出土过栗子；江西南昌西汉海昏侯墓中出土了一个火锅形状的青铜器，被考古专家认定为是距今两千多年的青铜火锅，这个青铜火锅有使用过的痕迹，在里面发现有板栗等残留食物。

栗树之木坚硬密实，"栗"由此引申出坚实的意义，如《礼记》"缜密以栗"，又如"栗然、栗密"都表示坚实缜密的意思。栗子放在火里烤熟后表皮爆裂，发出响声，"栗"由此引申出害怕、恐惧以至发抖的意义，如《诗经》"临其穴，惴惴其栗"；《庄子》"登高不栗""吾甚栗之"；《韩非子》"战战栗栗，日甚一日"；又如"战栗、颤栗、恐栗、栗骇、不寒而栗"等。

李

【笔顺】一十十木本李李

【笔画数】7画

【部首】木（木部）

【结构】上下

【书写提示】"李"字上边是"木"，中间一竖不带钩；下边的"子"三画，不要把第一笔和第二笔连成一笔，错写成两画。

金文　小篆　隶书

金文中的"李"上面是木，用作形旁；下面是子，用作声旁。"李"既指李树，也指李树结的果实——李子和李树开的花——李花。我国很早就开始种植李树，《诗经》中就有"北山有李""丘中有李""华如桃李"等诗句，其中的"李"分别指李树、李子和李花。

"李"在中国传统文化中含义丰富，有不少成语和俗语与其有关，其中蕴含着为人处世的深刻哲理，如"投桃报李"喻指人之间的友好关系和礼尚往来；"李代桃僵"原比喻兄弟间相互爱护和帮助，后喻指代人受过；"瓜田李下、李下不正冠"喻指正人君子要远离是非，以避嫌疑；"桃李不言，下自成蹊"喻指为人诚恳自然会深得人心。古人还把"李"字看作由"十、八、子"构成，简称"十八子"，李树结果时红色的果子挂满树冠，因此人们认为李子有祥瑞之意，用以比喻子孙满堂、兴旺发达。

作为姓氏，"李"是一个大姓，中国姓李的人非常多，遍及全国各地。传说李姓的始祖是春秋时期的老子李耳，老子出生在李树下，便以李为姓，其子孙后代便袭用李姓。唐代皇室姓李，自称为老子的后代，唐太宗李世民曾颁诏封道教为国教。

乐府诗集·鸡鸣

（宋代）郭茂倩

桃在露井上，李树在桃旁，

虫来啮桃根，李树代桃僵。

朱

zhū

【笔顺】丿 ㇒ 二 牛 牛 朱

【笔画数】6画

【部首】丿（撇部）

【结构】独体

【书写提示】"朱"中间一竖不带钩。

金文　小篆　隶书

金文中的"朱"是指事字，在木的中间有一个圆点；木是树木，圆点是一个指事符号，表示树干内部是红色的，即红心的树木。到了小篆中，圆点变成了一横，这就是我们今天看到的字形。"朱"本义指红心的树木；泛指红色的东西，如《穆天子传》"朱四百裹"，"朱"是红色的缯帛。"朱"由红色的物品引申为红色，比"赤"颜色深，"朱色"即大红色，如《韩非子》"禹作为祭器，墨染其外，朱画其内"；又如"朱红、朱印、朱封、朱笔、朱墨、朱批、朱文、朱漆、朱颜、朱唇皓齿"。

朱色在古代是一种高贵之色，古人以朱色为正色。古时帝王夏天的服装即为朱色，如《庄子》"紫衣而朱冠"，《墨子》"朱衣冠，执朱弓，挟朱矢"。唐代五品以上官员的服装为朱色，三品以上为紫色，王侯贵族的宅门常漆成朱红色，因此"朱紫"便成了高官的代称，"朱门"则喻指高官显贵的府第。唐代诗圣杜甫以"朱门酒肉臭，路有冻死骨"形象地表现了财富不均、贫富悬殊的社会景象，语言上的鲜明对比与艺术上的强烈震撼使人过目不忘，成为家喻户晓的不朽名句。"朱"作为姓氏，主要源自姬姓、子姓等。

虞美人

（南唐）李煜

春花秋月何时了，往事知多少。

小楼昨夜又东风，故国不堪回首月明中。

雕栏玉砌应犹在，只是朱颜改。

问君能有几多愁，恰似一江春水向东流。

◎ 北京恒亲王府

竹

zhú

【笔顺】ノ 仁 仁 竹 竹 竹

【笔画数】6 画

【部首】竹（竹部）

【结构】左右

【书写提示】"竹"第三笔竖不带钩，第六笔竖要带钩。"竹"在字的上边时写作"⺮"，叫作竹字头。

【词语】青梅竹马 势如破竹 胸有成竹

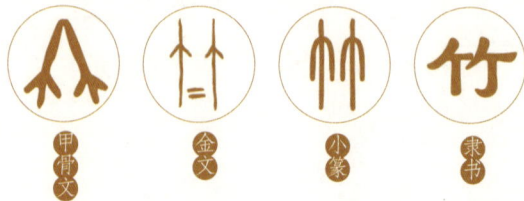

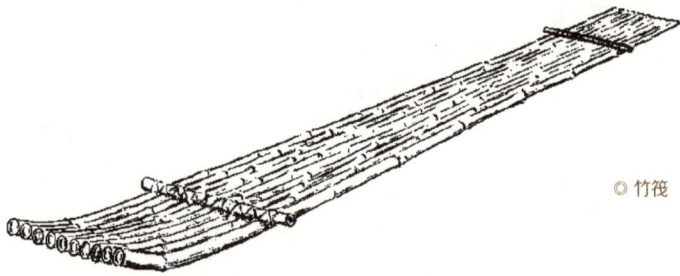

甲骨文 金文 小篆 隶书

◎ 竹筏

　　"竹"在甲骨文中像两枝靠在一起带有竹叶的竹子，在金文中像两棵并排生长的带着竹叶的竹子。竹生长迅速，种类繁多，质地坚韧、用途广泛。我国是世界上最早培育和利用竹子的国家，在我们祖先的手中，竹子能制作出生活所用的各种器物，如"笋、笔、笏、符、竿、管、笞、筛、笠、篦、箪、筒、篮、筐、笼、箱、筐箩、簸箕、篱笆"，又如"竹箭、竹弓、竹鞋、竹伞、竹布、竹席、竹撞（竹提盒）、竹篓、竹床、竹帘、竹屋、竹楼、竹桥"。古人用竹子制作的"竹筏、竹排"是一种古老的水上交通工具，至今仍在我国南方地区使用着。竹还可加工成精美的艺术品，殷商时期"竹编"的纹样就相当丰富，形成了"竹刻"

工艺；春秋战国时期竹编更加精细，图案更具装饰性，逐渐发展成为工艺品，"竹器"的制作成为社会重要的生产行业。

纸张出现以前，古人把字写在竹片或木片上，"竹"因此也指"竹简"，如"竹书、竹素"；成语"罄竹难书"指用尽山上的竹子也写不完他的罪恶，形容一个人罪恶深重。纸张出现以后，竹子又成为造纸原料之一，明代《天工开物》中就有以竹造纸的详细记载，还附有"竹纸"的制造图。在没有火药和纸张的时代，人们燃烧竹子，使之发出"噼噼啪啪"的爆裂声以驱邪避凶，称为"爆竹、爆竿"；有了鞭炮之后，人们仍把体积大、火药多、威力大的单个鞭炮称为"爆竹"。中

◎ 爆竹

国古代吹奏和弹拨的乐器大多用竹子做成，表示"笛、管、笙、箫、竽、笳、篪（chí）、筑、筝、筚（bì）篥（lì）、箜篌"等乐器的汉字皆以"竹"为形旁；"竹"也由此代指管乐器，如"竹笛、竹管、竹板"；又代指音乐，如《礼记》"金石丝竹，乐之器也"，"丝竹"是弦乐器与管乐器的合称，喻指音乐，"江南丝竹"即江南乐曲。我们的祖先认为，竹还有食用和药用的功能，"竹笋、竹荪、竹米"历来都是席上的美味珍馔，"竹叶、竹青、竹黄、竹沥、竹茹"自古就是治病的良药。竹与中国人的物质生活和文化生活息息相关，在中华文明史上占有非常重要的地位。中国人的衣食住行都离不开竹子的使用，真可谓"不可一日无此君"。

竹四季长青，亭亭玉立，婆娑有致，清雅俊秀，自古至今一直深受人们的喜爱。竹被中国人赋予了中通外直、孤高瘦劲、

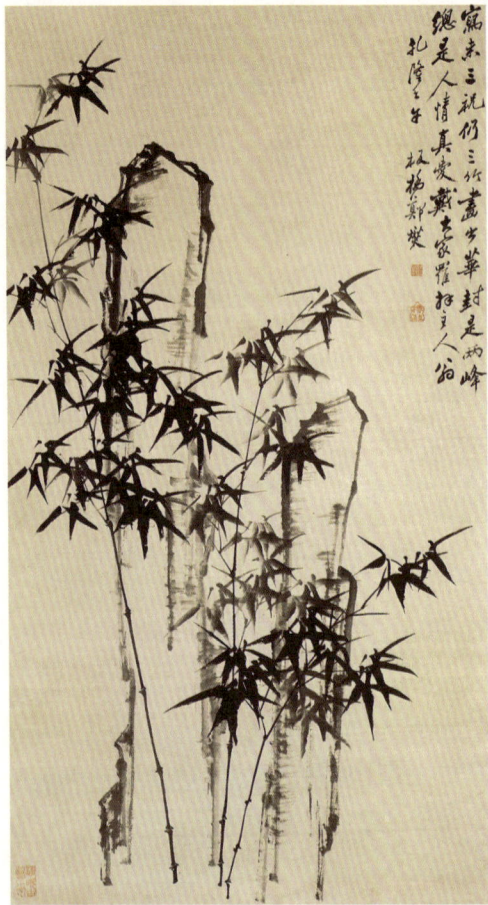

◎ 清代郑燮《华封三祝图》

梅合称为"岁寒三友",用以喻指高尚的品德、坚贞的节操和清雅淡泊的形象。

竹以其特殊的审美价值成为文学艺术永恒的题材,备受历代文人雅士的推崇,他们借"咏竹、画竹"以托物言志,陶冶情操,讴歌美好。宋代大文学家苏东坡生性爱竹,他曾写下"可使食无肉,不可居无竹。无肉令人瘦,无竹令人俗",表达了作者的超然情趣和人生的深刻哲理。"扬州八怪"之一的清代著名书画家郑板桥最擅画竹、写竹,他崇尚竹子高尚正直的气节与坚韧不拔的品性,一生画竹无数,以竹表达自己孤高自傲、不从俗流的情操。

宁折不屈、朴实无华、虚心文雅、潇洒俊逸等诸多文化内涵,象征着中华民族的传统美德和中国人的精神气质。人们将竹与梅、兰、菊合称为花中"四君子",与松、

风

（唐代）李峤

解落三秋叶，能开二月花。

过江千尺浪，入竹万竿斜。

册

cè

【笔顺】丿 冂 丿 冂 丿 冂 册

【笔画数】5 画

【部首】丿（撇部）

【结构】独体

【书写提示】"册"第一笔和第三笔都是撇，不要错写成竖；中间是一横，不要错分成两横。

"册"的甲骨文是一根根竖着的写着文字的竹片或木片，中间用绳子编串起来，像一束竹简的样子。"册"的本义指书籍文献。"册"字不仅告诉我们，早在三千多年前我国就有了书籍，还形象地体现出中国古代图书的特点：竹木片是"简牍"，绳子是"编"，上古时期的书籍就是刻写在这种竹木简上，然后用绳子编串起来的"册"。

殷商时期我国已经有了书写在简牍上的书册典籍，如《尚书》说："为殷先人，有册有典""王命作册"，史官即称为"作册"；商代甲骨卜辞中也有"册入、册用"等记录。20世纪70年代，考古工作者在湖南长沙马王堆的西汉墓葬中发掘出大批简牍，成为震惊世界的重大考古发现。2015年11月，江西南昌西汉海昏侯墓出土了大量的竹简和近百版木牍，是我国简牍的又一次重大发现。这些出土的简牍使得古代文献在两千年后重新出现在世人面前，以实物的形式证实了册的真实存在。作为文化科学知识的载体，古老的册记录了中华文明悠久的历史和灿烂的文化，记载了中华文明对人类的贡献。

竹简木牍是中国最古老的书写材料，直到东汉时期纸张出现并逐渐普及，人们才将字写在纸上装订成书，但中国人仍把书籍称作"册"，如"书册、手册、名册、簿册、分册、纪念册、花名册、人手一册"。因一定数量的竹简可以编串成一册，"册"又用作量词，表示书册的数量或卷次，如"上册、第二册、共五册"等。

◎ 秦代编年纪竹简

删

shān

【笔顺】ノ 刀 刀 刑 册 册 删

【笔画数】7 画

【部首】刂（立刀部）

【结构】左右

【书写提示】"删"字左边是"册"，第一笔和第三笔都是撇，不要错写成竖。

甲骨文　金文　小篆　隶书

　　"删"的甲骨文字形左边是册，册是古代编串起来的竹木简，也就是古代的书籍；右边是刀。殷商时代，古人用刀在龟甲兽骨上刻字，刻错了就用刀刮掉然后再刻。后来古人用毛笔蘸墨在烤干的竹简或木片上写字，黑色墨汁会浸入竹木的纹理之中，一旦写错了，也只能用刀子把错字刮掉重写。因此，古时的书写工具除了毛笔，还有与之

◎ 汉代错金银铁书刀

配套的文具——书刀。"删"就是用书刀来修改文字，表示削除、除掉的意义，如"删削、删除、删弃、删去、删裁、删正"。直到今天，我们在修改文章时还会说"删掉某个字、删除某句话、删改某一段"。

因删削文辞要有所取舍，"删"引申为修改取舍的意义，如"增删、删减、删补、删存、删繁就简"。古书记载孔子删《诗》《书》，就是指《诗》《书》写在竹简或木牍上，孔子以刀删改，去其糟粕而取其精华。"删"由此又引申为选取、摘录的意义，如"删本、删节、删诗为三百篇"等。

题宇文裔山寺读书院

（唐代）于鹄

读书林下寺，不出动经年。

草阁连僧院，山厨共石泉。

云庭无履迹，龛壁有灯烟。

年少今头白，删诗到几篇。

典

diǎn

【笔顺】丶冂冂由由曲曲典典

【笔画数】8画

【部首】八（八部）

【结构】上下

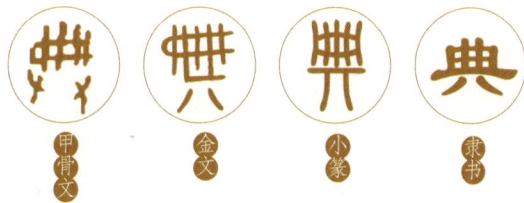

甲骨文中的"典"上面是册，指古代书籍；下面是向上托举的两只手；整个字像双手郑重地捧着书册、宣读册命。在金文中，双手变成了案几的样子，整个字像放在案几上的书册。"典"的本义是被尊为典范的重要书籍，如《尚书》"明明我祖，万邦之君，有典有则，贻厥子孙"，"典"是典籍，"则"是法则，这段话说的是万邦之君的祖先把治国的典章制度留给了子孙，仁及后世；又如"典籍、典故、经典、法典、字典、药典、用典、引经据典"。

"典"由此引申为准则、法则，如《周礼》"掌建邦之三典，轻典、中典、重典"；《左传》"数典而忘其祖"，成语"数典忘祖"即出于此，意指举出历来的典制而忘了自己祖先的职守，喻指忘本，后来也比喻忘掉自己本来的情况或事物的本源；又如"典章、典制、典范、典型"。"典"

又引申为重大的仪式和礼节，如《尚书》"命汝典乐"，还有"典礼、盛典、庆典、国典、开国大典"。

"典"也用作动词，表示掌管、主持的意义，如"典试、典狱"；又表示抵押的意义，如"典当、典押、典东西"等。

曲江（其二）

（唐代）杜甫

朝回日日典春衣，每日江头尽醉归。

酒债寻常行处有，人生七十古来稀。

穿花蛱蝶深深见，点水蜻蜓款款飞。

传语风光共流转，暂时相赏莫相违。

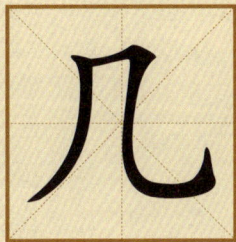

几

jī

【笔顺】ノ几

【笔画数】2 画

【部首】几（几部）

【结构】独体

【书写提示】"几"是一撇一横折弯钩，注意不要与"儿"相混。

【读写提示】"几"又读作 jǐ。

甲骨文　小篆　隶书

"几"在甲骨文中像一张造型简单的低矮案子。上古时期，没有高型家具，人们都是席地而坐。"几"是古人席地而坐时所倚靠的一种低矮的案子，置于席或床榻之上，"玉几、雕几、木几、几席、几榻"中的"几"指的都是倚靠用的坐具，如《诗经》"或肆之筵，或授之几"，《礼记》"有司以几筵舍奠于墓左"。古代有给年长者赐"几杖"以示敬老的礼节，如《礼记》"养衰老，授几杖，行糜粥饮食"，"几杖"就是供老年人倚靠的案几和支撑用的手杖。

"几"由此引申为用来读书、写字、放置物品的有腿的小桌子，如"几案"即低矮的桌子，"几上肉"指案上的肉，喻指任人宰割；还有"茶几、条几、窗明几净"。低矮的几案是古代最早使用的家具，也是后世桌子的前身，它出现在汉代以前，西汉时普遍使用。我们现在使用的高桌大椅在隋唐时期才出现，当时只供贵族享用，等级非常严格，到了宋代才在民间广泛使用，成为大多数人享用的生活用品。在桌椅普及以前，古人吃饭都是一人一份分餐的，正如我们在南唐画家顾闳中《韩熙载夜宴图》中所看到的情景：南唐名士韩熙载盘膝坐在床上，几位士大夫分坐在旁边的靠背大椅上，他们的面前分别摆着几个长方形的几案，每个几案上都放有一份完全相同的食物。当高桌大椅普遍流行开来以后，人们才逐渐形成了围坐一桌进餐的方式，并固定下来沿用至今。

"几"还用作动词，表示接近的意义，如《周易》"月几望"，《礼记》"知乐则几于礼矣"；又用作副词，表示差一点、差不多的意义，如《捕蛇者说》"几死者数矣"，又如"几乎、几至、几近"。

"几"现在是多音字。由于表示数量多少的繁体字"幾"笔画繁多，简化时就用表示几案的"几"替代了"幾"，因此"几"在表示几案、接近、差不多等意义时，读作 jī，繁体字仍写作"几"；而在表示数量时，读作 jǐ，如"十几、几十、几何、所剩无几"等，繁体字写作"幾"。

书意

（宋代）陆游

整书拂几当闲嬉，时取曾孙竹马骑。

故故小劳君会否？户枢流水即吾师。

伞

sǎn

隶书　繁体楷书

【笔顺】丿人个个仐伞

【笔画数】6画

【部首】人（人部）

【结构】上下

【书写提示】"伞"字上边是"人"，不要错写成"入"；下边中间一竖不带钩。

　　"伞"字最早见于《魏书》，"伞"的繁体字形就像一把打开的雨伞的样子；上面是伞盖，下面的十字是支撑伞盖的架子，伞盖和架子之间的四个人像连接伞盖与架子之间的伞骨。

◎油纸伞

别看"伞"字出现得晚，伞的历史却很悠久。伞是中国人发明的，其历史少说也有三千多年。据说黄帝与蚩尤在涿鹿之野作战，黄帝看到鲜花盛开时倒扣的形状，受到启发，制造出伞的前身——华盖。到了春秋时期，著名工匠鲁班的妻子云氏发明了我们今天所用的伞。鲁班常年在外劳作，遇到雨雪常被淋得浑身湿透，云氏依照亭子的样子，把竹子劈成细条，蒙上兽皮，装上活动骨架，使之打开如盖，收拢如棍。鲁班有了伞，从此不再受日晒雨淋之苦。

伞在古代是帝王将相、达官贵人身份的象征，被用于官方仪式，伞的用料、用色和尺寸都有着严格的等级规定。帝王出行的车辇上都打着伞盖，以绫罗制成伞面，叫作"罗伞"，又称"华盖"，也叫"凉伞、万民伞"，不仅为帝王遮阳挡风避雨，还彰显着帝王的尊严，蕴含着庇荫百姓的寓意。唐朝的工匠们在纸上涂上桐油，制成了"油纸伞"，广泛流行于民间。中国的制伞工艺先传入日本等亚洲国家，17世纪左右传入西方，风靡欧洲。19世纪80年代，细钢管伞架问世，从此诞生了现代意义的雨伞。

"伞"不仅指挡雨遮阳的"雨伞、旱伞、阳伞、凉伞"，还泛指像伞一样的东西，如"降落伞、滑翔伞"等。

舟过安仁

（宋代）杨万里

一叶渔船两小童，收篙停棹坐船中。

怪生无雨都张伞，不是遮头是使风。

麻

má

【笔顺】丶 亠 广 广 庁 庁 庇 麻 庶 麻

【笔画数】11 画

【部首】麻（麻部）

【结构】半包围

【书写提示】"麻"字里面是"林"，中间两竖都不带钩；左边"木"的最后一笔捺要写作点。

【词语】麻痹大意 麻木不仁 杀人如麻

　　金文中的"麻"左上边像房屋或院子的一个角落，右下边像两捆麻的样子。麻经过浸泡晾晒去皮后可以得到白色的纤维，用来织布或制绳，麻纤维是古代纺织的主要原料。"麻"的古字形以古人在家里晾晒麻茎的情景来表示麻这种生活中的重要植物，如《诗经》"丘中有麻""可以沤麻"，又如"麻田、麻畦、麻皮、麻秆、种麻、剥麻"。麻种类很多，有"大麻、苎麻、亚麻、黄麻、剑麻"等，"麻"是麻类植物的总称，在古代也专指大麻，如"麻苇"指大麻与芦苇，"麻苎"指大麻与苎麻。

　　麻非常古老，用途广泛，具有很高的经济价值。有些种类的麻有着结实的纤维，六千多年前我们的祖先就懂得种麻，并利用麻的纤维来织布制衣、编织绳索或网袋。古人说，"神农教民麻桑为布帛"，"麻为布，民着衣裳"。古代平民百姓的衣着用布主要为"麻布",如"麻衣、麻裙、麻冕、麻屦"。"布帛"是麻和丝的统称,从夏商周开始一直到元代大量种植棉花之前,"桑麻"为中国人提供着衣着、被褥等织物的原材料,"丝麻"是中国人主要的衣着材料,正如白居易在《秦中吟·重赋》中所说:"厚地植桑麻,所用济生民。"湖北省枣阳市西周晚期至春秋早期的墓葬中出土了史上最早的麻制品。古代丧服是用未经染色的粗麻布制成的,如《礼记》"麻不加于采",指的是麻未经过染色加工;"麻"又特指丧服,如"披麻戴孝"。我们的祖先发现,破旧的麻布、麻绳、麻袋等是造纸的好原料,在发明造纸术到明代以前的数百年间,纸张大多以麻为原料制成,后来才改用树皮、稻秆等其他材料。"麻"由此代指纸张,如"麻命、麻词"代指诏书。

有些麻的籽实含油量高,可以食用,古人用来煮粥或榨油,如"火麻"可以煮粥,"芝麻"可以做"麻油、麻酱"以及"麻团、麻花、麻糖、麻酥"等糕点糖果。"麻"在中医里又指麻疹,也指麻醉,如"麻药、麻针"。"麻"还指细碎斑点、表面不光滑以及多而乱等意义,如"麻点、麻雀、麻子、麻脸、麻面的纸、心乱如麻、密密麻麻";又指感觉不灵敏的意义,如"麻木、麻痹、麻辣、麻胀、酸麻、麻酥酥"等。

需要注意的是,"麻"在表示与麻类植物有关的意义时,繁体字写作"蔴";其他意义繁体字仍写作"麻"。

过故人庄

(唐代)孟浩然

故人具鸡黍,邀我至田家。

绿树村边合,青山郭外斜。

开轩面场圃,把酒话桑麻。

待到重阳日,还来就菊花。

布

bù

【笔顺】一ナオ右布

【笔画数】5画

【部首】巾（巾部）

【结构】半包围

【词语】开诚布公 阴云密布

金文　小篆　隶书

"布"的金文字形是形声字，上面是父，用作声旁；下面是巾，用作形旁，表示织物。"布"的本义是麻布，"布帛"即麻织品和丝织品的统称；"布裙荆钗"指粗麻布做

◎ 战国布纹四系陶罐

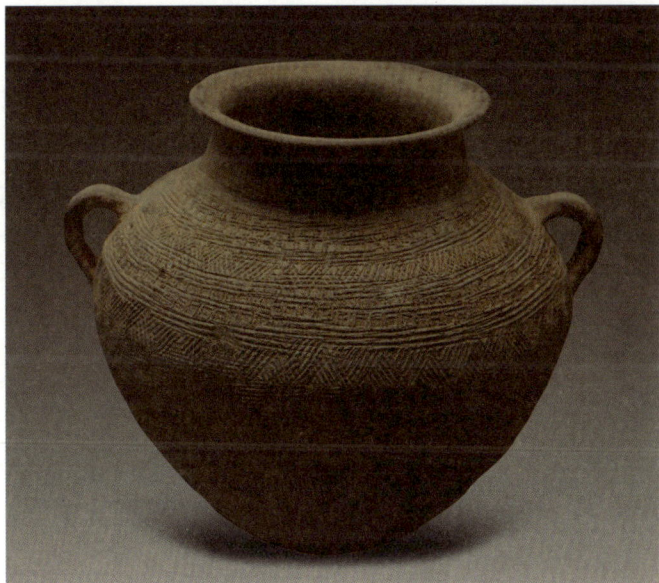

的裙子，荆条做的钗，形容贫家女子简朴的服饰。上古时期没有棉布，那时王公贵族穿丝帛，平民百姓只能穿麻布，所以古代称老百姓为"布衣"。唐宋时期棉花传入中原地区，但产量尚少，被视为珍稀之物。元明时期开始大量种植棉花，丝和麻才逐渐被棉布所取代，至此"布"才用来指棉布，成为我国人民主要的服饰材料。今天，"布"的含义已经大大扩展，涵盖了以化学纤维等为材料的各种纺织材料。

人类早期曾用实物交易，一些经常交易的物品既是实用品，又是实物货币，古时贝、珠、玉、帛、布等都曾用作实物货币，"布"与"帛、贝"一样，也曾用作钱币的名称，如"泉布"，《诗经》"抱布贸丝"中的"布"即布币。

"布"还用作动词，表示安排、陈设的意义，如《国语》"布币行礼"，《山海经》"禹鲧是始布土"，其中的"布"都是铺陈的意思；又如"布置、布阵、布防、布局、布控"。"布"还表示宣告、推行等意义，如"公布、宣布、布政"；又表示分散开来的意义，如"分布、散布、星罗棋布"等。

需要注意的是，"布"表示棉麻织物和钱币的意义时，繁体字仍作"布"；而在表示宣告、陈设、排列等意义时，繁体字写作"佈"。

秋下荆门

（唐代）李白

霜落荆门江树空，布帆无恙挂秋风。

此行不为鲈鱼鲙，自爱名山入剡中。

草

cǎo

【笔顺】一 十 十 十 艹 艹 苜 苜 苜 草

【笔画数】9 画

【部首】艹（草字头部）

【结构】上下

【书写提示】"草"在字的上边时写作"艹"，叫作草字头。

【词语】寸草春晖 打草惊蛇 莺飞草长 疾风劲草 拈花惹草

甲骨文　金文　小篆　隶书

"草"在甲骨文中写作"屮"，像一棵破土而出的小草的嫩芽。在金文中有的字形变成了会意兼形声字，上下合起来是艸；中间是早，表示日照，兼表声音。"屮"是"艸"的本字，"艸"又是"草"的本字。我们的祖先很早就认识到自然界万千种植物可分为草类和木类，也就是我们今天说的草本植物和木本植物。"草"就是草本植物的总称，如《吕氏春秋》"大草不生"，又如"野草、青草、草丛、草原、草木皆兵、风吹草动、斩草除根"；引申为草本植物的茎叶，可用作饲料、燃料或建筑材料等，如"牧草、干草、茅草、草鞋、草帽、草屋"，成语"兵马未动，粮草先行"中的"草"即指饲料。

"草"还引申为粗陋、简便、马虎、初步等意义，如"草具"是粗劣的饭食，"草酌"是简便的宴席，"潦草、草

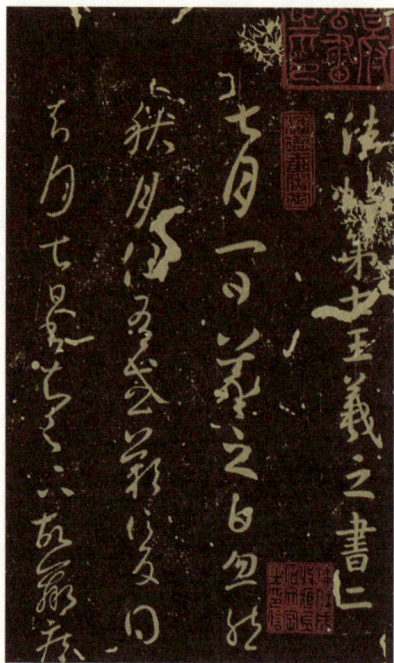

◎ 晋代王羲之草书《淳化阁帖》

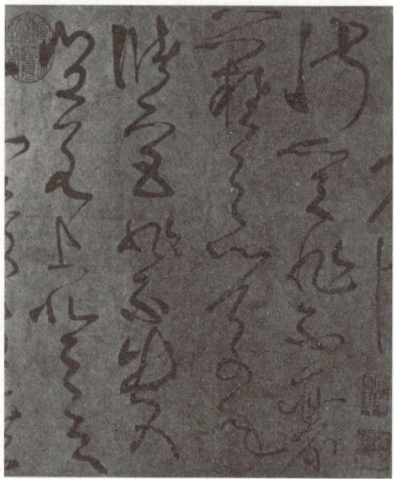

◎ 唐代张旭草书《古诗四帖》

略、草率、草草了事"指不细致、不认真，"草图、草稿、草案、草拟、草创"是初步、非正式的意思。"草"又喻指民间、百姓，含有卑贱之意，如《论衡》"知屋漏者在宇下，知政失者在草野"；"草野、草间"指"民间"，"草茅、草芥、草民"指百姓；又如"草贼、草寇、落草为寇"。成语"草菅人命"意思是把人的生命看得如同野草一样，喻指任意残害人命。

"草"又特指"草书"，是汉字的一种字体，也是中国书法艺术的一种形式。草书兴起于汉代，是为了书写便捷而在隶书的基础上演变而来的，《说文解字》说："纵任奔逸，赴速急就，因草创之意，谓之草书。"草书不仅结体简约，笔画相连，书写方便，速度较快，而且灵活多变，婀娜多姿，奔腾放纵，有一泻千里之势，至唐代已成为书法艺术。几千年来，草书不断丰富、发展，形成了"章草""今草""行草""狂草"等不同的草书字体，在中国书法艺术中具有极高的审美艺术价值。唐代书法大家张旭、怀素的草书最负盛名，是狂草的代表人物，被后世成为"草圣"。

汉字中凡是以"草"为形旁的字多与草本植物有关，如"芽、蓬、茵、艾、芝、苇、茅、萝、苔、莲、荷、藕、芹、菜"。

春思（其一）

（唐代）贾至

草色青青柳色黄，桃花历乱李花香。

东风不为吹愁去，春日偏能惹恨长。

毛

máo

【笔顺】丿二三毛

【笔画数】4 画

【部首】毛（毛部）

【结构】独体

【词语】毛骨悚然 毛遂自荐 吹毛求疵 一毛不拔 火烧眉毛 九牛一毛 轻于鸿毛

金文　小篆　隶书

　　金文中的"毛"像地上长出的枝蔓伸展的草，本义是地上生长的草；泛指长在地上的草木植物，如《列子》"锡之不毛之地""曾不能毁山之一毛"，《左传》"涧溪沼沚之毛"。"毛"由此引申为动物或人表皮上生长的丝状物，如"兽毛、皮毛、鬃毛、鬣毛、眉毛、颊毛、汗毛、毫毛、毛发、毛孔、毛笔、茹毛饮血"。成语"皮之不存，毛将焉附"出自《左传》，意思是皮都不存在了，毛还能依附哪里呢？喻指事物失去了赖以生存的基础将无法存在。"毛"也特指鸟的羽毛，如"毛翎、毛扇、翎毛、鸿毛"；还引申为带毛的兽皮，如"毛裘"指带毛的兽皮做的衣服；又泛指生长的霉等像毛的东西，如"东西长毛了"。

　　"毛"又引申为未经加工的、原始、粗糙等意义，如"毛猪、毛布、毛边、毛坯、毛样、毛利、毛重、毛估"；

喻指不细致、粗心大意、慌里慌张等意义，如"毛糙、毛脚鸡、毛手毛脚、心里发毛"；也引申为细小的意义，如"毛刺、毛病、毛孩子、毛细血管、毛毛细雨"。

在现代汉语口语中，"毛"还有发脾气、货币贬值等意义，如"把他惹毛了"指被惹得发火了，"钱毛了"指钱贬值了；也用作货币单位，相当于"角"，如"一毛钱"。

偶书

（唐代）刘叉

日出扶桑一丈高，人间万事细如毛。

野夫怒见不平处，磨损胸中万古刀。

生

shēng

【笔顺】丿ㄥ宀牛生

【笔画数】5 画

【部首】丿（撇部）

【结构】独体

【词语】生不如死　生灵涂炭
生龙活虎　生吞活剥　舍生取义
望文生义　妙趣横生　栩栩如生

甲骨文　　金文　　小篆　　隶书

　　"生"的甲骨文字形上面像刚出土的小草，下面的一横表示地面、泥土。整个字像地上破土而出的小草，表示草木生长的意义，如《诗经》"生我百谷"，又如"生根发芽、杂草丛生"。"生"由此引申为人的生育产子，如《诗经》"父母生我"，杜甫《兵车行》"信知生男恶，反是生女好"；又如"出生、诞生、新生、接生、生子、生日、生年、生殖、生老病死"。

　　"生"还引申为活着、存在的意义，与"死"相对，如《孙子兵法》"陷之死地而后生"，《论语》"爱之欲其生，恶之欲其死"，《孟子》"然后知生于忧患，死于安乐也"；又如"生命、生存、生活、生计、生涯、丧生、毕生、余生、谋生、生生不息、赖以为生"。"生"在古代也是年轻男子的称呼；后来泛指年轻人或读书人，如"后生、狂生、儒生、

学生、张生、男生、女生"。中国传统戏曲中的男性角色称为"生角"，根据角色类型的不同有"老生、小生、武生"等。

  古人以生命的观点看待世间万物，认为天地万物皆有生命，"生"因此表示事物产生的意义，如"滋生、发生、生风、生气、熟能生巧"；还表示制造事端的意义，如"生事、生变、惹是生非"；又表示点燃、引起的意义，如"生火、生炉子"。"生"还有天生、活着、有生命力等意义，如"生来、生动、生趣、生物、生而知之、生机盎然、生龙活虎"；也有新鲜、陌生等意义，如"生鲜、生字、生人、生手、生疏、生僻"；又有未成熟、未加工、没煮熟等意义，跟"熟"相对，如"生柿子、生石膏、生铁、生肉、夹生饭"。

  "生"也用作副词，表示非常、勉强等意义，如"生怕、生疼、生凑、生拉硬扯、生搬硬套"等。

玉阶怨

（唐代）李白

玉阶生白露，夜久侵罗袜。

却下水晶帘，玲珑望秋月。

春

chūn

【笔顺】一二三声夫夫春春春

【笔画数】9画

【部首】日（日部）

【结构】上下

【词语】春风得意 春华秋实 春色盎然

甲骨文 金文 小篆 隶书

甲骨文中的"春"是形声字，左边的上下部分是艸，像众草丛生的样子，中间是日，表示太阳，艸、日用作形旁，表示阳光明媚，草木生长；右边是屯，用作声旁。经过隶书的变化，"春"字演变成现在的字形。俗话说，一年之计在于春，万物生长靠太阳。我们的祖先对此有着朴素而深刻的认识，用"春"字形象地描绘出严冬过后阳光普照、大地回暖、草木萌生、欣欣向荣的美好景象，如"春色、春意、春晖、春雨、春花、春草、春光明媚、春风化雨、温暖如春"。

庄稼春生秋熟，自然界春来秋去，循环往复，"春"由此泛指一年的时间，如高适在《人日寄社二拾遗》中写道"一卧东山三十春"，"三十春"即三十年。庄稼从生到熟相当于事物由因及果，因此古人以"春秋"喻指年月、年岁

和历史，孔子编修的鲁国编年史即名为《春秋》。

春天草木生长，百花盛开，象征着一片生机，"春"由此喻指生机盎然，充满活力，如孟郊《古意》"人颜不再春"，又如"青春年华、春意萌动、春色满园、春回大地、妙手回春"；也喻指萌动的柔情、勃发的情欲，如《诗经》"有女怀春"，又如"春思、春心、思春、卖春"。"春"还代指冬酿春饮的美酒，如李白《哭宣城善酿纪叟》"纪叟黄泉里，还应酿老春"；又如"剑南春、玉壶买春"等。

春晓

（唐代）孟浩然

春眠不觉晓，处处闻啼鸟。

夜来风雨声，花落知多少。

囿

yòu

【笔顺】丨冂冂冂冃冑囿囿囿

【笔画数】9画

【部首】囗（方框部）

【结构】全包围

【读音提示】"囿"读作 yòu，不要错读成 yǒu。

甲骨文　金文　小篆　隶书

　　"囿"的甲骨文字形外面是大方框，表示围墙，像四面围住的园子；里面像排列整齐的百草。有的甲骨文里面像排列整齐的树木。整个字表示四周有围墙、里面种植着花草树木的园林。金文字形变成了形声字，外面的方框用作形旁，里面的有用作声旁，兼有捕获猎物的含义。"囿"是古代专供帝王贵族游猎的园林，里面不仅种植草木，还豢养禽兽或鱼鳖，建有亭台楼阁，如《诗经》"王在灵囿"，《国语》"囿有林池"；又如"囿苑、鹿囿、园囿"。"囿"泛指四周有围栅的菜园、果园，如《大戴礼记》"囿有韭"；又泛指事物荟萃的地方，如"六艺之囿、文雅之囿"。

　　"囿"也用作动词，表示局限、拘泥的意义，如"囿于成见"等。"囿"现在只用于书面语。

苗

miáo

【笔顺】一十艹艹艹芢苒苗苗

【笔画数】8画

【部首】艹（草字头部）

【结构】上下

【书写提示】"苗"字上边是"艹"，不是"竹"；下边是"田"，不是"由"；注意不要与"笛"相混。

【词语】拔苗助长

小篆中的"苗"上面是草，表示植物；下面是田，表示田地。"苗"指田里初生的作物，如《诗经》"天食我苗"；《孟子》"宋人有闵其苗之不长而揠之者"，成语"揠苗助长、拔苗助长"即源于此；又如"禾苗、秧苗、麦苗、树苗"。植物或庄稼初生时称为"苗"，抽穗开花称为"秀"，结果称为"实"；成语"苗而不秀"意思是只长苗而不开花，比喻人徒有其表或过早夭折。

"苗"由初生的植物引申为初生的家畜，如"鱼苗、猪苗"；还引申为子孙后代，如"独苗、苗胄"；又引申为事物的开端、迹象，如"苗头、矿苗"。"苗"还泛指像苗的东西，如"火苗、好苗子"；也指预防疾病的药剂，如"疫苗"。

茶

chá

【笔顺】一 十 艹 艹 艾 苓 茶 茶 茶

【笔画数】9 画

【部首】艹（草字头部）

【结构】上下

【书写提示】"茶"字中间是"人"，不要错写成"入"；下边是带钩木，不要错写成不带钩的"木"。

茶

隶书

茶在古代有很多名称，唐代以前主要称作"荼"。"荼"是个多义字，本指苦菜，泛指苦味的野生植物，后来借指味道苦涩的茶；又指茅草、芦苇等植物开的白花，如《诗经》"美女如荼"；成语"如火如荼"即指像火那样红，像荼那样白，形容热烈或旺盛的样子。"茶"字出现较晚，据说出现在汉代，是民间使用的俗字；又说唐代陆羽著《茶经》时，将"荼"字减去一横作"茶"，以与"荼"相区别。虽然对"茶"字出现的具体时间有不同的说法，但可以确定的是，直到陆羽的《茶经》，"茶"才成为茶的专门用字。"茶"字上为草字头，中为人字头，下为木字底，故有"人在草木间"的说法，这种说法倒是非常形象地表现出茶是将人与自然融为一体的圣物。

别看"茶"这个字出现较晚，茶的历史却非常悠久。

© 五代十国白瓷茶具及陆羽像

茶树起源于中国，中国是茶的故乡，也是世界上最早发现、栽培并利用茶树的国家。中国人饮茶的历史可以追溯到远古时期的神农时代，早在五千多年前，我们的祖先就发现茶有解毒的功效。据《神农本草经》记载："神农尝百草，日遇七十二毒，得茶而解之。"神农氏可谓茶之鼻祖，当时主要利用茶能疗病的药用功能。周代有了人工种植的茶园。到了汉代人们有了饮茶的习惯，茶成为待客以礼的珍稀之物。2016年1月，一则来自英国的消息风靡全国，据英国《独立报》网站报道，在陕西咸阳汉景帝的汉阳陵中发现了中国最早的茶叶。考古学家在一个陪葬坑里发现了一些树叶状的东西，经检测，这些叶子竟然是茶叶，而且全部由茶芽制成，是比普通茶叶品质高的顶级品质。这些茶叶是供这位皇帝在另一个世界享用的随葬品之一，可见这位汉代皇帝对茶的嗜好，以至执意要把茶作为随葬品，这样在另一个世界也能喝上一杯。汉景帝死于公元前141年，由此推断该茶叶距今至少二千一百五十多年了。这项发现让我们一窥非常古老的饮茶传统，也使我们对茶叶的起源有了新的认识。

魏晋之时文人饮茶之风兴起，茶进入了文化圈，成为文人雅士日常饮用的饮品；随着佛教传入、道教兴起，茶与儒、道、佛哲学思想相互交融，饮茶上升为文化范畴，进入了精神领域，文人雅士创作了大批饮茶诗画，茶才真正以文化的面貌出现。唐代江南产茶区域扩大，茶叶产量大幅提高，茶叶加工技术改进，茶馆、茶会相继出现，茶叶经济日趋繁荣，陆羽的《茶经》便作于此时。陆羽非常看重茶带给人的精神享受以及茶在精神文化层面的体现，把

品茶视作个人道德修养的象征。他在《茶经》中总结了唐代以前有关茶叶的科学知识和实践经验，第一次全面、系统地介绍了茶的产地、采摘、加工、煮饮的方法，被后人誉为"茶仙"，尊为"茶圣"，祀为"茶神"，《茶经》也成为中国茶文化的奠基之作。北宋以后，茶在社会各阶层得到广泛普及，"人家不可一日无茶"，"开门七件事，柴米油盐酱醋茶"之说即形成于此时。

中国的茶文化源远流长，博大精深，广泛影响到中国的艺术、文化、宗教、医学和中国人的日常生活，中国的茶叶及饮茶习惯还直接或间接影响到世界许多国家。在中日交流十分频繁的唐代，中国的茶叶、茶种、茶树苗以及饮茶法和陶瓷茶具被日本僧人带回日本，催生了日本的饮茶风尚和陶瓷茶具文化。中国的茶道在宋代传入日本，成为持续至今的日本茶道文化的基础。至少在一千八百年前，茶叶就输送到

西藏阿里地区。17世纪初，中国的茶叶和瓷器开始大量运销欧洲，饮茶在欧洲兴起，陶瓷茶具也受到欧洲人的青睐。世界上很多国家的语言对"茶"的叫法多根据汉语中"茶"的不同方言音译而来。如今，茶叶风靡世界，是世界上三大无酒精健康饮料之一。

在现代汉语中，"茶"的意义范围逐步扩大，泛指一切可冲泡的饮料，如"花果茶、菊花茶、杏仁茶、大麦茶"等。

寄友人

（唐代）张籍

忆在江南日，同游三月时。

采茶寻远涧，斗鸭向春池。

送客沙头宿，招僧竹里棋。

如今各千里，无计得相随。

◎ 杭州龙井茶园

兰

lán

【笔顺】丶丷兰兰兰

【笔画数】5 画

【部首】八（八部）

【结构】上下

【词语】兰质蕙心

蘭 小篆　蘭 隶书　蘭 繁体楷书

　　小篆中的"兰"是形声字，上面是草字头，用作形旁；下面是阑，用作声旁。"兰"的本义指兰草，种类很多，生于山中湿地，花味清香，如"兰麝"指兰草和麝香，又如《汉书》"衡兰芷若"。"兰"也指兰花，如"兰英、兰香、春兰、蕙兰、墨兰"。

　　兰在我国有着悠久的栽培历史。春秋战国时期，越王勾践被吴王夫差打败后，卧薪尝胆，励精图治，在会稽山上种了许多兰草以迷惑吴王，这是历史上种兰的最早记载。兰艺发源于中国，并传至日本和朝鲜。兰生于幽谷，姿态优美，气味芳香馥郁，古人誉之为"香祖"，赞其为"天下第一香"。相传孔子周游列国途中看见幽谷之中"兰香独茂"，感慨道："兰当为王者。"后人由此称兰为"王者香、王者之香"。《周易》说："二人同心，其利断金；同心之言，其臭如兰。""臭"即"嗅",指气味;这句话说的是同心协力的人,使出的力量足以斩断坚硬的金属;同心同德的人,说出的话如同兰花的芬芳。成语"兰艾同焚、兰摧玉折"都以兰草比喻美好的事物和生命。兰还以其"无人亦自芳""坚贞还自抱"的气质品格赢得了人们的喜爱和赞誉,常用作文人雅士之间的美称和人们的吉言,如"兰友、兰交、兰室、兰舟、兰梦、兰兆";兰与梅、竹、菊一起被誉为花中"四君子",更有人将兰置于"岁寒三友"松、竹、梅之上。

饮酒

(晋代)陶渊明

幽兰生前庭,含薰待清风。

清风脱然至,见别萧艾中。

行行失故路,任道或能通。

觉悟当念还,鸟尽废良弓。

◎ 清代吴昌硕《兰石图》

药

yào

【笔顺】一十艹艹艻芍药药药

【笔画数】9画

【部首】艹（草字头部）

【结构】上下

【书写提示】"药"字是上下结构，不要错写成左右结构。

【词语】药到病除

换汤不换药

金文　小篆　隶书　繁体楷书

　　金文和小篆中的"药"是形声字，上面是草，用作形旁，表示植物；下面是乐，用作声旁，兼表意义，有使人快乐的含义。"药"是指可以医治疾病、消除病痛从而使人舒适快乐的草木植物。

　　据《淮南子》记载，神农氏"尝百草之滋味，水泉之甘苦，令民所避就。当此之时，一日而遇七十毒"。这个记载描述的是神农氏炎帝尝百草、发明医药的艰辛经历，实际上反映的是古代先民发现植物能够医病疗疾的艰难过程。先民们在原始采集活动中逐渐发现，由于误食了某些植物，人会发生呕吐、腹痛、昏迷甚至死亡；而吃了某些植物，就能消除、减轻身体的一些病痛或中毒现象。经过长期的实践，古人逐渐能够辨识许多植物，了解了它们的功效，当患有某种疾病时，便有意选择某些植物来进行治疗。正是以神农氏为代表的这种以身实践和不断探索的精神，奠定了中国传统中药学的基础。后人为了纪念神农氏，将中国第一部中药学著作命名为《神农本草经》。

中国古代用来治疗疾病的药物大多由各类植物构成，所以"药"的本义是治病用的植物，如"草药、采药、药农"。"药"由此泛指治病的东西，如《周礼》"以五味、五谷、五药养其病"，"五药"指草、木、虫、石、谷五种药；又如"药材、药方、药水、药膏、药贴、药引、药酒、药石、中药、西药、良药苦口、灵丹妙药"。明代伟大的医药学家李时珍在《本草纲目》中对几千年来的药物进行了系统的总结，载有药物一千八百九十二种，其中植物药一千零九十五种，占书中全部药物总数的58%，被誉为"东方药物宝典"。

"药"还表示某些化学物品，如"农药、毒药、炸药、灭鼠药"；特指火药，如《天工开物》"凡鸟铳长约三尺，铁管载药"；也特指芍药，如"药蔓、药栏"。"药"也用作动词，表示用药治疗，如《诗经》"不可救药"；又表示用药毒杀，如"药老鼠、蟑螂被药死了"。

繁体字"藥"笔画过于繁复，后来简化作"药"。

寻隐者不遇

（唐代）贾岛

松下问童子，言师采药去。

只在此山中，云深不知处。

叶

yè

【笔顺】丨丨口叮叶

【笔画数】5 画

【部首】口（口部）

【结构】左右

【读音提示】"叶"又读作 xié。

【词语】一叶蔽目　粗枝大叶

甲骨文　金文　小篆　隶书　繁体楷书

　　甲骨文中的"叶"是象形字，下面像树木，上面三个圆形像树上的叶子；整个字像树上长有树叶的样子。小篆中的"叶"变成了形声字，中间的世用作声旁，上面的草和下面的木用作形旁。"叶"本义指草木的叶子，如《诗经》"枝叶未有害"，又如"树叶、枫叶、菜叶、嫩叶、落叶、叶落归根、一叶知秋、根深叶茂、枯枝败叶"；泛指像树叶一样薄、轻、小的东西，如"叶轮、肺叶、扇叶、百叶窗、一叶扁舟"。"叶"又表示历史时期的分段，如"初叶、中叶、末叶、上个世纪下半叶"。

　　"叶"还用作姓氏，古读 shè，今读 yè。上古帝王颛（zhuān）顼（xū）的后裔沈诸梁是春秋时期楚国左司马之子，字子高，才能出众，被封为楚国北边要邑叶邑（今河南叶县）的县尹。他平定叛乱，兴修水利，为楚国立下大功，楚王赐爵为公，人称叶公。叶公身居要职却不恋权位，归隐并终老于叶邑。叶公后裔以封邑为姓氏，称为叶氏，叶公为叶氏始祖，这就是叶姓的来源。关于这个叶公，汉代刘向《新序》中记载了一个寓言故事，说叶子高爱龙成癖，家里到处都刻着或画着龙。真的天龙被感动了，就下凡来看他，叶公一见真龙，吓得面无人色，魂飞魄散。原来叶公并非真的喜欢龙，只是喜欢龙的图画。成语"叶公好龙"即出于此。其实这个故事是后人编出来的寓言，不过是借叶公之名来比喻那些表面上爱好而实际上并不真正喜欢的人而已。

"叶"是多音字，又读作 xié，表示恰当、和谐的意义，用于"叶韵、叶律"等。

山行

（唐代）杜牧

远上寒山石径斜，白云深处有人家。

停车坐爱枫林晚，霜叶红于二月花。

华

huá

【笔顺】ノイ仁化华华

【笔画数】6画

【部首】十（十部）

【结构】上下

【书写提示】"华"字上边是"化"，右边撇的下端要出头，不要错写成"匕"。

【读音提示】"华"又读作huà。

【词语】荣华富贵 物华天宝 春华秋实 风华绝代 雍容华贵

甲骨文　金文　小篆　隶书　繁体楷书

"华"在甲骨文中就像树枝上开花的样子，本义指木本植物开的花，是"花"的本字。在南北朝以前的文献中，凡是指花的地方都用"华"，如《诗经》"桃之夭夭，灼灼其华"，"华"即"花"，在这里指桃花。

中华五岳之一、位于陕西省的西岳华山以"奇、险、峻、秀"驰名天下，"势飞白云外，影倒黄河里"，素有"天下奇险第一山"之称，"华山"名字的来源就与莲花有关。华山有东、南、西、北、中五峰，其主峰之一的西峰由一块浑然天成、完整硕大的花岗岩石体构成，万丈绝崖似刀削锯截，其巍峨挺拔、虎踞龙盘之势成为华山山形之代表。西峰峰巅的巨石形状远望好似莲花瓣，徐霞客在《游太华山日记》中记述："峰上石耸起，有石片覆其上，如荷花。"李白诗中有"石作莲花云作台"一句，当指此石。因此古人多称西峰为"莲花峰、芙蓉峰",并将此山取名为"华山",即"花山",正如郦道元《水经注》所说:"远而望之若花状,故名华山。"华山不仅自然景观独特,文化内涵也极其丰富,是我国道教圣地,被称为中华民族文化的发祥地之一。据著名学者章太炎考证,"中华、华夏"的得名皆与华山有关。

花鲜艳美丽,"华"由此引申出光彩美丽的意义,如《尚书》"日月光华,旦复旦兮",《左传注疏》"有服章之美,谓之华";又如"华丽、华彩、华美、华服、华灯、华表、华堂"。古代先民认为自己衣冠华美,举止文明,文化昌盛,自称为"华夏";又自认为居天下之中央,故称华夏民族所居之地为"中华"。"华夏"与"中华"表达出我们祖先的爱美之心与爱国之情。"华"从一朵花的形象引申出美丽、美好的意义,又成为我们民族和国家的称呼,并一直沿用了下来。今天我们称自己是"中华儿女",我们的国家是"中华人民共和国",我们生活在五十六个民族组成的"中华民族"

◎ 明代谢时臣《华山仙掌图》

这个大家庭中。

　　"华"还引申为繁盛的意义，如"繁华、豪华、荣华富贵"；也引申为精英、宝贵的意义，如"精华、才华、含英咀华、物华天宝"；又用作敬称，表示尊敬之意，如"华名"称对方的名字，"华诞"称对方生日，"华笺"称对方书信。"华"由光彩美丽还引申为化妆的粉彩，如"洗尽铅华"；由繁盛还引申为奢侈，如"奢华、浮华"。"华"又表示时光，如"年华、韶华、岁华"；也表示年轻、青春，如"华年"；还表示头发花白，如"华发、华首"。"华"也用作动词，指树木开花，如《淮南子》"桃李始华"；又如"春华秋实、华而不实"。

　　"华"后来专用于引申意义，人们另造"花"字表示其本义。"华"是多音字，在地名"华山"和姓氏中又读作 huà。

春雪

（唐代）韩愈

新年都未有芳华，二月初惊见草芽。

白雪却嫌春色晚，故穿庭树作飞花。

荣

róng

【笔顺】一 十 艹 艹 岁 岁 芦 苓 荣

【笔画数】9 画

【部首】艹（草字头部）

【结构】上中下

【书写提示】"荣"字下边是"木"，中间一竖不带钩。

【词语】荣归故里 荣华富贵 荣辱不惊 本固枝荣 不以为耻，反以为荣

金文　小篆　隶书　繁体楷书

　　金文中的"荣"是象形字，像枝叶交错丛生的草茎上开出点点繁花的样子。在小篆中"荣"变成了形声字。"荣"的本义指草本植物开的花，如《古诗十九首》"攀条折其荣"，又如"绿叶素荣"；引申为茂盛、兴盛的意义，如《归去来兮辞》"木欣欣以向荣"，又如"繁荣"；还引申为令人尊敬和称羡的意义，与"辱"相对，如"光荣"等。

赋得古原草送别

（唐代）白居易

离离原上草，一岁一枯荣。

野火烧不尽，春风吹又生。

远芳侵古道，晴翠接荒城。

又送王孙去，萋萋满别情。

果

guǒ

【笔顺】丶冂冂日旦里甲果果

【笔画数】8画

【部首】木（木部）

【结构】独体

【书写提示】"果"中间一竖不带钩，也不要把一竖错分成两笔。

【词语】因果报应 食不果腹 前因后果 修成正果 自食其果

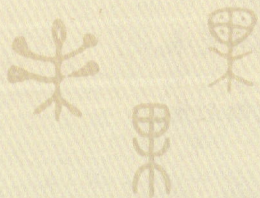

甲骨文中的"果"像一棵树枝上结着果实的树，本义指果实。古代称桃、李、杏、栗、枣为"五果"，如《素问》"五果为助"。熟了的果实可以充饥，所以"果"又有充实、饱足的意义，如"果腹"指吃饱肚子的意思。"果"由果实引申为事物的结局，如《南史》"因果竟在何处"，又如"成果、结果"。

"果"还表示坚决的意义，《论语》"言必信，行必果"，意思是说话一定要讲信用，做事一定要坚持到底，说到做到。"果"也用作副词，表示当真、确实，如"果然、果不出所料"；又表示假设的意义，如"果若、如果"等。

瓜

guā

【笔顺】一厂爪瓜瓜

【笔画数】5 画

【部首】瓜（瓜部）

【结构】独体

【书写提示】"瓜"五画，注意不要与"爪"相混。

【词语】滚瓜烂熟

强扭的瓜不甜

金文 小篆 隶书

　　金文中的"瓜"像绵长的藤蔓上悬结着瓜状的果实，是瓜类果实的总称。瓜的种植历史很悠久，在距今五千多年的太湖地区钱山漾遗址就曾出土过甜瓜、葫芦、花生、芝麻等植物，《诗经》中也有"七月食瓜""投我以木瓜"等诗句；又如"瓜蒂、瓜期、冬瓜、南瓜、西瓜、黄瓜、甜瓜、瓜田李下、瓜熟蒂落"。古代敦煌一带产瓜，故有"瓜州"之称。"瓜"也泛指形状像瓜的东西，如"金瓜"是上端呈瓜形的仪仗用兵器，又如"瓜皮帽"等。

　　瓜果累累，瓜蔓绵长，所以"瓜"在古代还是祝颂子孙众多的美好祝词，如《诗经》"绵绵瓜瓞"，"瓜"指大瓜，"瓞（dié）"指小瓜；意思是一根连绵不断的瓜藤上结了许多大大小小的瓜，象征着世代绵长、家族繁盛、子孙众多，寄托着"子子孙孙无穷尽"的愿望。

瓜和葛都是蔓生植物，藤蔓牵连交错，"瓜葛"即表示互相牵连、纠缠的关系。瓜长在藤上，摘瓜时要顺着瓜藤找，成语"顺藤摸瓜"比喻做事情要先找到线索，有了线索才能找到问题的关键。人们吃瓜时，要用刀切开再吃，"瓜分"就比喻如同切瓜一样地分割土地或财产，后用来喻指大国、强国联合起来分割弱小国家的土地或主权。

夏日田园杂兴（其七）

（宋代）范成大

昼出耘田夜绩麻，村庄儿女各当家。

童孙未解供耕织，也傍桑荫学种瓜。

◎ 南瓜图

社会生活

王

wáng

【笔顺】一 二 干 王

【笔画数】4 画

【部首】王（王部）

【结构】独体

【书写提示】"王"四画，注意不要与"主"或"玉"相混。

【词语】称王称霸 帝王将相 擒贼先擒王

"王"的甲骨文字形像一种无柄的宽刃斧钺。金文字形更加形象，斧钺下面的宽刃还带有一定的弧度。这种大型斧钺最初是古代祭祀仪式上用来砍头的工具，象征着暴力统治与血腥镇压。后来这种斧钺渐渐演变成为祭祀仪式上使用的礼器，代表着王权与威严。以最能代表权威的斧钺来代指最高统治者——君王，能够充分显示君王的唯我独尊、不可冒犯与至高权力。"王"就是帝王、天子、国君，如《诗经》"溥（pǔ）天之下，莫非王土"，《孟子》"王好战，请以战喻"；又如"王公、王侯、王后、王妃、王位、王法、帝王、国王"。

秦始皇称帝后，国家的最高统治者改称"皇帝"，"王"从此成为贵族的最高爵位，即诸侯王，如《汉书》"赐号为王"，《后汉书》"王侯以下"。"王"由君王还引申为朝廷、朝代的意义,如"王廷、王朝、王国";又引申为居首位、同类中的杰出者的意义,如"占山为王、魔王、龙王、蜂王、花王、拳王、歌王、棋王、王牌"等。"王"作为姓氏,是中国人数最多的第一大姓,也是来源最复杂、分布最广泛的姓氏,绝大多数王姓源于姬姓。

"王"又用作动词,读作 wàng,表示称王、统治的意义,如《诗经》"王此大邦、克顺克比",《孟子》"行仁政而王,莫之能御也"。

山中送别

(唐代)王维

山中相送罢,日暮掩柴扉。

春草明年绿,王孙归不归?

◎ 商代兽面纹铜钺

我

wǒ

【笔顺】丿 一 亅 扌 扌 我 我

【笔画数】7画

【部首】丿（撇部）

【结构】独体

【书写提示】"我"是独体字，不要将一横断开，错写成合体字；注意不要与"找"相混。

【词语】我见犹怜　尔虞我诈　时不我待　依然故我

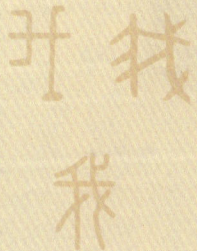

"我"在甲骨文中是古代一种兵器的形象，像戍，又像戟，长柄；上端一边有三个匕首样的利齿，另一边像戈，上有横刃。"我"的本义就是指这种威猛的兵器。湖北曾侯乙墓曾出土一件类似三戈戟的兵器，据研究这种类似三戈戟的兵器就是我，跟戈、戍、戟是近亲，是一种杀伤力极大、无人可敌的大型威猛兵器。

远古时期部族之间战争频仍，在保卫部族利益与捍卫个人权利时，强大的武器具有无比重要的作用，是实力的象征，因此"我"由具有极大杀伤力的兵器借作第一人称代词，表示自我的意义，指代那些持我呐喊示威的人，即自己的部族或自己一方，如"我辈、我等、忘我、无我、我行我素、唯我独尊"。在商代甲骨文中，"我"用作复数，指我们，并不指个体；到西周时期，"我"才用作单数，指称自己。这是因为原始社会没有私有财产，所有的东西都是大家共同享有，只有代表集体的"大我"概念。随着私有制的产生，私有物品出现，个人私欲增强，这时才出现了代表个人的"小我"概念。与古代用于自称的"吾、予、余、某、朕、愚、寡人、鄙人"等相比，源自威猛兵器的"我"蕴含着人的自我不容侵犯之意，具有强者的气势和极大的杀伤力。在历史的长河中，表示自我的其他汉字纷纷落马，唯有"我"在竞争中胜出，以第一人称代词的身份一直使用到今天。

"我"在甲骨文中的字形是一个不可分割的整体，直到现代仍然是独体字。

闻王昌龄左迁龙标遥有此寄

（唐代）李白

杨花落尽子规啼，闻道龙标过五溪。

我寄愁心与明月，随风直到夜郎西。

◎ 战国三戈铜戟

矛

máo

【笔顺】フマユ予矛

【笔画数】5画

【部首】矛（矛部）

【结构】独体

【书写提示】"矛"五画，注意不要与"予"相混。

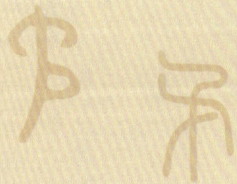

金文中的"矛"像一种长柄兵器。这种兵器有着锐利的尖锋，上有刃，用于直刺或挑杀，柄上有环扣，便于手握。矛是一种非常古老的兵器，也是古代军队长期装备与使用的主要武器，如《礼记》"进矛戟者"，《诗经》"修我戈矛"，《周书》"操戈执矛"。在远古时期，矛是狩猎用的木棒，前段削尖用以刺杀猎物。后来人们用石头、兽骨做成矛头，绑在木棒前端。商代用青铜铸造矛头，极大地增强了矛的杀伤力。战国时期出现了铁矛，矛头更长，也更加锋利。为了防止刺杀后拔矛时矛头脱落，有些矛在矛头下部还有环状穿孔，可以穿绳将矛头固定在柄上。

矛是进攻用的刺杀武器，盾是保护自身的防卫武器，作用正好相反，成语"自相矛盾"就出自《韩非子》"以子之矛，攻子之盾"的古代寓言故事：有一位商人贩卖矛和盾，他一会儿夸耀自己卖的盾最坚固，什么样的矛都戳不破；一会儿又夸耀自己卖的矛最锐利，什么样的盾都能刺进去。旁人问他："拿你的矛来刺你的盾怎么样？"那位商人便无言以对了。后来"矛"与"盾"组成"矛盾"一词，与成语"自相矛盾"一样，都表示互相抵触、互相排斥的现象。

关山月

（宋代）曹勋

关山月，关山月。

分景送征人，寒光射矛戟。

胡笳声断塞鸿惊，征人泪下思乡国。

© 商代青铜矛

干

gān

【笔顺】一二干

【笔画数】3 画

【部首】干（干部）

【结构】独体

【书写提示】"干"字第一笔是横，中间是竖；注意不要与"千"或"于"相混。

【读音提示】"干"又读作 gàn。

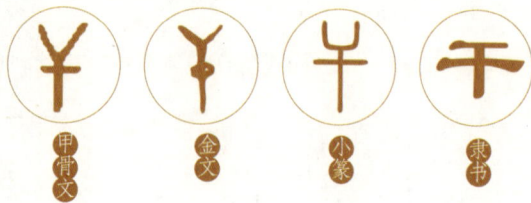

甲骨文　　金文　　小篆　　隶书

　　甲骨文中的"干"像一个长长的树杈，是一种上端分叉类似叉子的长柄器具。干是远古时代先民们狩猎的利器，也是战争的武器，它既可进攻，亦可防御。"干"引申为防御性的武器，指盾牌，如《礼记》"朱干玉戚以舞大武"，"朱干"是赤色的盾，"玉戚"是玉斧；又如《韩非子》"执干戚舞，有苗乃服"。《山海经》中描写的英雄刑天就是一手操干、一手持斧的形象，陶渊明曾写诗赞道："刑天舞干戚，猛志固常在。"汉代《方言》说："自关而东或谓之干，关西谓之盾。"可见"干"和"盾"是古代不同的方言说法。"干"由此泛指兵器或战争，如"干革"指兵器，"干戎"指兵器或军队；"干"与"戈"常并用，喻指兵器或战争，如《礼记》"能执干戈以卫社稷"，还有"干戈相见、大动干戈、化干戈为玉帛"。

"干"又用作动词，表示捍卫的意义，如"干城之具"指捍卫国家的将才。"干"也表示冒犯、侵扰、妨碍等意义，如《公羊传》"以干天祸"，杜甫《兵车行》"牵衣顿足拦道哭，哭声直上干云霄"；又如"干政、干预、干涉、干犯、干扰"。"干"还表示求取、追求的意义，如"干禄、干仕"指求取官职俸禄，"干名、干求"是求取名位或功名；又表示涉及、关联的意义，如"干系、干涉、与我何干、互不相干"。

"干"也指水边之地，相当于"岸"，如《诗经》"砍砍伐檀兮，真之河之干兮"；还表示没有水分或水分很少的意义，如《孟子》"然而旱干水溢"，又如"风干、口干、干旱、干燥、干渴、干草、干柴烈火"；又表示尽、净、空虚等意义，如《荀子》"外强中干"，还有"干竭、干杯、干净"。"干"也指没有血缘或婚姻关系而拜认的亲属关系，如"干亲、干爹、干妈、干儿子"。"干"

还用作副词，表示徒劳、白白地，如"干嚎、干哭、干瞪眼、干着急"。"干"又是天干的简称，如"干支"。

需要注意的是，在表示兵器、捍卫、冒犯、求取、关涉、徒然、天干等意义时，繁体字仍作"干"；在表示干燥、空虚、徒劳、干亲等意义时，繁体字写作"乾"。"干"又读作 gàn，表示事物的主体或重要部分以及做、从事、能干等意义，如"躯干、树干、骨干、干线、干道、才干、干练、干活、干事情"等，繁体字写作"幹"。

读山海经（其十）

（晋代）陶渊明

精卫衔微木，将以填沧海。

刑天舞干戚，猛志固常在。

同物既无虑，化去不复悔。

徒设在昔心，良辰讵可待。

盾

dùn

【笔顺】一厂厂斤斤斤斤盾盾盾

【笔画数】9画

【部首】目（目部）

【结构】半包围

【书写提示】"盾"字第一笔是撇，不要错写成横。

金文　小篆　隶书

"盾"的金文字形上面像盾牌的侧面形象；下面是目，像人的眼睛。整个字像用盾牌遮挡脸部和身体，只露出眼睛；又像在盾牌的遮挡下用眼睛观察敌情。"盾"本义是盾牌，如《周礼》"掌五兵五盾"，《史记》"哙即带剑拥盾入

◎ 战国武士持剑执盾斗兽纹青铜镜

军门"；又如"盾矛、盾橹"。

相传黄帝时期就有了盾，古时称盾为"干"，唐代称"彭排"，宋至明清则称"牌"。盾用金属、木头或皮革制成，多与刀、剑等配合使用，是古代作战时防护身体的重要防御武器。作战时士兵左手持盾，挡在身体前面，以抵挡敌人矛、刀、箭等兵器的进攻，右手持刀、剑，以刺杀敌方。由于"盾"与古代进攻所用的兵器"矛"作用相反，人们用"矛盾、自相矛盾"等词语来表示互相抵触、互相排斥的意义。

"盾"由盾牌泛指形状像盾的东西，如"金盾、银盾"。在汉语中，"盾"还比喻推托的借口，如"盾牌"，意为挡箭牌；又比喻背后支撑的力量，如"后盾"。

◎ 南北朝彩陶执盾武士俑

甲

jiǎ

【笔顺】丨冂冂曰甲

【笔画数】5画

【部首】丨（竖部）

【结构】独体

【书写提示】"甲"中间一竖下端要出头，注意不要与"由"相混。

【词语】解甲归田　丢盔弃甲

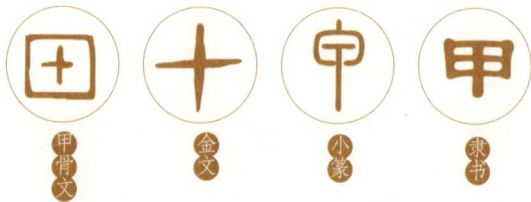

甲骨文　金文　小篆　隶书

"甲"的甲骨文像古代兵士穿戴的盔甲的图案。古代的盔甲多用皮革、金属等制成，表面布满一块块皮革或金属拼合的纵横交错的线条。"甲"的金文是甲骨文字形的省略，只保留了纵横交错的十字线。"甲"的本义指古代兵士穿戴的头盔、护身衣等保护性的装备，如《礼记》"献甲者执胄"，又如"藤甲、铠甲、盔甲"。商代最初用的是较原始的整片的皮甲，因穿用不便，后来将皮革裁成甲片，编缀成型。

◎ 秦代灰陶披甲跪射武士俑

◎ 汉代楚王铁铠甲（复原）

西周时期有了用铜甲片编缀的铜甲。战国晚期出现了铁甲，铁甲也称作"铠"。

"甲"由此引申为兵器，如《诗经》"修我甲兵，与子偕行"，《左传》"擐甲执兵，固即死也"；又如"坚甲利兵、弃甲投戈、丢盔卸甲"。"甲"还引申为披甲的士兵，如《左传》"晋侯饮赵盾酒，伏甲将攻之"，《战国策》"齐国寡甲兵"；又如"甲士、甲伍、精甲万人"。

"甲"由人披挂的铠甲泛指动物身上坚硬的外壳，乌龟身上坚硬的外壳叫"龟甲"，还有"鳞甲、甲鱼、甲壳、甲皮"。殷商时期用刀刻在龟甲、兽骨上的文字叫作"甲骨文"，也叫"契文、龟甲文、甲骨卜辞"。甲骨文是我国现存最古老的汉字，

◎ 商代龟甲刻辞

也是商代的主要书体，因商代王室用其占卜吉凶或记事，因此也是研究殷商时期社会历史的重要资料。甲骨文虽然是汉字的早期形式，但已经是相当成熟的文字体系了，现代汉字就是从甲骨文发展演变而来的。"甲"也泛指手指和脚趾上的硬壳，如"指甲、趾甲"。

"甲"后来借为表示天干的第一位，用来纪年月日和纪时，如"甲午年、花甲之年"。天干地支的纪年组合六十年循环一次，因此中国人称六十年为一"甲子"。"甲"由此引申为第一、位居首位的意义，如"甲等、甲级、甲第"，"桂林山水甲天下"中的"甲"即为此意。"甲"在古代还是户口编制单位，元代二十户为一甲，明代十户为一甲，如"保甲、甲长"。

从军行（其四）

（唐代）王昌龄

青海长云暗雪山，孤城遥望玉门关。

黄沙百战穿金甲，不破楼兰终不还！

gē

甲骨文　金文　小篆　隶书

【笔顺】一弌戈戈

【笔画数】4画

【部首】戈（戈部）

【结构】独体

【书写提示】"戈"四画，注意不要与"弋"相混。

【读音提示】"戈"读作 gē，不要错读成 gě。

【词语】反戈一击　同室操戈

"戈"在甲骨文中像一种长柄的兵器。这种兵器外形像戟，上有横刃，用来横向钩杀、击杀或铲杀，成语"横戈跃马"就反映出这种兵器使用时的特点。戈是夏商周时期最为典型的进攻性兵器，是当时军队的主战装备，用青铜或铁制成，如《尚书》"执戈上刃"。"戈"由此泛指兵器，

◎ 商代青铜戈

◎ 西周仲山父铜戈

如《楚辞·九歌·国殇》"操吴戈兮披犀甲"，又如"戈甲、戈矛、戈矢、戈殳（shū）、持戈执戟、枕戈待旦、阵前倒戈"；也喻指战争，如《后汉书》"偃武息戈"，又如"戈兵、干戈相见、大动干戈、铁马金戈"等。

秦代以来，戈逐渐被戟、矛所取代，丧失了实战功能，变成仪仗用的装饰性兵器，但由"戈"组成的词语和成语一直使用到现在。

送羽林陶将军

（唐代）李白

将军出使拥楼船，江上旌旗拂紫烟。

万里横戈探虎穴，三杯拔剑舞龙泉。

莫道词人无胆气，临行将赠绕朝鞭。

戎

róng

【笔顺】一二于式戎戎

【笔画数】6 画

【部首】戈（戈部）

【结构】半包围

【书写提示】"戎"左下边是
一横一撇，注意不要与"戒"
相混。

【词语】戎马生涯　戎事倥偬
兵戎相见

甲骨文　金文　小篆　隶书

　　甲骨文中的"戎"右上边是戈，戈是一种长柄横刃的
兵器；左下边是甲，甲是古代兵士穿戴的盔甲。"戎"以古代
士兵最基础的武器装备戈和甲来表示兵器、武器，如《诗
经》"弓矢戎兵"；《礼记》"以习五戎"，"五戎"指弓、殳
（shū）、矛、戈、戟五种兵器；又如"兵戎、戎甲"。"戎"
也表示兵车，如《诗经》"元戎十乘"，"元戎"即兵车；又
如《左传》"梁弘御戎"。

　　"戎"由兵器引申为战争、军事等意义，如《左传》"国
之大事，在祀与戎"，可见祭祀和战争是一个国家最重要的两
件大事，在夏商周时期，战争可谓一个王朝最大的政治；
又如"戎事、戎功、戎装、投笔从戎、戎马一生"等。

　　"戎"在古代又指西部的民族，如《三国志》"西和诸
戎"，还有"西戎、诸戎、戎狄、戎羌"。

戒

jiè

【笔顺】一 二 丁 开 戒 戒 戒

【笔画数】7 画

【部首】戈（戈部）

【结构】半包围

【书写提示】"戒"左下边是"廾"，注意不要与"戎"相混。

【词语】戒骄戒躁 戒奢以俭

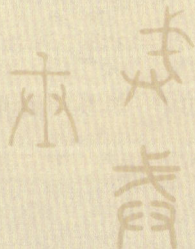

甲骨文　金文　小篆　隶书

　　"戒"在甲骨文中上面是戈，戈是一种长柄横刃的兵器；下面是两只手。整个字像双手持戈、戒备森严的样子，表示防备、戒备的意义，如《诗经》"岂不日戒""既种既戒"，又如"警戒、戒严"。成语"言者无罪，闻者足戒"语出《诗经》"言之者无罪，闻之者足以戒"，意思是提意见的人只要出于善意，即使提得不正确，也是无罪的；而听的人即便没有对方所指出的问题，也应当引以为戒。"戒"由此引申为敬告、告诫，这个意义后来写作"诫"。"戒"还引申为去除、禁止等意义，如"戒除、戒酒、惩戒、戒斋"；又引申为谨慎、留神，如"戒言、戒慎"。

　　"戒"还用作名词，表示禁止做的事情，如《论语》"君子有三戒"，又如"杀戒、破戒"；特指佛教戒律，如"善戒、恶戒、八戒"；也是戒指的简称，如"钻戒"等。

戍

shù

【笔顺】一厂戊戍戍戍

【笔画数】6画

【部首】戈（戈部）

【结构】半包围

【书写提示】"戍"里边是点，不要漏写，与"戊"相混；也不要错写成短横，与"戌"相混。

甲骨文　金文　小篆　隶书

　　甲骨文中的"戍"右上边是戈，戈是一种长柄横刃的兵器；左下边是人。整个字像人手持长戈的样子，表示士兵扛戈用武力守边的意义，如《诗经》"彼其之子，不与我戍申"；"戍卒"指戍边士兵，"戍役"指戍边小官，"戍将"指戍边将领，"戍人、戍客"都指戍边的人；还有"戍守、戍卫、戍边"。"戍"引申指守边的士兵，如"戍妇"指戍边士兵的妻子，"戍角、戍鼓、戍歌"是戍边士兵的号角、鼓声、歌声。

和王七玉门关听吹笛

（唐代）高适

胡人吹笛戍楼间，楼上萧条海月闲。

借问落梅凡几曲，从风一夜满关山。

伐

fá

【笔顺】ノイイ代伐伐

【笔画数】6画

【部首】亻（单立人部）

【结构】左右

【书写提示】"伐"字右边是"戈"，不要错写成"弋"，与"代"相混。

甲骨文　金文　小篆　隶书

甲骨文中的"伐"左边是人；右边是戈，戈是一种长柄横刃的兵器。整个字像把戈刃架在人的脖子上，表示用戈砍击人头的意义。"伐"的本义是砍杀，如"伐祭"指砍头祭天，"伐杀、杀伐"指杀戮。"伐"由用戈砍杀引申为用刀砍劈，如"伐木、伐竹、伐薪、伐炭"。檀树木质坚硬，古人用来制作车子，《诗经》"砍砍伐檀兮"中的"伐檀"就是砍伐檀树的意思。

"伐"还引申为用武力讨伐、征讨的意义，如《荀子》"舜伐有苗"，《左传》"齐师伐我"；成语"伐罪吊民"指讨伐有罪之人，安抚受难的百姓。"伐"又引申为打败、战胜的意义，中国古代著名兵法《孙子兵法》中有这样一段话："上兵伐谋，其次伐交，其次伐兵，其下攻城。"说的是用兵之道的上策是以谋略取胜，其次是以外交手段战胜敌人，

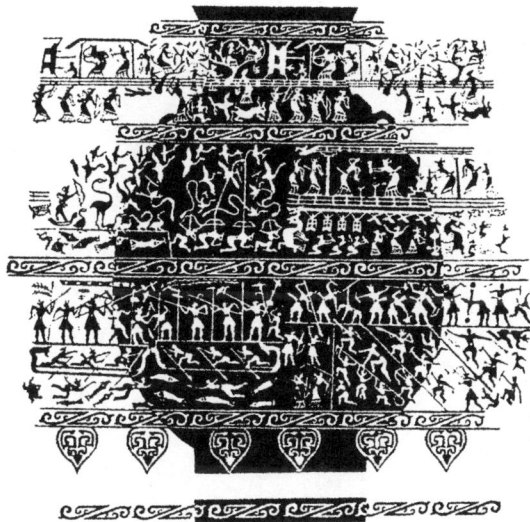

◎ 战国红铜镶嵌壶采桑狩猎水陆攻战纹饰图

再次是用武力击败敌人，最下之策才是攻打城池。

"伐"由以武力讨伐引申为用语言或文字声讨、批评的意义，如"口诛笔伐"指用言论或文字宣布罪状，加以声讨；"党同伐异"指结帮拉伙，打击异己。"伐"由打败、战胜又引申为自夸、夸耀的意义，如《论语》"愿无伐善，无施劳"；《史记》"不伐己功，不矜己能"，意思是不夸耀自己的功劳，不吹嘘自己的才能，后有成语"不矜不伐、伐功矜能"。

春中田园作

（唐代）王维

屋上春鸠鸣，村边杏花白。

持斧伐远杨，荷锄觇泉脉。

归燕识故巢，旧人看新历。

临觞忽不御，惆怅远行客。

武

wǔ

【笔顺】一 二 千 千 千 迁 武 武

【笔画数】8画

【部首】止（止部）

【结构】半包围

【书写提示】"武"左上角有一短横，不要漏写；右上边是"弋"，不要错写成"戈"；左下边的"止"四画，不要把第三笔和第四笔连成一笔，错写成三画，最后一笔横要写作提。

【词语】威武不屈 耀武扬威

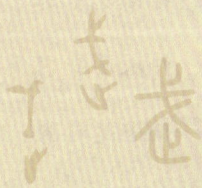

甲骨文中的"武"上边是戈，戈是一种长柄横刃的兵器；下边是止，止是脚，表示行走。整个字像人持戈行进，表示出兵作战、武力征伐的意义，如《诗经》"赳赳武夫，公侯干城"，《韩非子》"德不厚而行武"；又如"武德、武略、武器、武士、武夫、用武之国、文韬武略、穷兵黩武"。"武"由此引申为勇猛的意义，如《诗经》"孔武有力"，《楚辞·九歌·国殇》"诚既勇兮又以武"；又如"威武、英武、武健、武断"。"武"还引申为军事的意义，与"文"相对，如《礼记》"始奏以文，复乱以武"；又如"文武双全、能文能武"。

"武"又引申为使用兵器和拳术的技术，如"武艺、武功、比武"。"武术"是中国传统的强身健体、维护自身安全的一种功夫，它既是一种军事技能，也是一种民族体育项目。武术起源于商周时期的军事训练，秦汉时期形成流派，宋明时期达到巅峰，有着几千年的历史，现在已被国家列为体育比赛项目。"武"在古代又指半步；泛指脚步、足迹，如"步武、踵武"。

古字形"武"的戈上有一撇，但在隶书和楷书中没有了这一撇，这是在隶变过程中，戈上的一撇移到了横的上面。了解了"武"在字形演变过程中的笔画变化，书写时就不要画蛇添足地在右边多写一撇，也不会漏写左上角的短横了。

颂古一百首（其一百零六）

（宋代）释智愚

一文一武偶相逢，说尽英雄各不同。

俱往长安朝圣主，姓名终是达天聪。

◎ 汉代征伐画像砖

国

guó

【笔顺】丨冂冂冂冃冃冈国国

【笔画数】8 画

【部首】囗（方框部）

【结构】全包围

【书写提示】"国"字里面是
"玉"，不要错写成"王"。

【词语】国富民强 国泰民安
举国同庆 保家卫国 丧权辱国

金文　小篆　隶书　繁体楷书

　　"国"的繁体字是"國"，而"國"的古字是"或"。"或"从戈，在甲骨文中像以戈守卫自己的城邑领地的样子，表示用武力守卫疆域的意义。后来"或"借作代词，表示大概、可能的意义，古人便在"或"字外面加上一个大方框，造出"國"字来表示"或"的本义。金文"国"外面的大方框表示四面包围起来的地方，即有着边界的四方疆域。整个字表示用武器来保卫这一片围起来的疆土，保卫聚居在这片土地上的人，这就是国家的意义，如《周礼》"以佐王治邦国"，《诗经》"王国城漕"；又如"大国、小国、山国、土国、泽国、建国、外国、敌国"。"国"的古字形告诉我们，自古以来，国家的主权和领土神圣不可侵犯，必须用枪杆子来保卫。商周时期"国"表示诸侯受封的领地、城邑，周代"国"已有邦国、疆土的意义。由最初的聚居地，到稍后的领地、城邑，再到后来的邦国、疆土，"国"意义的演变过程俨然一部国家的发展史。

"国"由聚居地、国家引申为故乡，如"归国、去国怀乡"；还引申为地方，如"南国、北国、乐国"。现在"国"又特指中国的、本国的，如"国粹、国画、国产、国货、国人"等。

"国"的繁体字笔画较多，早在宋元时期就出现了简化的"国"字，方框里有个王，王即玉，表示国家地大物博，宝藏丰富。20世纪50年代简化汉字时，专家们曾确定了好几个简化字，最终选定了方框里有玉的"国"字，既象征着我国源远流长的玉文化，同时还象征着珍贵美好的事物。简化字"国"告诉人们，我们的国家物产丰富，圣洁美好，每一个中国人都应当像爱护宝玉一样珍爱自己的国家，永远保卫自己的国家。

懂得"国"字的美好寓意，书写时就不会漏写里面的一点，把"玉"错写成"王"了。

春望

（唐代）杜甫

国破山河在，城春草木深。

感时花溅泪，恨别鸟惊心。

烽火连三月，家书抵万金。

白头搔更短，浑欲不胜簪。

矢

shǐ

【笔顺】丿一二午矢

【笔画数】5 画

【部首】矢（矢部）

【结构】独体

【书写提示】"矢"第四笔撇的上端不出头，注意不要与"失"相混。"矢"在字的左边时，最后一笔捺要写作点。

【读音提示】"矢"读作 shǐ，不要错读成 shī。

【词语】矢尽兵穷 众矢之的 无的放矢 有的放矢

甲骨文　金文　小篆　隶书

　　"矢"在甲骨文中像一支箭的样子；上面是箭头，中间是箭杆，下面是箭尾。"矢"本义指箭，是一种可以远程射杀的兵器和捕猎工具，起源于新石器时代。最早的矢用兽骨或石头制成箭镞，用竹或木做成箭杆，后来用青铜、铁、钢铁制作箭镞，使矢的穿透力大为增强。如《诗经》"既挟我矢"，《战国策》"急如锥矢"；"矢人"是古代造箭的工

◎ 商代妇好墓铜镞（箭头）——十枚一束，保留着装在箭囊里的形态

匠，"矢刃"是箭和刀，泛指兵器；又如"弓矢、流矢、飞矢、矢在弦上、矢如雨下、矢不虚发"。

古代打仗出征之前，将士们常以手持箭，在神灵前起誓，祈求神灵保佑，"矢"由此引申为起誓、发誓的意义，如"矢誓、矢盟、矢忠、矢志不渝、矢心不二、矢口否认、矢慎矢勤"。箭射出去笔直正中，"矢"由此又引申为笔直、正直的意义，如《诗经》"其直如矢"，"矢言"指正直的言论。上古时期有"射礼"习俗，是一种传统礼仪和宴饮娱乐活动，后来以投壶代替射箭，"矢"也指投壶用的筹码，如《礼记》"主人奉矢"。古时常以"矢"代指屎，如"马矢、牛矢、遗矢"。

在现代汉语中，"矢"只用于成语和书面语词。汉字中以"矢"为形旁的字多与箭矢有关，如"短、矮、知、族"等。

杂兴

（宋代）顾逢

弹丸弩矢取飞禽，日日端亲望远林。

百发少曾能一中，可怜轻动杀生心。

族

zú

【笔顺】 丶 一 亠 方 方 方 方 扩 扩 族 族

【笔画数】11 画

【部首】方（方部）

【结构】左右

【书写提示】"族"右下边是"矢"，不要错写成"失"。

甲骨文　金文　小篆　隶书

　　"族"的甲骨文字形右上边像迎风招展的旗帜，左下边是两支箭头朝上的矢，矢即箭。旗帜是古代部族的标志，也是号令聚集的标志；弓箭是古代部族的重要武器，又是部族强有力的象征。因此古人用旗帜和箭矢这两个重要的部族标志来代表部族，表示聚集在同一旗帜下、同宗同族的人组成的社会群体，如《过秦论》"亡秦族矣"，又如"氏族、宗族"。

　　"族"由此泛指同姓的亲属，如"家族、世族、亲族、族规、族权、族长、族人"。古代一人犯罪，往往"株连九族"，"九族"是以自己为中心，上推及父亲、祖父、曾祖、高祖，下推及儿子、孙子、曾孙、玄孙，共涉及一个家族的九代人。"族"还引申为地方居民单位，古时二十五家为"闾"，百家为"族"，如《周礼》"四闾为族，使之相葬"。

"族"也表示具有相同属性的事物的种类，如《师说》"士大夫之族"，又如"语族、水族馆、食人族、工薪族"；又表示具有相同遗传特征与文化基因的人群，如"种族、民族、外族、异族、汉族、藏族、维吾尔族"等。

"族"还用作动词，表示聚集，如《庄子》"云气不待族而雨，草木不待黄而落"，又如"族局、族生"，这个意义后来写作"簇"。"族"又表示处死全部家族成员，即灭族，是封建社会的一种残酷刑罚，如"族诛、族灭"。

遣怀

（宋代）陆游

云族初疑雨，风生忽快晴。

半窗松竹影，绕舍鸟乌声。

看剑心犹壮，开书眼渐明。

余年真已矣，不复问君平。

短

duǎn

【笔顺】丿 ⌐ ⌐ ⌐ 矢 矢 矢 矩 矩 短 短 短 短

【笔画数】12画

【部首】矢（矢部）

【结构】左右

【书写提示】"短"字左边是"矢"，第四笔撇的上端不出头，最后一笔捺要写作点。

【词语】尺短寸长 家长里短 三长两短

小篆　隶书

　　"短"的小篆字形左边是矢，表示箭，用作形旁；右边是豆，表示读音，用作声旁。箭笔直正中，古时曾在箭杆上刻上刻度，以箭矢作为标准长度单位来测量物体的长短，而箭矢的长度有限，测量的长度也是有限的，矢因此含有长度有限之意。"短"即表示两端之间距离小、长度小的意义，与"长"相对，如《墨子》"邻有短褐而欲窃之"；成语"短兵相接"意指交战双方进行肉搏战，喻指近距离或面对面的较量，"短兵"即指刀剑等短兵器；又如"短途、短小、长短、尺有所短"。

　　"短"还引申为时间少的意义，如《尚书》"凶短折"，又如"短命、短期、短促、短暂、长话短说、昼长夜短"。"短"也引申为人个头小、身材不高，如《荀子》"帝尧长，帝舜短"，又如"短小精悍"；又引申为不足、缺点的意义，如"短处、短缺、揭短、护短、取长补短、说长道短"。

"短"还用作动词，表示缺少的意义，如"短缺、短欠、缺斤短两、短两个杯子"等。

清平乐

（宋代）晏几道

春云绿处，又见归鸿去。

侧帽风前花满路，冶叶倡条情绪。

红楼桂酒新开，曾携翠袖同来。

醉弄影娥池水，短箫吹落残梅。

至

zhì

【笔顺】一 工 云 至 至 至

【笔画数】6画

【部首】一（横部）

【结构】上下

【词语】至高无上 至理名言 至亲好友 至死不渝 宾至如归 如获至宝 自始至终 无微不至

甲骨文中的"至"是象形字，上部像一支箭头朝下的箭，即倒写的矢；下面的一横表示地面。整个字像一支箭落到地上，表示箭头射中了目标。"至"本义是到达，如《论语》"凤鸟不至"，《荀子》"故不积跬步，无以至千里"；又如"截至、至此"。"至"引申为最、极的意义，如《荀子》"罪至重而罚至轻"，又如"至诚、至交、至少"。"至"还是夏至、冬至的简称，如"至节、至日"；又用作连词，表示转折关系，如"乃至、以至、甚至"等。

酬李穆见寄

（唐代）刘长卿

孤舟相访至天涯，万转云山路更赊。

欲扣柴门迎远客，青苔黄叶满贫家。

函

hán

【笔顺】㇇了了了矛矛函函

【笔画数】8 画

【部首】凵（凶字框部）

【结构】半包围

【书写提示】"函"字中间的"了"两画，不要把第一笔和第二笔连成一笔，错写成一画；也不要把第五笔和第六笔错连成一笔。

甲骨文"函"外面像一个器物，右边是器物的耳饰；里面是矢，矢即箭。金文箭头朝下。"函"指是盛放箭支的匣子，即箭筒；泛指盛放物品的匣子、套子，如"镜函、剑函"；特指书籍、信件的封套，如"信函"；还代指信件、消息，如"公函、致函"；现代又表示邮政，如"函授"。"函"也用作动词，表示装在匣子内，如"函封"即用匣子装并封上；引申为包含，如《汉书》"函之如海"，这个意义后来写作"涵"。"函"又引申为去信，如"函请、函告"。

隋宫

（唐代）李商隐

乘兴南游不戒严，九重谁省谏书函。

春风举国裁宫锦，半作障泥半作帆。

弓

gōng

【笔顺】フフ弓

【笔画数】3画

【部首】弓（弓部）

【结构】独体

【书写提示】"弓"三画，要注意正确的笔顺；不要把第一笔和第三笔分成两笔，错写成四画或五画。

【词语】杯弓蛇影

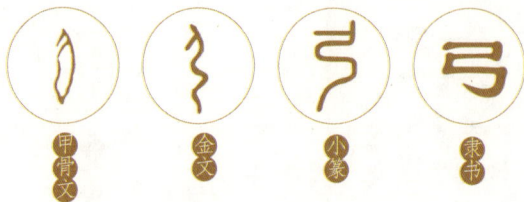

甲骨文　金文　小篆　隶书

　　"弓"在甲骨文中就像描画出来的一张弓。弓是射箭用的兵器，如《楚辞·九歌·国殇》"带长剑兮挟秦弓"，又如"弓箭、弓弩、左右开弓"。

　　作为杀伤力很强的兵器，在火药发明以前的数千年里，弓箭一直是人类最主要和最有效的武器，在历史上发挥过巨大的作用。相传神农氏削木为弓，发明了弓箭，用来防范野兽的袭击，打击外来部落的侵犯。现代考古发现，早在三万年前的旧石器时代，人类就开始使用弓箭了，弓箭不仅是当时人类捕猎动物的最重要的生产工具，也是杀伤敌人的最主要的军事工具。早期的弓做工粗陋，将一根树枝或竹子一弯，再用藤条或牛筋做弦，就成了半月形的弓。后来人们将弓的半月形加以改进，使其弧形的中央部分凹进去，这种返曲的弓背使发射力量变得更加强大。

弓是弯曲的，"弓"由此引申为弯曲的意义，如"弓腰、弓背、弓腿"。"弓"也泛指像弓一样的东西，如"弹弓、琴弓、弓鞋、弓月"。

"弓"还是古代丈量土地的用具，殷商时期曾使用过一种木制的尺，用来丈量土地，其外形和结构与射箭的弓一样，但略长一些，叫作"弓尺、步弓"，一弓为一步，相当于古制五尺。

塞下曲（其二）

（唐代）卢纶

林暗草惊风，将军夜引弓。

平明寻白羽，没在石棱中。

弦

xián

【笔顺】⁊ ⁊ 弓 弘 弘 弦 弦 弦

【笔画数】8画

【部首】弓（弓部）

【结构】左右

【书写提示】"弦"字左边的"弓"三画，不要把第一笔和第三笔分成两笔，错写成四画或五画。

【读音提示】"弦"读作xián，不要错读成xuán。

【词语】弦外之音 扣人心弦

小篆　　　隶书

小篆中的"弦"左边是弓；右边是糸（mì），表示丝绳。整个字表示弓上能发箭的绳状物，本义指弓弦，如《淮南子》"引弦而战"；成语"箭在弦上"表示上弦之箭不得不发，喻指身不由己，不得不做。"弦"由弓弦代指弓弩，如"弦矢"即弓和箭，"弦刃"指弓和刀。

"弦"还由弓弦引申为乐器上面的弦，如"琴弦、拨弦、定弦、断弦、破琴绝弦"；由此代指弦乐器，如白居易《琵琶行》"转轴拨弦"，又如"弦乐、弦歌、管弦、和弦"。"弦"又用作动词，表示弹奏弦乐器，如《礼记》"北面而弦"，《阿房宫赋》"朝歌夜弦"；又如"弦琴"即弹琴。"弦"也引申为机械上的发条，如"钟弦、表弦、上弦"。我国古代称直角三角形的斜边为"弦"。

弓与弦合起来呈半圆形，农历每月七、八日和二十二、二十三日，月亮呈半圆状，"弦"由此喻指半圆的月亮，如初七、初八为"上弦"，二十二、二十三为"下弦"；又如"弦月、弦日、弦朔、弦望"。

小重山

（宋代）岳飞

昨夜寒蛩不住鸣。

惊回千里梦，已三更。

起来独自绕阶行。

人悄悄，帘外月胧明。

白首为功名。

旧山松竹老，阻归程。

欲将心事付瑶琴。

知音少，弦断有谁听。

引

yǐn

【笔顺】フ フ 弓 引

【笔画数】4画

【部首】弓（弓部）

【结构】左右

【书写笔顺】"引"字左边的"弓"三画，不要把第一笔和第三笔分成两笔，错写成四画或五画。

【词语】引人入胜 引以为荣 呼朋引类

甲骨文　金文　小篆　隶书

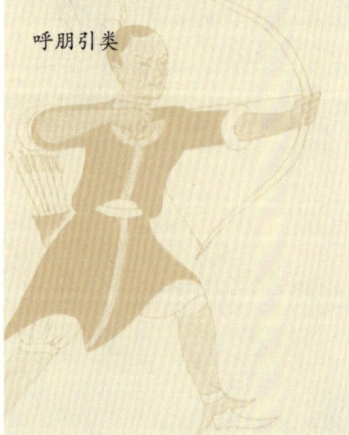

甲骨文中的"引"左边是弓，表示弓箭；右边是大，像一个人的正面形象。整个字像一个人正张弓拉弦，表示开弓、拉弓的意义，如《孟子》"君子引而不发"，《战国策》"臣为国王引弓，虚发而下鸟"，《淮南子》"引弓而射""引弦而战"；泛指拉、拉开的意义，如《史记》"引车避匿"，又如"牵引、引力、引车卖浆"。"引"引申为伸、伸开的意义，如"引首、引颈、引臂、引手、引吭高歌"；还引申为拿、举的意义，如"引杖、引杯、引壶觞、引佩刀"。

"引"又表示带领、指导等意义，如《史记》"引相如去""公子引侯生坐上坐"，又如"引领、引导、引见、引荐、引路、引水、引兵、指引、导引"；还表示招致、造成的意义，如《汉书》"不能引决自裁"，又如"引动、引逗、引致、引发、引诱、引人注目、引火烧身、抛砖引玉"；也表示离开、退避的意义，如"引退、引避、引遁"。

"引"还有承认的意义，如"引咎、引过、

引罪"；又有用作凭据或理由的意义，如"引

文、引用、引述、引经据典、旁征博引"等。

送魏二

（唐代）王昌龄

醉别江楼橘柚香，江风引雨入舟凉。

忆君遥在潇湘月，愁听清猿梦里长。

◎魏晋莫高窟壁画

射

shè

【笔顺】丿丶丿丿丿身身身射射

射

【笔画数】10 画

【部首】身（身部）

【结构】左右

【书写提示】"射"字左边的"身"第六笔横和第七笔撇的上端都不出头。

甲骨文　金文　小篆　隶书

"射"的甲骨文字形由一支箭和一把张开的弓组成，就像箭搭在弓上，即弓在弦上的样子。金文字形在右边多了一只手，左弓右手，如同以手引弓待发一般。在小篆字

◎ 汉代收获渔猎画像砖

形中，弓矢之形变成了身，现在的字形由此而来。"射"指射箭，射箭是古代先民的重要活动，既用于狩猎，也用以御敌。

上古时期，"射"还包括射箭的技艺和射箭的礼仪，射与礼、乐、御、书、数并称为"六艺"，是贵族子弟必须学习和掌握的重要技能和礼仪，如《礼记》"射者，男子之事也"；又如"射人"是掌握射术、教习射仪的官吏。"射"不仅是育人的内容，还是选人的标准，也是娱乐活动，《礼记》说，持弓射箭"可以观德行"，周代曾以"射术"来选拔官员，士大夫们以"射礼"习礼仪，娱宾客，后来以投壶取代了射箭。

"射"由射箭泛指用弹力发出或用压力送出，如"射弹、射击、射门、弹射、扫射"；还引申为气体或液体因压力而流出、光线等直线传播的意义，如"注射、喷射、放射、照射、反射、辐射、射线"；又比喻指向，如"影射、含沙射影"等。

江城子·密州出猎

（宋代）苏轼

老夫聊发少年狂，左牵黄，右擎苍。

锦帽貂裘，千骑卷平冈。

为报倾城随太守，亲射虎，看孙郎。

酒酣胸胆尚开张，鬓微霜，又何妨。

持节云中，何日遣冯唐。

会挽雕弓如满月，西北望，射天狼。

刀

dāo

【笔顺】乛刀

【笔画数】2画

【部首】刀（刀部）

【结构】独体

【书写提示】"刀"撇的上端不出头，注意不要与"力"相混。"刀"在字的右边时写作"刂"，叫作立刀旁。

【词语】刀光剑影 刀山火海 两面三刀 笑里藏刀 快刀斩乱麻

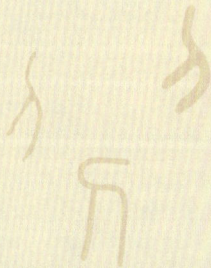

甲骨文　金文　小篆　隶书

© 新石器时代九孔石刀

　　"刀"的甲骨文字形像一把刀的样子。刀是用来斩、削、切、割的工具，无论是兵器的刀、厨师的刀，还是镰刀、剪刀，古人都用"刀"来表示。在远古时代，刀首先是兵器，是一种长刃的短兵器，用于砍削敌人或植物、器物，屠宰牲畜或防身自卫，如"刀耕火种"。商周时期有了青铜刀，秦汉时期有了钢铁，刀的制作工艺有了很大的改善，刀身加长，做工精良，刀成为军队的主要兵器之一。"刀"由此泛指兵器，如"刀枪不入、刀枪入库"。刀在古代还是官场地位的标志，汉代皇帝及百官无不佩刀，对佩刀的形制及装饰还有着极为严格的规定。

中国古代在纸张发明以前，文字先是用刀刻写在龟甲或兽骨上，后来用毛笔蘸墨书写在竹简或木片上，写错了要用小刀刮掉重写，刀和笔一样，也是书写工具。因此有"刀笔"一词，既指书写工具，又引申指有关公文案卷及写状子的事，而以刀笔为业、专事文件书写的官员则被称作"刀笔吏"。

"刀"由各类刀具泛指像刀一样的东西，如"瓦刀、冰刀"。"刀"还用作古代钱币的名称，指形状像刀的钱币，如"刀币、刀布"。"刀"后来又用作量词，用来计算纸张，一百张纸为一刀；也表示用刀切割的次数，如"砍了三刀"。

汉字中以"刀"为形旁的字大多与刀有关，如"剑、删、削、刻、刮、判、刺、劈、剪"等。

和张仆射塞下曲（其三）

（唐代）卢纶

月黑雁飞高，单于夜遁逃。

欲将轻骑逐，大雪满弓刀。

◎ 商代目雷纹青铜刀

刃

rèn

【笔顺】フ刀刃

【笔画数】3画

【部首】刀（刀部）

【结构】独体

【书写提示】"刃"三画，注意不要与"刀"相混。

甲骨文　小篆　隶书

　　甲骨文中的"刃"是指事字，在刀的刀口部位加了一点，用来表示刀刃之所在。"刃"的本义就是刀口、刀刃，如《尚书》"锻乃矛戈，砺乃锋刃"；成语"兵不血刃"指兵器的刀刃上都没有沾血，形容不战而胜；又如"刃具、刃器、刀刃、锋刃、迎刃而解"。"刃"因刀刃而代指刀剑一类锋利的兵器，如"利刃在手、拔刃而起、游刃有余"；"白刃战"即肉搏战，表示双方近距离用刀、枪刺等进行搏斗。

　　"刃"也用作动词，表示用刀击杀的意义，如《庄子》"与物相刃相靡"，《史记》"左右欲刃相如"；又如"手刃贼寇"等。

分

fēn

【笔顺】ノ 八 分 分

【笔画数】4画

【部首】八（八部）

【结构】上下

【书写提示】"分"字上边是"八"，不要错写成"人"或"入"。

【读音提示】"分"字又读作fèn。

【词语】分崩离析 分久必合 争分夺秒 身无分文 难解难分

甲骨文　金文　小篆　隶书

　　"分"在甲骨文中由八、刀构成；八表示分开，刀在八的中间，像用刀把东西切分为二。整个字表示分开、分出来的意义，如《论语》"邦分崩离析而不能守也"，《孙子兵法》"倍则分之，敌则能战之"；又如"分家、分地、分解、分裂、分道扬镳、一分为二"。

　　"分"引申为辨别、区别的意义，如《论语》"五谷不分，孰为夫子"；又如"划分、区分、分析、分辨、分级、分门别类、是非不分"。"分"还引申为离别、离开的意义，如"分离、分别、分手、分袂"；又引申为隔离、隔开的意义，如"分隔、分界、分野、分墨"。

　　"分"还用作名词，表示分出来的、从属的部分，如"分店、分会、分支、分队、分公司、三分之一"；也表示差别、差异，如"新旧之分"。"分"又用作量词，表示长度、时间、货币单位，也代指长度、时间、金钱等，如"分寸、分毫不差、十点五分、分秒必争、三角六分、分文不取"等。

"分"是多音字，又读作 fèn，用于"部分、成分、本分、名分、情分、缘分、过分、分量、分内"等词语。

忆扬州

（唐代）徐凝

萧娘脸薄难胜泪，桃叶眉尖易得愁。

天下三分明月夜，二分无赖是扬州。

斤

jīn

【笔顺】 ´ ⺁ ⺁ 斤

【笔画数】4画

【部首】斤（斤部）

【结构】独体

【书写提示】"斤"四画，注意不要与"斥"相混。

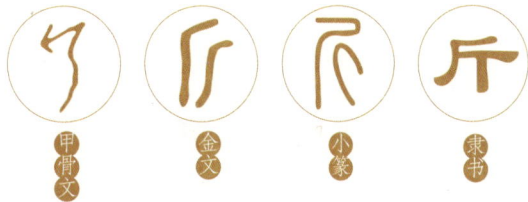

甲骨文　金文　小篆　隶书

　　"斤"的甲骨文字形是一个上带横刃、下带曲柄的用具，很像现在用的斧子。斤的本义又指一种类似于斧子的砍伐树木的工具，在远古时代既是工具，也是武器，最初用鹿骨或树杈做成，后来用石头、青铜制成。如《左传》"皆执利兵，无者执斤"，意思是人们都手持锋利的兵器，没有兵器的人则手持斧斤；成语"运斤成风"出自《庄子》，意思是挥动起斧斤来风声呼呼，比喻技艺极为熟练和高

© 商代兽面纹玉斧

超；又如"斤斧、斤凿、弄斤操斧"。"斤"还用作动词，表示用斧斤砍削、砍杀的意义，如"斤削"即砍削；"斤正"指删削，是请人修改诗文的敬辞。

"斤"在古代还指一种容器，用牛角制成，如《诗经》"斤斤其明"，又如成语"斤斤计较"。"斤"又用作量词，表示重量单位，古代十六两为一斤，现在十两为一斤，二市斤为一公斤，如"斤两、斤重、一斤水果"等。

"斤"后来专用作量词，人们在父下加斤，"父"最初也指斧子，造出"斧"字来表示斧斤的意义。在现代汉语中，"斤"的本义只存在于一些书面词语和成语中。

析

xī

【笔顺】一十才才才杤杤析

【笔画数】8画

【部首】木（木部）

【结构】左右

【书写提示】"析"左边是木，中间一竖不带钩，不要错写成"才"，与"折"相混；右边是"斤"，不要错写成"斥"；注意不要与"折"相混。

【读音提示】"析"读作 xī，不要错读成 xì。

"析"在甲骨文中左边是木，表示树木；右边是斤，是古代一种曲柄斧。整个字像挥动斧子伐木，表示用斧子砍断树木的意义，如"析木"；又如《诗经》"析薪如之何？匪斧不克"，即想去砍柴没有斧子不行。"析"由此引申为分开、分解、分散等意义，如"析箸、析居"指分家，"析耕"指分田；又如"分崩离析、析分为二"。"析"又进一步引申为解释、分辨的意义，如《庄子》"判天地之美，析万物之理"；陶渊明《移居》"奇文共欣赏，疑义相于析"；又如"析理、分析、析疑、辨析、解析、条分缕析"等。

"析"与"折"一个是木字旁，一个是提手旁，意义不同，用法相异，使用时要注意分辨。

折

zhé

【笔顺】一 十 扌 扩 折 折 折

【笔画数】7画

【部首】扌（提手部）

【结构】左右

【书写提示】"折"字左边是"扌"，不要错写成"木"，与"析"相混；右边是"斤"，不要错写成"斥"，与"坼"相混。

【读音提示】"折"又读作 zhē、shé。

【词语】百折不挠　不折不扣

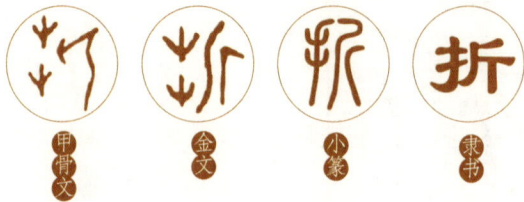

甲骨文　金文　小篆　隶书

　　"折"的甲骨文字形左边是一棵断草，表示断了的草木；右边是斤，斤是古代一种曲柄斧。整个字像用斧子将草木砍断，表示以斤断草木的意义，如《诗经》"无折我树杞"。在从金文到隶书的演变过程中，"折"左边由断草变成了手，又变作提手旁，"折"的意义也从以斤断草木泛化为弄断、折断的意义，如《周易》"折其右肱"，《左传》"无折骨"；《韩非子》"兔走触株，折领而死"，"折领"即折断脖子；又如"骨折、折齿、折首、折臂断足、折戟沉沙、兰摧玉折"。

　　古人离别时有折柳相赠的习俗，"柳"与"留"同音，送行的人折一支柳条赠予即将远行的亲朋好友，表示不忍分别、永不相忘之意。古时科举考试一般在秋季举行，此时恰逢桂花盛开，民间有吴刚在月宫砍桂树的传说，月宫又称蟾宫，于是古人便用"折桂、蟾宫折桂"比喻考试登第。

"折"由折断引申为弯曲的意义，如《淮南子》"河九折入于海"，"河"即黄河，"九折"即九曲。"折"由此喻指屈服，如"折辱"；又如"不为五斗米折腰"的陶渊明、"安能摧眉折腰事权贵"的李白，"折腰"即弯腰，喻指屈身事人、巴结奉承。"折"也喻指佩服，如"折服、心折"。"折"还引申为回转的意义，如《阿房宫赋》"骊山北构而西折"，又如"折身、折旋、折返、转折"；又引申为挫伤、损失、抵换、减少、死亡等意义，如"挫折、周折、波折、折磨、折合、折算、折中、折寿、折半、夭折、折其锐气、损兵折将"。"折"还表示叠起来的意义，如"折叠、折纸、折尺、折刀、折扇、对折"；也指用纸叠成的账册，如"折子、奏折、经折、存折"。

"折"是个多音字，还读作 zhē，如"折腾、折跟头"；又读作 shé，如"折本、腿摔折了"；这两个读音多用于口语。需要注意的是，"折"表示折叠、折子的意义时，繁体字写作"摺"；表其他意义时繁体字仍作"折"。

"折"与"拆"只有一点之差，两个字的读音和意义却大不相同，"拆"读作 chāi，表示分开的意义，如"拆开、拆散"等，使用时要注意区分。其实，知道了"折"字形和意义的演变过程，书写时就不会把"折"错写成"拆"了。

春夜洛城闻笛

（唐代）李白

谁家玉笛暗飞声，散入春风满洛城。
此夜曲中闻折柳，何人不起故园情。

兵

bīng

【笔顺】一丆斤斤丘乒兵

【笔画数】7画

【部首】八（八部）

【结构】上下

【书写提示】"兵"字上边是"丘"，第三笔横的右端要出头。

【词语】兵强马壮 精兵简政 兵马未动，粮草先行

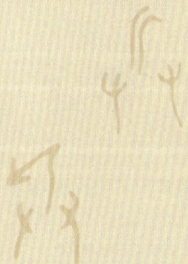

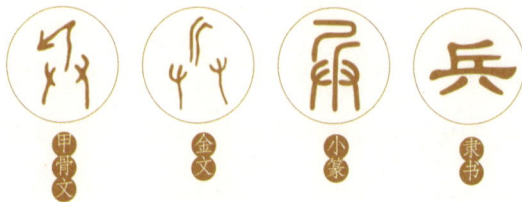

甲骨文　金文　小篆　隶书

　　"兵"的甲骨文字形上面是斤，斤是古代一种带有曲柄的横刀，样子很像现在用的斧子；下面是两个又，又是手。整个字像双手持斤的样子，本义指的就是这种斧样的兵器。"兵"进一步泛指兵器，《荀子》说："古之兵，戈、矛、弓、矢而已矣。"意思是戈、矛、弓、矢都是古代的兵器。《周礼》"掌五兵"，《谷梁传》"陈五兵"，"五兵"即五种兵器；又如《诗经》"修尔车马，弓矢戎兵"，《孟子》"兵刃既接，弃甲曳兵而走"。汉语中有许多由"兵"构成的成语，如"坚甲利兵"指坚固的盔甲和锋利的兵器，形容武器精良；"兵不血刃"指兵器上没有沾上血迹，形容未经战斗就取得了胜利；"短兵相接"指作战时近距离厮杀，即肉搏战，也喻指双方面对面地进行斗争；"秣马厉兵"指喂饱战马，磨快兵器，喻指准备作战或比赛。

"兵"由兵器引申为手持兵器作战的人，即士兵、军队，如《韩非子》"举兵伐徐，遂灭之"；又如"兵变、兵力、骑兵、水兵、精兵强将、雄兵百万、招兵买马、损兵折将、草木皆兵"。"兵"由军队又引申为用兵之道或用兵之事，表示军事或战争，如《孙子兵法》"兵者，国之大事"；又如成语"兵临城下、兵贵神速、兵不厌诈、兵无常势、纸上谈兵"。春秋时期著名军事家、政治家孙武所著的《孙子兵法》是中国现存最早的兵书，也是古代中国人用兵作战方法和策略的集大成者，被誉为"兵学圣典"，在中国乃至世界军事史上都占有重要地位，其蕴含的深刻哲理被广泛运用于政治、经济、军事、文化、哲学以及社会生活的方方面面，对后世影响极为深远，成为中国优秀文化遗产的重要组成部分，被世界公认为"中国智慧"，孙武也由此被后世尊称为"孙子"和"兵圣"。

出塞

（唐代）乔备

沙场三万里，猛将五千兵。
雄断冰溪戍，笳吹铁关城。
阴云幕下雪，寒日昼无晶。
直为怀恩苦，谁知边塞情。

◎ 五代十国彩绘浮雕武士石刻

中

zhōng

【笔顺】丶丷口中

【笔画数】4 画

【部首】丨（竖部）

【结构】独体

【读音提示】"中"又读作 zhòng。

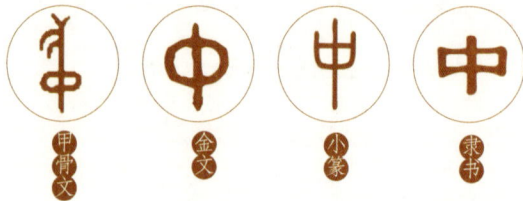

甲骨文　金文　小篆　隶书

　　"中"的甲骨文像一面上有飘带的旌旗插在城邑中央的样子，中间的方框表示人群聚居的城邑。"中"的本义是竖旗于城中；引申为当中、居中、中心、中央的意义，如《韩非子》"事在四方，要在中央"，《出师表》"北定中原"；又如"中天"即天空的中央，"中江"是江之中央，"中色"指中央之色，即黄色。

　　华夏民族聚居的黄河流域是中华民族的摇篮，先民们称这一地区为"中土、中原、中夏、中商、中华、中国"。"中国"一词可以追溯到华夏民族形成的夏商时期，"中"指居中，"国"指诸侯之封国。古时人们把自己视为世界的中心，认为自己位于东、南、西、北各方诸侯之中。商周时期，"中国"指天子直接统治的地区。西周早期的青铜器何尊上的铭文记载了周武王灭商后营建东都洛邑王城的设想，以及周成王完成武王遗愿的重大史实，铭文中有"宅兹中国"一句，这是"中国"一词的首次出现；《尚书》中有"皇天既付中国民，越厥疆土，于先王肆"的说法；我国第一部诗歌总集《诗经》中多次出现"中国"一词，如"惠此中国，以绥四方"；这些古代文献中的"中国"指的是受天之命、居天下之中的周王朝的中央大邑，也就是京师、京畿、国都，即被称为"天之中"的洛阳。

春秋时期，"中国"一词的含义逐渐扩展到包括各个大小诸侯国在内的黄河中下游的广阔区域。秦汉以来，华夏民族居住的中原地区以及华夏民族在中原地区建立的王朝都可称为"中国"，意为位于中心的国家。周边的地区一旦与中原地区发生了联系，往往也强调自己是"中国"的一部分，如历史上的楚国、巴蜀最早自称"蛮夷"，后来改称"中国"；周边的民族一旦

入主中原，也多以"中国"自居，如鲜卑人建立的北魏、与宋王朝对峙的辽金皆自称"中国"。华夏民族建立的王朝即便迁离中原地区，也仍然号称"中国"。

虽然在近三千年漫长的历史中，尽管"中国"的含义逐渐扩大，"中国"的疆域不断扩展，但生活在这片土地上的人们始终自称为"中国"。在他们心中，"中国"不仅代表着地域观念，还体现着天赋的正统，更象征着文化的传承，"中国"以其强大的凝聚力成为世世代代根植于华夏儿女心灵深处的精神符号。

"中国"作为具有国家意义的正式名称始于1912年辛亥革命以后建立的中华民国，至此"中国"始成为具有近代国家概念的正式名称。1949年，"中国"成为"中华人民共和国"的简称，代表着中华民族各族人民共同组成的国家。"中"也由此特指中国，如"中文、中餐、中式、古今中外、

洋为中用"。

"中"由中心、中央的意义引申为在内部、在里面的意义,如《礼记》"儒有衣冠中",《荀子》"五帝之中无传政";又如"空中、山中、水中、家中、心中、内中、暗中"。"中"特指内心、内脏,如"忧从中来、五中所主"。"中"还引申为在两端之间的意义,如"中夕"即半夜,"中辍"即中途停止;又如"中分、中断、中止、中途、中游、中级、中等、中流砥柱"。"中"又用于动词后,表示持续的状态,如"在发展中、在进行中"。在中国人的观念里,"中"不仅有方位上居中间、居要位的意义,还有为人处世恰到好处、不偏不倚、折中调和的含义《中庸》说:"中也者,天下之大本也。"《论语》说:"中庸之为德也,其至矣乎。"中正平和的"中庸之道"是千百年来中国人追求与奉行的处世准则和最高道德。

"中"是多音字,又读作 zhòng,用作动词,表示适合、合乎的意义,如《荀子》"其曲中规",又如"适中、中看、中听、中用、中意、中规中矩、正中下怀";也表示获得、到达的意义,如《荀子》"敌中则夺",又如"中举、中签、中奖、命中、击中、射中、百发百中、一语中的";还表示遭受、受到的意义,如"中箭、中弹、中毒、中邪、中计、中暑、中伤"等。

题西林壁

(宋代)苏轼

横看成岭侧成峰,远近高低各不同。

不识庐山真面目,只缘身在此山中。

鼓

gǔ

【笔顺】一 十 十 土 去 吉 吉 青 壴 壴 壴 鼓 鼓

【笔画数】13 画

【部首】士（士部）

【结构】左右

【书写提示】"鼓"左上边是"士"，不要错写成"土"；左下边最后一笔横要写作提。

【词语】打退堂鼓 紧锣密鼓

甲骨文中的"鼓"就像一架鼓的样子；上面是装在鼓上的羽毛类的装饰物，中间是一面圆形的鼓，下面是支撑鼓的支架。金文中的"鼓"右边多了手持棒槌的形象，强调以手执槌击鼓。鼓是一种非常古老的打击乐器，最初用陶土烧制，后来用木、铜制成外框，再蒙以动物皮革而成。殷

◎ 商代兽面纹青铜鼓

◎ 战国曾侯乙墓蟠龙鼓座

鼓声雄壮激烈，能传得很远，早在上古时期鼓就成为军队的重要装备，用以壮军威、振士气。据《山海经》记载，黄帝在征服蚩尤的涿鹿之战中捕到一只像龙的独角怪兽——夔（kuí），他把夔杀了，用夔皮制成战鼓，用雷神的骨头作为鼓槌，击打起来声闻五百里，军队因此士气大振，终于擒杀了蚩尤。

鼓在古代社会活动中有着极其重要的地位，战争、祭祀、宴乐等重大场合都离不开鼓的使用，凡要"举事"，必以击鼓为号。鼓是军队的号角，出征时要击鼓，如《诗经》"征人伐（击）鼓""击鼓其镗，踊跃用兵"；作战前要杀死战俘，以血祭鼓，祈求神灵保佑；作战时以旗和鼓发号施令，指挥战斗，军队随旗帜和鼓声进退，如《左传》"师之耳目，在吾旗鼓，进退从之"；正因为如此，"旗鼓"表示军队进攻的规模和声势，象征着军威，并由此喻指群众活

商时期的铜鼓由鼓冠、鼓身、鼓足三部分组成，其造型与甲骨文"鼓"字的形象几乎完全一样。

动的规模和声势，如"旗鼓相当、大张旗鼓、重整旗鼓、偃旗息鼓"。鼓还是乐队的总指挥，作为"群音之长"，演奏音乐之前要先用鼓声引导，所谓"钟鼓乐之""琴瑟友之"。鼓更是祭祀的神器，古人认为鼓可通天，其雷霆之声象征着春雷，在祭神仪式中是必不可少的伴奏乐器。鼓又是报时、报警的工具，古代城市中建有钟楼和鼓楼，每日早晚撞击，以敲钟击鼓来报告时间并开关城门。汉魏时晨鼓暮钟，唐代以来改为晨钟暮鼓：钟鸣，城门开启，万户活动；鼓响，城门关闭，实行宵禁；夜间击鼓报时，一鼓为一更。

"鼓"不仅用作名词，指各种规格形制的鼓，如"雷鼓、战鼓、鼙（pí）鼓、羯（jié）鼓、腰鼓"；也泛指形状或作用像鼓的东西，如"耳鼓、石鼓"。"鼓"还用作动词，表示击鼓，如《左传》"公将鼓之""一鼓作气，再而衰，三而竭"；泛指敲击、弹奏、拍打，如"鼓瑟、鼓乐、鼓浪、鼓掌"；引申为挥动、摇动、扇动，如"鼓刀、鼓棹、鼓风、鼓翼"。"鼓"还引申为煽动、激励，如《庄子》"摇唇鼓舌，擅生是非"；又如"鼓吹、鼓动、鼓弄、鼓励、鼓舞、鼓噪、鼓唇摇舌"。"鼓"又引申为凸出、胀大的意义，如"鼓着嘴、鼓腹讴歌、鼓鼓囊囊、头上鼓起一个包"。

中国是鼓的最早发源地之一，中国的鼓传至朝鲜、日本，同时也融合吸收了印度、阿拉伯等外来鼓的影响。今天，鼓仍是人们最喜爱的乐器，在喜庆的日子里，中国人会敲响装饰着红色绸带、象征着热烈欢快的红色大鼓，在鼓乐齐鸣中载歌载舞。

出塞（其二）

（唐代）王昌龄

骝马新跨白玉鞍，战罢沙场月色寒。
城头铁鼓声犹震，匣里金刀血未干。

社会生活

禾

hé

【笔顺】一 二 千 千 禾

【笔画数】5画

【部首】禾（禾部）

【结构】独体

【书写提示】 "禾"中间一竖不带钩。"禾"在字的左边时，第五笔捺要写作点。

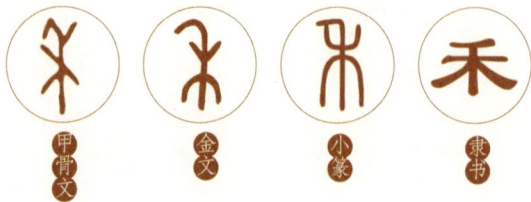

甲骨文　金文　小篆　隶书

　　甲骨文中的"禾"像垂穗的庄稼的样子，上面的弯像谷物成熟后沉甸甸下垂的谷穗。最初"禾"主要指粟，又称稷，也就是谷子，脱壳后为小米。"禾"由谷子泛指谷类作物，是谷类植物的统称，如"禾谷、禾粟"；又如《诗经》"九月筑场圃，十月纳禾稼"；"禾颖、禾绢、禾线"指谷穗，"禾菽"指谷类和豆类，"禾麻菽麦"即谷、麻、豆、麦。

　　谷子原产于我国黄河流域，种类很多，有着极强的耐高温、抗干旱能力，在各种气候和土壤条件下都可以生长。我国是世界上最早种植小米类作物的国家，现在世界上90%的小米类作物都栽种在中国。自新石器时代至唐宋的几千年间，小米类作物一直是我国北方地区的主要粮食作物，中国最早的酒也是用小米酿制而成的。古人认为禾是"嘉谷"，在上古时期地位远远高于小麦。

"禾"由谷类植物又进一步泛指庄稼、粮食作物，如"禾苗"；后来又特指水稻，如"禾稻、禾田、禾把、禾米、禾场"等。

汉字中以"禾"为偏旁的字大都与粮食作物有关，如"稻、秧、稼、穑、种、租、秋、黍、秀、季、秉"等。

悯农（其二）

（唐代）李绅

锄禾日当午，汗滴禾下土。

谁知盘中餐，粒粒皆辛苦。

稻

dào

【笔顺】一二千千禾禾禾禾禾
稻稻稻稻稻稻

【笔画数】15 画

【部首】禾（禾部）

【结构】左右

【书写提示】"稻"字左边是
"禾"，中间一竖不带钩；右
边是"舀"，不要错写成"臽"。

【词语】捞稻草

"稻"字在甲骨文中尚未定型，有几种写法，其中有一种写法上面像用簸箕簸扬糠尘的样子，下面像舂米用的石臼；整个字表示用石臼舂米，再用簸箕簸扬糠尘。在金文中，"稻"左边是禾，用作形旁，表明是一种粮食作物；右边是舀，表示读音，同时兼表意义，爪在上，臼在下，合起来像用手掏取臼中之物；整个字表示用石臼舂米，再用手从臼中掏出舂过的米。"稻"的甲骨文和金文字形表明，稻是一种需要用石臼舂的带壳的谷物，正如《周礼》所说："其谷宜稻。""稻"指的就是所舂之谷物，即稻谷。

中国是水稻的故乡，栽培水稻的历史非常悠久，从我国河北北部到云南、四川的很多地方，考古都发现了早期的水稻遗迹。在湖南玉蟾岩遗址发现了一万四千多年前的稻粒，这是迄今为止人们发现的世界上最早的稻谷。在浙

◎ 新石器时代碳化稻谷

江河姆渡遗址发现了厚达半米的米粒、稻粒、稻秆及稻叶等遗存,证实七千多年前长江三角洲地区曾大量种植水稻。在河南仰韶和山东龙山遗址中都发现了碳化的稻米,表明六千多年前黄河流域也有水稻栽培。2015年10月,文物部门对四川凉山安宁河畔西昌市的一处遗址进行发掘,发现了公元前4000—3000年人类居住遗址,遗址里有水稻、黍(黄米)、粟(小米),还有大豆和小麦;在同时期凉山横栏山遗址中也发现有水稻的遗迹;说明六千多年前西南地区也开始了水稻的种植。

粟、麦、稻是中国古代三大主要粮食作物。上古时期黄河流域雨量充沛,水量也比较充足,可以种植水稻,只是数量较少;而长江以南的广大地区几千年来一直是水稻的主要产地,并以稻为主要的粮食作物。三千多年前的《诗经》中就有关于稻的描述,如"浸彼稻田""十月获稻",又如《论语》"食夫稻,衣夫锦"。唐宋以来,随着社会经济文化重心的南移,水稻种植数量大大增加,产量也有了很大提高,稻在三大作物中渐居首位,成为中国最主要的粮食作物。长江流域的稻文化与黄河流域的粟文化相互交融,共同孕育了灿烂的中华文明。

稻的发展及食用为中华文化增添了丰富的内容,据统计,在"禾"与"米"构

◎ 稻子图

化产生极大的影响。日本国旗的白色底色就象征着稻米的颜色，表明稻文化在日本文化中的核心地位。与此相应的是，中国的汉字以及以汉字为代表的中国文化也传入并影响到这一地区，形成了汉字文化圈。中华文明对亚洲尤其是东亚地区的重要影响由此可见。

成的汉字中，与稻米密切相关的字多达六百多个；由"稻"构成的词语如"稻粟、稻粱"指粮食、谷物，"稻粱谋"本指禽鸟觅食，后比喻人谋求生存之必需。有关研究认为，正是在以稻作农耕为主要生产方式的基础上，中国人形成了勤劳、柔韧、协调、合作、团圆等民族文化特征，习惯于和平而稳定的生活。

中国的水稻传入日本、朝鲜、韩国，形成了东亚稻作文化圈，对这一地区的文

西江月·夜行黄沙道中

（宋代）辛弃疾

明月别枝惊鹊，清风半夜鸣蝉。

稻花香里说丰年，听取蛙声一片。

七八个星天外，两三点雨山前。

旧时茅店社林边，路转溪桥忽见。

和

hé

【笔顺】丿二千千禾禾和和

【笔画数】8画

【部首】禾（禾部）

【结构】左右

【书写提示】"和"字左边是"禾"，中间一竖不带钩，最后一笔捺要写作点。

【读音提示】"和"又读作 hè、huó、huò、huo。

【词语】和风细雨 和气生财 和颜悦色 家和万事兴

金文　小篆　隶书

　　金文中的"和"由禾、口组成，与今天的楷书字形一样，只是禾、口的位置与现在相反。禾表示谷物，即粮食；口指人的嘴。

　　中国人认为"民以食为天"，只有粮食充足，人人都能够吃饱，大家才能和睦相处，形成欢乐祥和的氛围，正如《管子》所说："仓廪实则知礼节，衣食足则知荣辱。"粮仓充足了人们才能懂得礼仪，丰衣足食了人们才会看重荣誉和耻辱，人与人之间才会有和谐融洽的关系。古人对"和"的认识与理解反映了"食""礼""和"三者的关系：丰衣足食是施行礼仪的物质基础，而施行礼仪是社会和谐的必要条件。因此，古人以禾、口会意造出"和"字，表示相处融洽、协调的意义，也就是我们今天所说的和谐的意思，如《论语》"礼之用，和为贵"，意思是礼仪的作用贵在使社会和谐；又如《吕氏春秋》"圣人为能和，乐之本也"，说的是只有圣人才能做到调和万物，使其和谐融洽，而和谐正是音乐的根本。

《孟子》中有一句名言："天时不如地利，地利不如人和。"《孙膑兵法》中也有类似的说法："天时、地利、人和，三者不得，虽胜有殃。"说的都是作战打仗要讲究天时、地利、人和，其中有利的气候条件不如有利的地理环境，有利的地理环境又不如人心向背、上下团结，即所谓得道多助、失道寡助，都强调了"人和"的重要作用。虽然孟子和孙膑是从军事方面论述天时、地利、人和之间的相互关系的，但他们的论述都蕴含着非常丰富而深刻的哲理，可以运用到社会生活的各个方面，因此成为放之四海而皆准的名言。我们的祖先几千年前就提出"和"的理念，它内涵丰富，意境深远，朴素而永恒，包含了自然社会不同事物的矛盾统一，代表了中国人对于宇宙人生以及人际关系最佳状态的追求，这种理想状态在今天依然是人类的奋斗目标与共同期盼。

"和"由相处和睦引申为平和、和平等意义，如《战国策》"和于身也"，《史记》"与楚以和"；又如"和顺、和缓、和解、调和、讲和、求和"。"和"还引申为愉快、晴暖、舒适等意义，如"和悦、和洽、和乐、和美、和煦、和畅、和舒、晴和、温和、心平气和、风和日丽"；又引申为下棋、比赛不分胜负的意义，如"和棋、和局"。"和"还表示连带着，如"和衣而卧、和盘托出"；也表示两个以上的数相加之所得，如"总和、和数、一加二之和"。

"和"后来借作连词，表示并列关系，如"老师和学生"；又用作介词，表示相关、比较等关系，如"我和他一样高"。

"和"是个多音字，除了读作 hé，还

用作动词，读作 hè，表示应和、附和等意义，如"唱和、和诗、曲高和寡、一唱百和"；还读作 huó，表示加水搅拌、揉弄的意义，如"和面、和泥"；也读作 huò，表示混杂、搅拌的意义，如"和药、和稀泥"。又用作词缀，读作轻声 huo，用于动词或形容词后，如"暖和、软和、热和、匀和、掺和、搅和"等。

天净沙·春

（元代）白朴

春山暖日和风，阑干楼阁帘栊，杨柳秋千院中。

啼莺舞燕，小桥流水飞红。

私

sī

【笔顺】丿二千禾禾私私

【笔画数】7画

【部首】禾（禾部）

【结构】左右

【书写提示】"私"字左边是"禾"，中间一竖不带钩，最后一笔捺要写作点。

【词语】私心杂念 徇私枉法 营私舞弊 自私自利 大公无私 铁面无私 先公后私

小篆   隶书

"私"的古字是"厶"，在甲骨文和金文中都像胳膊弯曲的样子，也像往自己身边环绕之形，表示在此范围内的一切属于自己。"厶"的本义是自我的、个人的、非公的，这个意义与"公"相对，正如《韩非子》所说："自环谓之厶，背环谓之公，公厶之相背也。""厶"的出现源于人们私有观念的产生，是私有制的产物。在原始社会初期，生产力水平极其低下，没有剩余财产，人们头脑中也没有什么私有观念。随着社会的发展和物质的丰富，私有观念和牟取私利的现象也就随之出现了。

"私"本是一种禾谷的名称，左边的禾表示粮食作物，右边的厶表示读音。后来"私"借作"厶"，表示自我的、个人的、非公共的意义，"厶"就弃而不用了，如《诗经》"谭公为私"，又如"私人、私事、私愤、私交、私宴、私田、自私、无私、公私兼顾、假公济私"。"私"由此引申为秘密、暗中的意义，如《史记》"项王乃疑范增与汉有私，稍夺之权"，白居易《长恨歌》"夜半无人私语时"；又如"隐私、私密、私款、私盟、私处、私了、私房话"。"私"还引申为非法的意义，如"私刑、私盐、私货、走私、贩私、缉私"。

"私"也用作动词，表示偏爱的意义，如《战国策》"吾妻之美我者，私我也"；又用作副词，表示暗地、偷偷的意义，如"私下、私见、私奔、私通、私生子、窃窃私语"等。

赠从兄阆之

（唐代）李商隐

怅望人间万事违，私书幽梦约忘机。

荻花村里鱼标在，石藓庭中鹿迹微。

幽径定携僧共入，寒塘好与月相依。

城中猘犬憎兰佩，莫损幽芳久不归。

利

【笔顺】一二千千禾禾利利

【笔画数】7画

【部首】刂（立刀部）

【结构】左右

【书写提示】"利"字左边是"禾"，中间一竖不带钩，最后一笔捺要写作点。

【词语】利欲熏心

毫不利己，专门利人

甲骨文中的"利"左边是禾，像一棵长着沉甸甸谷穗的禾苗；右边是刀，表示用刀收割。整个字用以刀断禾表示刀口锋利的意义，如《周易》"其利断金"，《荀子》"金就砺则利"，《论语》"工欲善其事，必先利其器"；又如"利刃、坚甲利兵"。"利"由刀口锋利引申为尖锐的意义，如"利爪、利喙、尖利、锐利、尖牙利嘴"；还引申为迅速、敏捷的意义，如"利马"即快马，"利口、利舌"即伶牙俐齿、能言善辩。"利"又引申为顺利、吉利、有利等意义，如《过秦论》"因利乘便"；《资治通鉴》"善战者因其势而利导之"，成语"因势利导"即出于此；又如"便利、天时地利、大吉大利、开局不利"。

收割谷物有收获之意，"利"由此引申为好处、益处，用作名词，如《论语》"君子喻于义，小人喻于利"；又如"利益、利诱、权利、失利、利令智昏、争权夺利、渔翁得利"。在这个意义上，"利"与"弊、害"相对，常常并用，如"利害、有利无害、利弊、利弊得失、利多弊少、弊多利少、有利有弊、兴利除弊"。"利"由此特指经济上获得的收益，如"利润、利息、赢利、红利、暴利、利滚利、高利贷、薄利多销、一本万利"。"利"又引申为有益于、得到好处的意义，用作动词，如"利己、利他、利人、利民、利国"等。

不寝

（唐代）杜牧

到晓不成梦，思量堪白头。

多无百年命，长有万般愁。

世路应难尽，营生卒未休。

莫言名与利，名利是身仇。

秋

qiū

【笔顺】丿一二千千禾禾秒秋

【笔画数】9画

【部首】禾（禾部）

【结构】左右

【书写提示】"秋"字左边是"禾"，中间一竖不带钩；右边是"火"，要注意正确的笔顺，先左右两点，再一撇一捺。

【词语】秋毫无犯　秋后算账　暗送秋波　明察秋毫　平分秋色　望穿秋水　秋风扫落叶

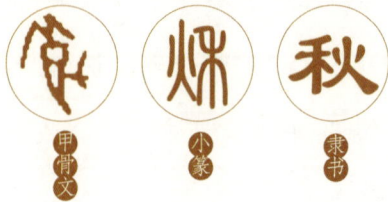

甲骨文　小篆　隶书

　　"秋"的甲骨文字形像一只蟋蟀的样子。蟋蟀又叫"秋虫"，在秋天鸣叫，所以古人用蟋蟀表示蟋蟀鸣叫、天气转凉、禾谷成熟的季节——秋季。"秋"的小篆字形左边是火，右边是禾，与现代字形位置相反。秋天谷物成熟，一片金黄，因此以禾、火表示百谷成熟、金黄似火的秋季。"秋"指秋天、秋季，如《诗经》"秋以为期"，《尔雅》"秋为收成"；又如"麦秋、秋苗、秋禾、秋耕、秋粮、秋令、秋风、秋寒、秋色、秋高气爽、春华秋实、春种秋收"。

　　古代中原地区一年收获一次，秋季收获之后，一年的农事也就结束了，"秋"由此泛指一年的时间，如成语"一日不见，如隔三秋"，"三秋"即指多年；又如"千秋万代、千秋万岁"。"秋"又指某一时期，如《出师表》"此诚危急存亡之秋也"，又如"多事之秋、危难之秋"。

　　秋天气候凉爽，空气清澈，景色妖娆美丽，古代文人常以"秋"喻指美人清澈的眼睛，如"秋波、秋水"。但是秋风一起，落叶缤纷，满目萧条，此情此景又不免令人心生悲伤惆怅之感，"秋"又含有悲愁的意味，如《礼记》"秋之为言愁也"；又如"秋士"即愁士，喻指不得意的士人；历代文人写下了许多描写秋之萧瑟、抒发人之怨愁的悲秋佳作。正因为如此，忧愁的"愁"由秋、心组合而成，表示心中的忧伤如同秋天的心境一样。

　　秋天草木凋零，"秋"由此喻指人容颜衰老，如陆游《诉衷情》"胡未灭，鬓先秋"；又如"秋颜、秋容、秋娘"。"秋"也代指白色，如李白《古诗五十九首》"春容舍我去，秋发已衰改"；又如"秋霜、秋鬓、秋眉、秋练"等。

子夜吴歌·秋歌

（唐代）李白

长安一片月，万户捣衣声。

秋风吹不尽，总是玉关情。

何日平胡虏，良人罢远征。

年

nián

【笔顺】丿 一 二 二 三 年

【笔画数】6 画

【部首】丿（撇部）

【结构】独体

【词语】年富力强 年高德劭 年老体弱 年年有余 长年累月 少年老成

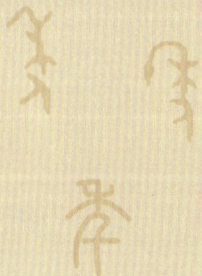

"年"的甲骨文上面是禾，表示谷物；下面是人。整个字像人顶着或背着成熟的禾谷的样子，表示禾谷成熟、人们载谷而归的意义；引申为收成，如《孟子》"凶年免于死亡"；《谷梁传》"五谷皆熟为有年也""五谷大熟为大有年"，"五谷"即黍、稷、稻、麦、豆；又如"年成、年景、丰年、歉年、荒年、灾年"。

中原地区粮食作物大多一年成熟、收获一次，"年"由此也指从播种到成熟的过程，表示一年的时间，如"年初、年关、年底、年度、去年、明年、三五年"；也表示每年的，如"年历、年利、年薪、年谱、年会"；引申为时间、时期、时代等意义，如"光年、近年、来年、往年、年代、年月、年华、年号、年久失修、年深日久"。人的岁数和寿命都是按年计算的，"年"还表示岁数、寿命，如《列子》"年且九十",《世语新说》"时年七岁";又如"幼年、青年、壮年、暮年、年龄、年纪、年岁、年轻、年少、年迈、年事已高、年高望重"。

收获了庄稼，人们往往要载歌载舞，庆贺丰收，祈盼来年风调雨顺，"年"由此代指一年一度最大的节日——春节，如"过年、拜年、年节、年画、年货、年夜饭、过大年"。中国人很重视过年，过年的时候有很多习俗，如放鞭炮、挂灯笼、贴春联、剪窗花、办年货、逛庙会，除夕之夜全家人要围坐在一起，吃年夜饭守岁，大年初一早上人们穿上漂亮的新衣服，走亲访友互相拜年。

关于中国人过年的习俗，有个古老的传说。很久很久以前，深山里有个凶猛的怪兽，名叫"年"。它身高体大，吼声如雷，跑起来比风还快。每年腊月三十的晚上它都要下山祸害人类，见人就吃，见牲畜就伤害。后来人们发现这个怪兽有三怕，一怕声响，二怕火光，三怕红色。于是，每到它要下山的时候，家家户户就放起鞭炮，挂起大红灯笼，在大门两边贴上红纸写成的对联。怪兽下山后看到这一切，又惊又吓，只好跑回山里不敢露面了。从此怪兽再也不敢来祸害人类了，放鞭炮、挂灯笼、贴春联的过年习俗却流传了下来，为春节营造出热闹、喜庆、欢乐的节日气氛。

赠刘景文

（宋代）苏轼

荷尽已无擎雨盖，菊残犹有傲霜枝。

一年好景君须记，最是橙黄橘绿时。

季

jì

【笔顺】一二千千禾禾季季季

【笔画数】8画

【部首】禾（禾部）

【结构】上下

【书写提示】"季"字上边是"禾"，中间一竖不带钩；下边的"子"三画，不要把第一笔和第二笔连成一笔，错写成两画。

甲骨文　金文　小篆　隶书

甲骨文中的"季"上面是禾；下面是子，表示幼小。"季"的本义是幼嫩的禾苗；引申为年纪最小、排行最末的孩子，如《诗经》"有齐季女"，"季女"即幼女、最小的女儿。古代用"伯、仲、叔、季"表示兄弟之间的排行，"伯"指排行最大的，"仲"指排行第二的，"叔"指排行第三的，"季"指排行第四或最小的。"季"由排行最末又引申为末期、末了的意义，如《礼记》"季春之月"，"季春"即春季的末月，也就是农历三月；《左传》"此季世也"，"季世"即末世；又如"季夏、季秋、季冬、季月、季考、季年、清季"。

禾苗生长、庄稼成熟有极强的季节性，"季"也引申指季节，一季为三个月，如"四季、季风、春季、秋季"；还引申指一段时间，如"淡季、旺季、雨季、旱季"。

秉

bǐng

【笔顺】丿一二千千千乘秉

【笔画数】8画

【部首】丿（撇部）

【结构】独体

【书写提示】"秉"中间一竖不带钩，第四笔横的右端要出头。

甲骨文　金文　小篆　隶书

"秉"的甲骨文字形像一只手握着禾苗的样子。人们收割庄稼时，先将禾谷割下，再一把把捆扎好放在地上。"秉"就表示捆扎好的一束禾，如"秉握"即一握的禾束，表示数量很少；又如《诗经》"彼有遗秉"，即田地里有遗落的禾束。

"秉"由手握一束禾引申为用手拿、持、握的意义，如《诗经》"武王载旆，有虔秉钺"，"旆（pèi）"指旌旗；白居易《观刈（yì）麦》"右手秉遗穗，左臂悬敝筐"；又如"秉圭、秉牍、秉笔直书、秉笏披袍、秉烛夜游、秉烛夜谈、秉旄仗钺"。

"秉"还引申为主持、掌握、按照等意义，如《诗经》"君子秉心"，《三国志》"共秉朝政"；又如"秉持、秉政、秉国、秉公执法、秉公灭私、秉节持重、秉政劳民"。"秉"

又引申为承袭的意义，如"秉承、秉性、遵道秉义、遗训可秉"等。

"秉"现在多用于书面语词。

烽火

（唐代）韩愈

登高望烽火，谁谓塞尘飞。

王城富且乐，曷不事光辉。

勿言日已暮，相见恐行稀。

愿君熟念此，秉烛夜中归。

我歌宁自感，乃独泪沾衣。

兼

jiān

【笔顺】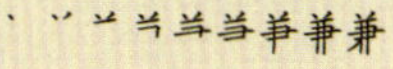

兼

【笔画数】10 画

【部首】八（八部）

【结构】上下

【书写提示】“兼”第五笔横的右端要出头，中间两竖都不带钩。

【词语】兼而有之　兼收并蓄　德才兼备　不可兼得　软硬兼施　风雨兼程　日夜兼程　左右兼顾

金文

小篆

隶书

“兼”的字形结构与“秉”相似。在金文中是并排的两个禾被一只手从中间同时抓住，表示手持两把禾；引申为同时并得、同时具有，如《孟子》“不可得兼”；成语“兼听则明”指君王之贤明就在于善于同时听取各方面的意见。“兼”还引申为合并、吞并，如《左传》“欲兼我也”；成语“兼弱攻昧”指吞并弱者，攻打昏庸者。“兼”又引申为加倍，如“兼日”是不止一日，“兼旬”是二十天，“兼程”指一天走两天的路，表示加倍速度赶路。

送原公南游

（唐代）钱起

有意兼程去，飘然二翼轻。故乡多久别，春草不伤情。洗钵泉初暖，焚香晓更清。自言难解缚，何日伴师行。

来

lái

【笔顺】一一丷丷亚平来来

【笔画数】7画

【部首】一（横部）

【结构】独体

【书写提示】"来"中间一竖不带钩。

【词语】来势汹汹　来之不易　继往开来　突如其来

甲骨文　金文　小篆　隶书　繁体楷书

　　甲骨文中的"来"像一棵叶子对生的带芒刺的谷物；下面是根，中间为茎，上面左右下垂的像吐穗的麦苗。"来"的本义指小麦，是"麦"的本字，如《诗经》"贻我来牟""于皇来牟"，"来"是小麦，"牟"是大麦。

　　在甲骨文时代，"来"已经被借作来来往往的"来"了。因往来的意义难以表现，古人便借用同音的"来"字来表示，如《周易》"憧憧往来"，《诗经》"我行不来"，《论语》"有朋自远方来"；又如"来宾、来寇、来至、来访"。"来"由此引申为返回、归来的意义，如《战国策》"长铗归来者"，又如"来家、来还、来归、回来"；还引申为发生、开始等意义，如"来历、来路、来源、来龙去脉、风来了"；又引申为从过去到现在、从现在到以后等意义，如《归去来兮辞》"知来者之可追"，又如"从来、向来、以来、将来、未来、来年、来日方长"。

在现代汉语口语中，"来"还表示做、想要等意义，如"别胡来、来不得、少来这一套、来两斤、我来写"；又表示概数，相当于"大约"，如"二十来人、三个来月"等。

"来"后来专用于假借意义，小麦的意义就由"麦"字表示了。

浣溪沙

（宋代）晏殊

一曲新词酒一杯，去年天气旧亭台。

夕阳西下几时回。

无可奈何花落去，似曾相识燕归来。

小园香径独徘徊。

麦

mài

【笔顺】一 二 十 土 𡗗 麦 麦

【笔画数】7画

【部首】麦（麦部）

【结构】上下

【书写提示】"麦"七画，不要把上边的竖和下边的撇连成一笔，错写成六画；下边是三画的"夂"，不要错写成四画的"夊"。

【词语】不辨菽麦 针尖对麦芒

甲骨文　金文　小篆　隶书　繁体楷书

甲骨文中的"麦"也像一株小麦的样子，与"来"形音相近。"麦"是后起字，当"来"被借出表示来来往往的意义后，"来"的本义就用后造的"麦"字表示了。"麦"指小麦，如《礼记》"孟春之月，食麦与羊"，《诗经》"爰采麦矣"；又如"麦芒、麦苗、麦仁、麦秸"。小麦原产

◎麦子图

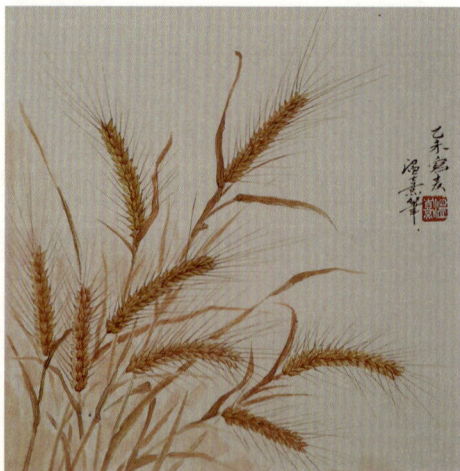

于南欧与西亚，经新疆引进到中原地区，是一种比黍（黄米）、粟（小米）等本土作物高产的外来优

良作物。在我国甘肃考古发现了距今五千多年的炭化小麦颗粒，在山东发现了四千年前的炭化小麦颗粒，在四川凉山发现了五六千年前种植小麦的遗迹。

周人起源于甘肃，东移南下后，在陕西关中平原建立了周王朝，他们是中原地区最早种植小麦的人。周代种麦比较普遍，出现了粟麦并重的农业格局。由于最初煮过的麦粒过于粗糙，口感不好，被视作穷人吃的饭食，如"麦饭豆羹"即指农家的粗菜便饭，因此上古时期小麦的地位不及粟、稻，曾被称作"杂种、杂稼"。汉代开始大面积种植小麦，人们利用石磨将小麦磨成了面粉，用面粉和水作出易于消化的合口面食，加工方式的改进大大改善了小麦的食用口感，小麦的地位得到了极大的提高。唐宋以后，小麦逐渐取代了粟在中国北方的地位，成为长江以北广大地区最主要的粮食作物。考古工作者曾在新疆阿斯塔纳唐墓中发现了以小麦粉为原料做成的面卷、饺子、馄饨和各种花式糕点，充分反映了唐代面点的丰富多样，印证了小麦在当时中国北方的重要地位。南宋时期大批北人南迁，小麦的种植从长江以北迅速扩展到长江以南。明清时期黄河流域小麦种植比例大幅度增加，面食成为北方的主食。

小麦的传入与大量种植对中国北方文明产生很大影响，也使中国人的生产方式和饮食习惯有了很大改变。如今，用小麦粉制作的面条是中国最常见的食品，花样繁多的面条与以饺子为代表的各种面食一起构成了中国美食的重要组成部分。

夏日田园杂兴（其一）

（宋代）范成大

梅子金黄杏子肥，麦花雪白菜花稀。

日长篱落无人过，惟有蜻蜓蛱蝶飞。

田

tián

【笔顺】丨冂冂田田

【笔画数】5画

【部首】田（田部）

【结构】独体

【词语】瓜田李下 沧海桑田

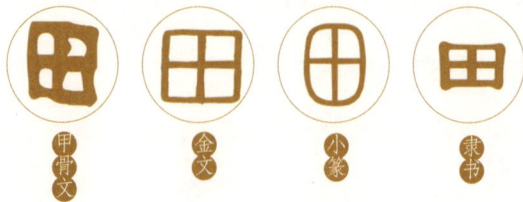

甲骨文　金文　小篆　隶书

"田"在甲骨文中外面的方框表示田地周围的道路，中间纵横交错的是田埂或田间的小沟渠。整个字像分割成一块块的阡陌纵横的田地，是有着田垄和沟洫、经过规整的农田的写照，正如《释名》所说："已耕之地谓之田。""田"指种植农作物的土地，如《管子》"后稷为田"，《诗经》"大田多稼"；又如"田畴、田陌、田野、田亩、田赋、稻田、桑田、瓜田、农田、田连阡陌、良田万顷"。

"田"引申为与农事或农村有关的意义，如"田园、田舍、田家、解甲归田"；泛指可供开采的蕴藏自然资源的土地，如"盐田、煤田、气田、油田"。"田"还用作动词，由农田引申为种田、耕作的意义，如《说苑》"使各居其宅，田其田"，第一个"田"即耕田的意思；又如"田桑、田畜、田戍、田种、田作、田穑"；这个意义后来写作"佃"。

古时，田既是农耕的土地，又是围场狩猎的场所，"田"因此又表示打猎的意义，如《左传》"宣子田于首山"，《淮南子》"焚林而田，竭泽而渔"；又如"田狩、田猎、田弋、田事"即打猎，"田犬、田马"则是打猎时用的犬、马，这个意义后来写作"畋"。

汉字中以"田"为形旁的字多与农田或耕种有关，如"亩、畦、畴、畛、疆、男"。

悯农（其一）

（唐代）李绅

春种一粒粟，秋收万颗子。

四海无闲田，农夫犹饿死。

◎ 汉代绿釉陶水田

周

zhōu

【笔顺】丿 门门门门门门周周周

【笔画数】8画

【部首】冂（同字框部）

【结构】半包围

【书写提示】"周"字第一笔是撇，不要错写成竖；里面的上边是"土"，不要错写成"士"。

甲骨文　金文　小篆　隶书

"周"在甲骨文中是象形字，就像纵横交错、疆域整齐的田地，田里还种满了庄稼。"周"的本义是筑埂划界、圈地而种的农田。

"周"也是一个远古部落的名称，这个部落发祥于黄土高原，后来迁移并定居于岐山脚下土地肥沃、水源丰沛、适于农耕的陕西关中平原。这个部落的始祖是谙熟农耕的后稷，后稷采集并种植野生五谷，取得经验后，教会部落的人耕地种田，被后人尊为"农神"。后稷的子孙继承了农耕传统，在农业上有不少发明，使原始农业有了极大的发展。于是，表示农田的"周"就成为这个擅长农业、以农为本的部落的名称，这个部落的人叫"周人"，他们的居住地叫"周原、周地"（今陕西宝鸡岐山、扶风县交界处），他们在这里造田筑城，兴建宫室，立国为"周"，周原成为周人早期的都邑和重要的政治文化中心。后稷的子孙周武王伐纣灭商后，建立了王朝——"周朝"，定都镐京（今陕西西安以南），镐京成为周王朝的首都和根据地，又称"宗周"。王朝是要发布政令的，因此金文的"周"在田下加了一个口。

农田播种一般要考虑到密度，"周"由此引申为细密、没有疏漏的意义，如《管子》"人不可不周"，《左传》"其藏之也周"；又如"周密、周到、周遍、周严、周全、周祥、周致、考虑不周"。"周"还引申为紧密、亲密的意义，如"周置、周亲、周党"；《论语》"君子周而不比，小人比而不周"，说的是君子与人交往亲密但不朋比结党，而小人则朋比结党但不亲密。"周"也引申为普遍、全部的意义，如《阿房宫赋》"周身之帛缕"，又如"周全、周到、众所周知"；又引申为外围、圈子的意义，如《诗经》"生于道周"，又如"周边、周围、周遭、周延、圆周、四周、绕场一周"。

时间是循环往复的，"周"还表示时间的轮回，如"周期、周而复始"。古代"周"又指年，一周为一年，如"周年、周岁"；现在则指星期，一周为一星期，如"周刊、周末、周六、上周"。

"周"又用作动词，表示环绕、绕一圈的意义，如"周转、周游、周旋、周折"；又表示救济的意义，如"周济、周贫济老"。

"周"作为姓氏有五千多年的历史，源于姬姓，是黄帝的后裔。

赤壁

（唐代）杜牧

折戟沉沙铁未销，自将磨洗认前朝。

东风不与周郎便，铜雀春深锁二乔。

圃

pǔ

【笔顺】丨冂冂冂冏冏冏囿圃圃

【笔画数】10 画

【部首】囗（方框部）

【结构】全包围

【读音提示】"圃"读作 pǔ，不要错读成 bǔ 或 fǔ。

金文　小篆　隶书

　　"圃"在金文中外面是大方框，像四面围住的园子；里面像田里种植着蔬菜的样子。整个字表示有栅栏围住的种植蔬菜瓜果的园子，如《诗经》"九月筑场圃"，又如"圃田、菜圃"；泛指种植蔬果花草树木的园子，如《韩非子》"赵王游于圃中"，又如"花圃、苗圃、园圃、圃畦"。"圃"由此喻指聚集的地方，如"文圃"。

　　"圃"由种菜的园子还引申出种菜以及种菜的人等意义，据《论语》记载，孔子的学生樊迟曾向孔子"请学为圃"，即请教如何从事菜园劳作，孔子回答"吾不如老圃"，即我不如老菜农；前一个"圃"是种菜的意思，后一个"圃"是菜农的意思。

疆

jiāng

【笔顺】乛丆弓弓弓弓弓弓

弓弓弓弓弖弖弖弖彊疆疆

【笔画数】19 画

【部首】弓（弓部）

【结构】左右

【书写提示】"疆"字左边的

"弓"三画，不要把第一笔和

第三笔分成两笔，错写成四画

或五画；也不要漏写"弓"左

下边的"土"。

"疆"在甲骨文中是上下两个田。在金文中，两个田之间和上下加了三横，强调田地边界之间的划界。有的甲骨文和金文字形还在田的左边加了一个弓，弓在古代是狩猎的用具和打仗的武器，也用来丈量田地，表示田地要靠武力来守护，也表示田地的大小要用弓来衡量计算。小篆中，弓的左下边又加了一个土，进一步突出土地的含义。

"疆"的本义指田地的边界，即田界、田地的意义，如《周礼》"制其畿疆而沟封之"，《诗经》"疆场有瓜"；又如"疆畎、疆陇、疆畛"指田地、田界。"疆"由田地的边界引申为国土的边界，即国界的意义，如"疆界、疆略"指国土的边界，"疆吏"指驻防边疆的官吏，"疆事"指边界冲突事件。"疆"进一步泛指国土范围，即国土的意义，如"疆宇、疆域、疆土、疆地"。国土辽阔无垠，"疆"又引申为极限、尽头的意义，如《左传》"以逞无疆之欲"，又如"国土无疆、万寿无疆"。"疆"由国土还引申为保卫国土的战场，如"驰骋疆场"等。

读史（其五）

（宋代）于石

今来古往一封疆，虎斗龙争几帝王。

百二山河秦地险，八千子弟楚天亡。

朝廷有道自多助，仁义行师岂恃强。

往事废兴何处问，寒烟衰草满斜阳。

畜

chù

【笔顺】丶宀亠玄玄产畜畜畜畜

【笔画数】10 画

【部首】田（田部）

【结构】上下

【读音提示】"畜"又读作 xù。

金文　小篆　隶书

　　金文中的"畜"上面像一束丝的样子，表示绳子；下面是田，表示田地、田猎。整个字表示把田猎中捕获的野兽用绳子拴起来饲养，指被人类驯化的禽兽，即人工饲养的动物，如《左传》"家养谓之畜，野生谓之兽"，可见古代"畜"与"兽"是有区别的。古人把牛、马、羊、豕、犬、鸡称为"六畜"，如"六畜兴旺"；还有"家畜、耕畜、农畜、牲畜、畜类、畜力"。"畜"也泛指禽兽并喻指那些具有兽性的残暴卑鄙之人，如"畜生"。

　　"畜"是多音字，又读作 xù，用作动词，表示饲养牲畜，如"畜鸟、畜牛、畜牧、畜养"；引申为养育，如《诗经》"尔不畜我，复我邦家"，《孟子》"仰不足以事父母，俯不足以畜妻子"。

井

jǐng

【笔顺】一 二 于 井

【笔画数】4 画

【部首】一（横部）

【结构】独体

【书写提示】"井"中间是一撇一竖，不要错写成两竖。

【词语】落井下石

井水不犯河水

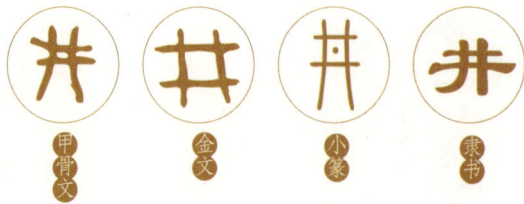

甲骨文　金文　小篆　隶书

　　"井"的甲骨文字形就像打井时放置在水井底部，用来防止井壁坍塌的用圆木做成的方框；又像放置在水井口，用来防止人掉落下去的方形护栏。小篆字形中间多了一点，表示井中有水。"井"是人工开凿的提取地下水的深坑，如《周易》"改邑不改井"，《原道》"坐井观天，曰天者小，非天小也"；又如"古井、水井、井灌、井底之蛙、临渴掘井"。考古发现，我国最古老的井是公元前1300年前开凿的。

　　人类懂得了人工凿井而饮，便围井筑房，不再依赖于江河，定居的地域得以扩大，因此"井"与"乡"同义，又指人口聚居的自然村落，并由此喻指家乡，如"乡井"即家乡；又如马致远《汉宫秋》"背井离乡，卧雪眠霜"。人口聚居之处常设有集市等买卖之所，"井"由此也指街市，"市井"即商业区，如《管子》"处商必就市井"。"井"

由水井还泛指形状像井的东西，如"藻井、天井、油井、盐井、矿井、钻井"。

商周时期实行井田制，将一里见方的田地划分为如同"井"字的九个部分，每部分有百亩，八家各分一部分耕种，中间为公田，由这八家共同管理，并交纳一定的贡赋。"井"因此代指井田，如《周易》"改邑不改井"，《谷梁传》"古者三百步为里，名曰井田"；《孟子》"方里而井，井九百亩。其中为公田，八家皆私百亩，同养公田。公事毕，然后敢治私事"。

井田制规定明确，划分规整，"井"又喻指整齐有序、条理分明的意义，如《荀子》"井井兮其有理也"，还有"井井有条、秩序井然"。

如梦令

（宋代）曹组

门外绿荫千顷，两两黄鹂相应。

睡起不胜情，行到碧梧金井。

人静，人静。风动一庭花影。

◎ 汉代带辘轳水槽的陶井

力

【笔顺】フ力

【笔画数】2画

【部首】力（力部）

【结构】独体

【书写提示】"力"撇的上端要出头，注意不要与"刀"相混。

【词语】力不从心 力所能及 量力而行 身体力行 不遗余力 群策群力 同心协力 心有余而力不足

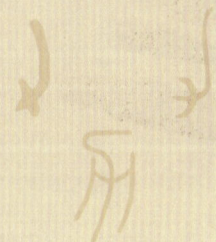

甲骨文　金文　小篆　隶书

甲骨文中的"力"像一种耕田用的农具；上面是长而略弯的手柄，下面是耕地翻土用的带刃的刀。"力"的本义指一种类似犁的农具。耕田需要用力气，"力"由此引申为力气、力量的意义，如《诗经》"有力如虎，执辔如组"，《孟子》"吾力足以举百钧，而不足以举一羽"；

◎ 清代粉彩耕织图鹿头尊

又如"力道、力度、人力、体力、臂力、尽力、卖力、大力士、身强力壮、声嘶力竭、有气无力"。耕田还需要有能力，由此引申为技能、才能的意义，如"才力、功力、目力、脑力、财力、实力、力不能及、自食其力"；还引申为强制性的力量、权势，如"权力、势力、暴力、武力、威力"；又引申为能量、效益，如"动力、弹力、外力、压力、药力"。

"力"也用作副词，表示尽量、用尽的意义，如"力避、力挫、力荐、力求、力图、力争上游、力挽狂澜、力主变法、力战群雄、力排众议"。

汉字中以"力"为形旁的字多与耕地或力量有关，如"男、劳、勇、劣、动、幼、功、劲、勤、助、劫"等。

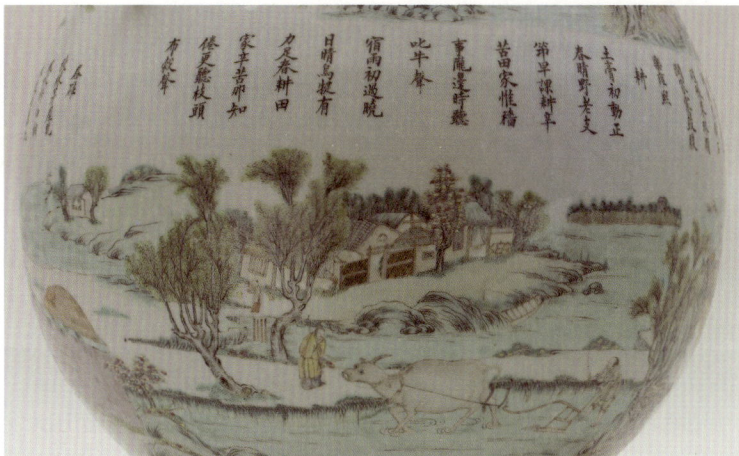

◎ 清代粉彩耕织图鹿头尊（局部）

菩萨蛮

（唐代）温庭筠

玉楼明月长相忆，柳丝袅娜春无力。

门外草萋萋，送君闻马嘶。

画罗金翡翠，香烛销成泪。

花落子规啼，绿窗残梦迷。

男

nán

【笔顺】丶口曰田田男男

【笔画数】7画

【部首】力（力部）

【结构】上下

【书写提示】"男"字下边是"力"，不要错写成"刀"。

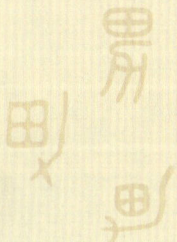

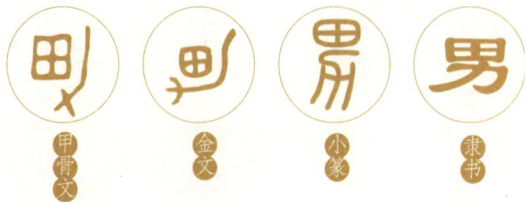

甲骨文　金文　小篆　隶书

"男"在甲骨文中由田、力组成；田表示农田，力是古代耕田的农具。整个字像使用农具在田里劳动耕作，指在田里劳动耕作的男子，如"男儿、男子汉、男耕女织"。

◎ 汉代红陶持筛俑

耕田是个力气活，古代男子主要从事田间劳作，以农具和农田会意表示男子，正是突出了男性以农耕为主的特征，表明男性是田间农事的

主要劳动力。从"男"的古字形可以看出，当人类从狩猎时代迈入农耕时代，男子便承担了主要的农业生产劳动，从而取代了女子，成为社会和家庭中的主宰。

"男"又表示儿子，如"生男生女、膝下有一男两女"。"男"还是古代公、侯、伯、子、男五等封爵制的第五位，如"男爵"。

秋日田园杂兴（其二）

（宋代）范成大

朱门巧夕沸欢声，田舍黄昏静掩扃。

男解牵牛女能织，不须徼福渡河星。

幼

yòu

【笔顺】乡 乡 乡 幻 幼

【笔画数】5画

【部首】幺（幺部）

【结构】左右

【书写提示】"幼"字左边是"幺"，不要错写成"纟"；右边是"力"，不要错写成横折钩，与"幻"相混。

【词语】扶老携幼

甲骨文　金文　小篆　隶书

　　"幼"在甲骨文中上面是力，力是耕地的农具，在此表示力量；下面是幺，幺是半个糸（mì），表示极其细微的蚕丝。整个字表示力量极其微弱，本义指幼小、年幼，如《礼记》"人生十年曰幼"，又如"幼年、幼稚、幼龄"；引申指年幼的人，如"男女老幼、扶老携幼"；泛指幼小的事物，如"幼苗、幼虫"。"幼"还用作动词，表示爱护幼小的意义，《孟子》"幼吾幼，以及人之幼"中的第一个"幼"就是爱幼的意思。

幼女词

（唐代）施肩吾

幼女才六岁，未知巧与拙。

向夜在堂前，学人拜新月。

其

qí

【笔顺】一 十 卝 卝 甘 其 其 其

【笔画数】8 画

【部首】八（八部）

【结构】上下

【词语】其乐无穷 顺其自然
不计其数 果不其然 夸夸其谈
人尽其才 若无其事 适得其反
首当其冲 郑重其事 自食其力
坐享其成

甲骨文　金文　小篆　隶书

甲骨文中的"其"像一个用竹篾编成的箕筐。"其"的本义指簸箕，是"箕"的本字。簸箕从古至今都是一种常用的工具，使用极为普遍，既是用来簸粮食的农用盛具，也是用来盛倒垃圾的日常用具。

后来古人就借用"其"来表示意义较为抽象的代词，用来代指人或物，相当于"他（们）、她（们）、它（们）、

◎ 商代铜箕

◎ 隋代彩陶执箕女俑及磨

那（些）"，如《乐府诗集·孔雀东南飞》"其日牛马嘶，新妇入青庐"；又如"其他、其余、其次、其貌不扬、不厌其烦、独善其身、各得其所、身临其境、莫名其妙"。"其"还借作副词，表示反问、祈使、揣测等多种语气，如"其谁不知、其奈我何、何其多也、其皆出于此"；也借作连词，表示假设、选择等语意关系，如《孟子》"其若是，孰能御之"，《马说》"其真无马邪，其真不

识马也"；还借作语助词，如《诗经》"北风其凉，雨雪其雱"，《楚辞·离骚》"路漫漫其修远兮，吾将上下而求索"；又用作词缀，如"尤其、极其"等。"其"现在多用于书面语。

"其"后来专用于假借意义，人们又加了一个竹字头，另造"箕"字表示簸箕的意义。"其"又读作 jī，用于古代人名"郦食其、审食其"。

罗

luó

【笔顺】 丶 ㄇㄇㄇㄇ罗罗罗

【笔画数】 8画

【部首】 四（四部）

【结构】 上下

【书写提示】 "罗"字下边是"夕"，不要错写成"夂"或"攵"。

"罗"的甲骨文字形上面是古代捕鸟用的网，下面是隹，隹像短尾巴的小鸟；整个字用鸟落在网中表示捕鸟用的网。小篆字形加了一个糸（mì），强调系鸟的丝绳。"罗"本义指捕鸟用的网具，如《诗经》"有兔爰爰，雉离于罗"，《韩非子》"以天下为这罗，则雀不失矣"。

相传伏羲氏的大臣芒氏发明了罗。最初古人把捕鸟用的网具称为"罗"，把捕鱼用的网具称为"网"。后来"罗"与"网"的意义都逐渐泛化，"罗"不仅可以用来捕捉鸟类，也可以用来捕捉老虎、野猪、兔子等走兽和江河中的鱼类，甚至可以用于捕捉人，泛指一切有形无形的网，如"罗网、天罗地网"。

"罗"也指一种带有细密网眼的筛子，用于筛面粉等物，如"罗筛、罗床、绢罗、过罗"；又指一种质地稀疏而

轻薄的丝织品，如"罗衣、罗衫、罗巾、罗带、罗衾、罗帕、罗扇、罗纹、绫罗绸缎、遍身罗绮"。

"罗"还用作动词，表示张网捕鸟的意义，如《诗经》"鸳鸯于飞，毕之罗之"；成语"罗雀掘鼠"指因粮尽而张网捕雀、挖洞掘鼠以充饥；"门可罗雀"指门前可以设网捕雀，喻指门庭冷落。"罗"也表示用罗筛东西，如"罗面"。"罗"还表示招致、收集等意义，如《庄子》"万物毕罗，莫足以归"；又如"罗致、搜罗、网罗、包罗万象、罗织罪名"。"罗"还表示陈列、排列的意义，如陶渊明《归园田居》"桃李罗堂前"，又如"罗列、罗布、星罗棋布"等。

野田黄雀行

（魏晋）曹植

高树多悲风，海水扬其波。

利剑不在掌，结友何须多？

不见篱间雀，见鹞自投罗。

罗家得雀喜，少年见雀悲。

拔剑捎罗网，黄雀得飞飞。

飞飞摩苍天，来下谢少年。

网

wǎng

【笔顺】丨冂冈网网网

【笔画数】6画

【部首】冂（同字框部）

【结构】半包围

【书写提示】"网"在字的上边时写作"罒"，叫作四字头。

【词语】网开三面 网漏吞舟 漏网之鱼 天网恢恢 一网打尽 自投罗网

"网"在甲骨文中就像一张打开的网；两边是木桩，中间是绳线编织而成的网。"网"本义指捕鱼用的网具，是古人狩猎的重要工具，如《诗经》"鱼网之设"，又如"鱼死网破"。相传伏羲氏结绳编织成捕鱼工具，并教人结网捕鱼，使族群得以温饱。

"网"由捕鱼的渔网泛指捕猎鸟兽的网，捕猎时人们在四面设网，用以围捕禽兽，如《盐铁论》"网疏则兽失"，

◎ 新石器时代网纹双耳彩陶壶

◎ 汉代捕鱼画像砖

又如"罗网、张网、网眼"。"网"又泛指网状的物品，如"水网、蛛网、球网、电网、网兜、网罩、网球"。"网"还用于抽象事物，喻指纵横交错的组织或系统，如《诗经》"天之降网，维其优矣"，其中"网"指法网；又如"网点、网络、火力网、交通网、关系网、网开一面、天罗地网"。

"网"也用作动词，表示用网捕鱼的意义，如"网鱼"；引申为到处收集，如"网罗"。"网"现在还特指互联网，如"上网、网游、网民、网友"等。

汉字中以"网"为形旁的字多与网有关，如"罗、罟（gǔ）、罩、羁"等。

旅寓洛南村舍

（唐代）郑谷

村落清明近，秋千稚女夸。

春阴妨柳絮，月黑见梨花。

白鸟窥鱼网，青帘认酒家。

幽栖虽自适，交友在京华。

卜

bǔ

【笔顺】丨卜

【笔画数】2画

【部首】卜（卜部）

【结构】独体

【读写提示】"卜"字是一竖一点，不要把点错写成短横。

【读音提示】"卜"又读作 bo。

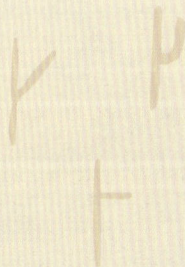

甲骨文　金文　小篆　隶书

甲骨文中的"卜"是象形字，像龟甲兽骨被火灼烧后出现的裂纹。上古先民有占卜吉凶的习俗，在甲骨文产生的商代，人们用龟甲、牛骨等作为占卜的材料，先在甲骨

◎ 商代占卜用的牛肩胛骨

的背面钻出一些小坑，占卜的时候，用火灼烧龟甲或兽骨上面的这些小坑，使甲骨表面产生裂纹，这种裂痕叫作"兆"，人们就根据裂纹的不同形状来判断或预测事情的吉凶。"卜"的本义就是用火灼烧龟甲、兽骨取兆以占问吉凶，如《周礼》"问龟曰卜"，《诗经》"尔卜尔筮，体无咎言"；"卜甲、卜骨"即占卜用的龟甲。"卜"由此泛指预测吉凶的各种占卜行为，如"未卜先知"；掌管占卜的官员叫作"卜人、卜正、卜师"，占卜后在龟甲或兽骨上记录占卜情况的文字叫作"卜辞"。"卜"还引申为占卜选定、选择的意义，如"卜郊"指占卜选定日期以行郊祭，"卜居、卜宅"指占卜选择居住的地方，"卜地"指占卜选择福地。

因占卜是对吉凶结果的预测，"卜"又引申为预料、推测的意义，如"卜度、卜问、卜测、卜算、预卜、前途未卜、生死未卜"等。

"卜"是多音字，在"萝卜"中要读作轻声 bo。

秋野（其二）

（唐代）杜甫

秋野日疏芜，寒江动碧虚。

系舟蛮井络，卜宅楚村墟。

枣熟从人打，葵荒欲自锄。

盘餐老夫食，分减及溪鱼。

占

zhān

【笔顺】丨卜占占占

【笔画数】5画

【部首】卜（卜部）

【结构】上下

【书写提示】"占"字第二笔是横，左端不出头；注意不要与"古"相混。

【读音提示】"占"又读作zhàn。

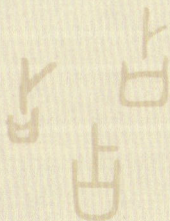

甲骨文中的"占"上面是卜，像火烧甲骨后所呈现的裂纹；下面是口，表示以口卜问吉凶。整个字表示根据甲骨上呈现出来的裂纹形状来推测吉凶的意义，与"卜"同义，如《尚书》"三人占"，《左传》"史苏占之，曰：不吉"。

占卜出现于原始社会晚期，是古代先民沟通人与鬼神的方法。夏商周时期，人们对鬼神十分敬畏，经常通过占卜这种特殊的仪式与鬼神沟通交流，听取鬼神的意见，祈求鬼神降福保佑。商代占卜之风日盛，据《礼记》记载："殷人尊神，率民以事神，先鬼而后礼。"人们非常迷信，笃信鬼神，认为占卜能获得神的启示，预先感知事情的结果，因此遇事必卜，上自国家大事，如祭祀、征伐、气候、收成、田猎，下至私人生活，如生育、疾病、做梦、出门等，无不祈问鬼神，以鬼神的意志和事情的吉凶祸福而决定行止。

占卜成了国家政治生活中的一件大事，朝廷设有专门的机构和官吏掌管占卜之事，如"占人"即卜官，是掌管占卜的官吏。占卜材料主要用乌龟的腹甲、背甲和牛的肩胛骨，也有用羊、猪、鹿、虎、象骨甚至人头骨的。从事占卜的人将所要占卜之事刻在甲骨上，经火烧灼后，根据甲骨表面产生裂纹的各种形状即兆象来判断吉凶。

"占"泛指察看征兆、推测吉凶的意义，如《法言》"史以天占人，圣人以人占天"；又如"占卦、占课、占术、占书"。"占"进一步引申为察看、观测的意义，如"占视、占天、占云、占星术"；又引申为推测的意义，如"占梦、占射、占覆"。"占"也用作名词，引申为兆象、征兆的意义，如《水经注》"山崩川竭，国土将亡之占也"。

"占"是多音字，又读作 zhàn，表示据有、处于的意义，如"侵占、攻占、霸占、占领、占据、占线、占上风、占便宜"等。

凉思

（唐代）李商隐

客去波平槛，蝉休露满枝。

永怀当此节，倚立自移时。

北斗兼春远，南陵寓使迟。

天涯占梦数，疑误有新知。

告

gào

【笔顺】丿 ㇗ 牛 牛 牛 告 告

【笔画数】7画

【部首】口（口部）

【结构】上下

【书写提示】"告"字上边的"牛"中间一竖下端不出头。

【词语】告贷无门 自告奋勇 大功告成

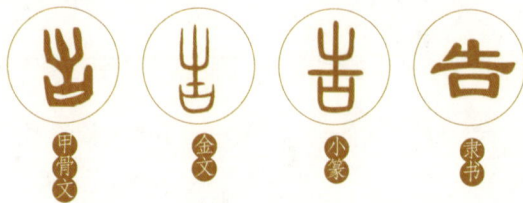

"告"的甲骨文字形上面是牛，古代常用牛作为祭祀用的牲畜，牛在这里代表祭祀时的祭品；下面是口，表示述说。整个字表示人用牛献祭，向神灵或祖先祝祷求福的意义，如《尚书》"敢敬告天子"，《诗经》"必告父母"，《吕氏春秋》"告于先君"。上古时期，牛是最高规格的祭祀牲畜，只有在隆重的祭祀场合才会使用，"告"的古字形表现的就是上古时期以牛为牺牲的隆重的祭祀祈祷仪式。

后来"告"祷告的意味逐渐淡化，泛指大声诉说、高声宣布、对人表达等意义，如《仪礼》"以告于乡先生君子"，《列子》"不告而娶"；又如"报告、正告、宣告、告白、告知、告示、告诫、告捷、告终、广而告之、奔走相告"。"告"还引申为揭发，如"控告、告发、告密、告状、上告、控告、诬告"。"告"也引申为请求、呼求，如"告请"即请求，"告命"即请命，"告饮"即请饮，"告老还乡"即请求老后返回家乡；又如"告假、告病、告急、告警、哀告、呼告"。"告"又引申为辞别、辞行的意义，如"告别、告辞、告退、告行"。

　　"告"也用作名词，表示向公众通知的内容，如"布告、通告、文告、广告、讣告、安民告示"等。

示儿

（宋代）陆游

死去元知万事空，但悲不见九州同。

王师北定中原日，家祭无忘告乃翁。

帝

dì

【笔顺】丶一亠亠立产产帝帝

【笔画数】9 画

【部首】巾（巾部）

【结构】上中下

【词语】儿皇帝　土皇帝

甲骨文　金文　小篆　隶书

　　"帝"在甲骨文中下面像捆扎堆积在一起的木柴，上面像一个台子。整个字像用交互叠放、支撑在一起的木柴架起来的祭台，表示焚烧柴草以祭祀天帝的意义。上古时期非常注重祭祀，《左传》说："国之大事，在祀与戎。"当时祭祀与战争是一个国家的头等大事，被视为政权之根本。古人祭祀主要是祭天地山川的神灵和自己的祖先，既是为了祈求上天消灾除害，祈求祖先降福佑护，也是为了报谢天帝与祖先的恩赐。透过"帝"的古字形，我们仿佛看到上古先民举行庄严神圣隆重盛大的祭祀仪式的场景。

　　"帝"由焚柴祭天引申指主宰天地万物的神灵，即最高的天神，如《礼记》"柴于上帝"，意思就是燃柴祭天帝；《诗经》"在帝左右""帝命不时"，《列子》"告之于帝"；又如"天帝、帝君、玉皇大帝"。"帝"由主宰天地万物的天

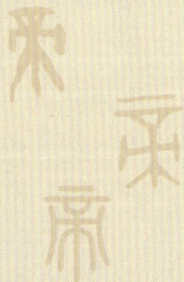

神又引申指人世间那些道德、修养和功德很高，达到了与天地一样的圣人，如上古时期的"黄帝、尧帝、舜帝、三皇五帝"，他们是人类中最有智慧与能力的，民众敬重他们，推举他们为最高的管理者。

随着私有制的产生，人类因财富的多少而出现了不同的等级，"帝"的意义也随之发生了变化，从原来的道德、修养和功德的最高境界渐渐变为最高地位的象征，表示拥有最大权力和最多财富的最高统治者，如《战国策》"强争为帝"，又如"帝王、帝位、帝储、帝世、帝宫"。秦始皇统一天下后，以"皇帝"为君主的专用称号，从此"帝"成为皇帝的简称，如"帝后、称帝、先帝、帝王将相"。

"帝"还用作动词，表示称帝的意义，如《后汉书》"受命而帝，兴明祖宗"。

代春赠

（唐代）白居易

山吐晴岚水放光，辛夷花白柳梢黄。

但知莫作江西意，风景何曾异帝乡。

示

shì

【笔顺】一二干示示

【笔画数】5 画

【部首】示（示部）

【结构】上下

【书写提示】"示"字下边是"小"，中间一竖要带钩。"示"在字的左边时写作"礻"，叫作示字旁。

【词语】不甘示弱 枭首示众

"示"的甲骨文像古人祭祀用的祭台。古人相信神灵，希望通过祭祀来表达对神灵的崇拜，祈求神灵的降福和保佑。神灵看不见摸不着，祭祀时摆放祭品的祭台就成了代表神灵接受祭品的灵物，因此古人用表示祭台的"示"来代指神灵，"示"是"神"的本字，"神"是后起字。祭品摆放于祭台之上是为了供神灵享用，"示"由此引申为给人看、让人知道的意义，如《老子》"国之利器不可以示人"。"示"也用作名词，表示公文，如"告示"；还表示命令，如"请示"；又表示供人学习的典范或例子，如"示范"。"示"还用作敬称，用于他人来信，如"赐示、惠示"。

汉字中以"示"为形旁的字多与祭祀、礼仪或神鬼有关，如"祠、祖、祝、祀、祭、祟"。

社

shè

【笔顺】丶㇀礻礻礻社社

【笔画数】7画

【部首】礻（示字旁部）

【结构】左右

【书写提示】"社"字左边是"礻"，不要错写成"衤"。

甲骨文　金文　小篆　隶书

　　在甲骨文中，"社"与"土"是同一个字。到了金文中，"社"与"土"分化，在土的左边加示，表示神灵。"社"的本义是人们聚土成墩、用于祭拜的土地神，即社神，如《左传》"后土为社"，"后土"即土神。社神是人类进入农耕时代的产物。古人对滋养万物的土地以及巍峨高耸的高山产生了敬畏和崇拜意识，于是奉土地为神灵，封土成堆，立社祭祀，社神的原始形态就是一个用土堆成的大土墩。

　　"社"由土地神引申为祭社的场所，如《礼记》"天子建国，左庙右社"，"庙"是祭祀天神的场所，"社"是祭祀土地神的场所。社祭的目的是祈求土地神的保佑，祈望风调雨顺、五谷丰登，甲骨文中就有不少关于商王社祭祈求甘雨和丰收的卜辞。土地广阔无垠，古人收集东、南、西、北、中五方之土代表天下的土地，"封五土以为社"加以祭祀，如《史记》"天子之国有大社"，《初学记》"天子大社，以五色土为坛"；历代帝王祭祀土神和谷神的"社稷坛"就是在此基础上形成的。北京中山公园内的"社稷坛"是明清两代皇帝祭祀土神和谷神的场所，坛中的土中黄、东青、南红、西白、北黑，以"五色"象征代表金、木、水、火、土的"五行"为万物之本，也寓意"普天之下，莫非王土"。以五谷神"社"指土地神，"稷"代指国家，正说明土地和粮食对于国家的重要地位。

社的历史相当悠久，据古代文献记载，夏商周时期不仅天子建社祭祀，普通百姓也要置社祭拜，从国都到城乡普遍立社，有王立的"王社"、诸侯立的"侯社"，还有"太社、国社"等，可见当时"祭社"之普遍。《周礼》说："二十五家为社，各树其土所宜之木。"，即规定每二十五户人家要封土为坛立社，还要在上面种植松、柏、梓、栗、槐等适宜生长的树木。

"社"也用作动词，指祭祀社神，如"社庙"是祭祀社神的场所；"社日"是祭祀社神的日子，也是民间的盛大节日，一般在立春和立秋后进行，叫"春社、秋社"；祭社的饭食叫"社饭"，祭社的酒叫"社酒"，祭社的牲肉叫"社肉"。

社是祭祀土地神的场所，每当发生重大事变时，人们往往结盟于社，"社"由此引申为公众聚集的场所和活动的中心。人们不仅在祭社时祈求粮食丰收，遇到天旱、水灾、异常天象时祭祀于社，在发生战争等重大事件时还要结盟于社，"社"渐渐引申为地方基层社会单位，如"村社、社群"。随着社会的发展，"社"祭神的性质及其活动也随之发生变化，逐渐引申出组织团体、单位机构等意义，如"社区、社会、社交、公社、通讯社"等。

豆

dòu

【笔顺】一丆丆口豆豆豆

【笔画数】7 画

【部首】豆（豆部）

【结构】上中下

【词语】豆蔻年华　目光如豆

种瓜得瓜，种豆得豆

甲骨文　金文　小篆　隶书

　　"豆"的甲骨文像一种盛放食物的高脚器皿；上面一横是盖子，中间部分是豆腹，里面的一横表示其中盛放的食物，下面是豆足和底盘。古代食具分工明确，不同的器皿盛放不同的食物，并不随意混用。豆是古人用来盛放肉食及肉酱、腌菜等调味品的主要食具，相当于今天的菜盘，

◎ 西周原始瓷豆

有木质、竹制、陶制和青铜制。《国语》中有"觞酒，豆肉，箪食"的说法，觞是盛酒的器具，豆是盛肉的器皿，箪是盛饭的器皿。豆由盛肉的器具又用作祭祀用的礼器，用来盛放祭祀供奉的食品，"豆俎（zǔ）、豆笾（biān）、羞豆"都是盛放祭祀用肉食的礼器。"豆"还用作量具，表示容量单位，古代四升为一豆。

后来"豆"被借来替代"菽"，表示豆类植物，如"黄豆、绿豆、扁豆、豆腐、豆浆"等。"豆"字的本义和引申义现在都不再使用了，我们今天使用的只是它的假借意义。

© 战国镶嵌蟠螭纹青铜豆

七步诗

（魏晋）曹植

煮豆燃豆萁，豆在釜中泣。

本是同根生，相煎何太急？

鼎

dǐng

【笔顺】丨丨丨甲甲目目鼎鼎鼎鼎鼎

【笔画数】12 画

【部首】目（目部）

【结构】上下

【书写提示】"鼎"要注意正确的笔顺和笔画数，左下边三画，不要把第一笔错分成两笔或三笔；右下边是四画，不要把第一、二、三笔错连成一笔。

【词语】人声鼎沸 钟鸣鼎食

甲骨文中的"鼎"像一种烹饪用具；上部是鼎的双耳和鼎腹，下部是鼎足。鼎在古代主要用来烹煮或盛放肉食物，有圆形或方形，圆鼎三足，方鼎四足，有的两侧有耳，如"鼎镬、鼎食"。原始时期的鼎用黏土烧制，是陶鼎。商周时期青铜冶炼技术发达，用青铜铸造了许多精美的铜鼎。

青铜鼎是我国高度发达的青铜文化的代表。中国现存最大、最重的青铜鼎是1939年在河南安阳出土的商代晚期的后母戊大方鼎，鼎腹内壁铸有"后母戊"，是商王为祭祀他的母亲戊铸造的。鼎高133厘米，重832.84千克，鼎身四周铸有精巧的盘龙纹和饕餮纹，具有威武凝重之感。铸造此鼎所需金属原料超过1000千克，显示出商代青铜铸造业庞大的生产规模与杰出的技术成就。

◎ 商代后母戊青铜鼎

鼎又是古人祭祀的礼器，用来盛放祭祀时献给神灵的肉食，上刻文字以记录典章制度或表彰功绩，铸有精美的纹饰，象征君主、贵族的权力。在夏商周时期，鼎是青铜器中数量最多、地位最重要的核心礼器，在中国传统文化中留下了深深的印记。鼎用以"别上下，明贵贱"，由此体现贵族的身份和等级。据古文献记载，周代有着严格的用鼎制度，有天子九鼎、诸侯七鼎、大夫五鼎、士三鼎或一鼎之分，庶人则不得用鼎。

相传黄帝战胜蚩尤后，曾铸有三鼎，分别象征着天、地、人。大禹建立夏朝后，把天下分为九州，下令用九州之铜铸造九鼎，象征着九州，鼎上铸有魑魅魍魉，提醒人们防其伤害。鼎从此成为君王权力与国家政权的象征，上升为立国之器、镇国之宝和传国重器。"九鼎"喻指九州，"鼎运、鼎祚"喻指国家，"鼎命、鼎业"喻指帝王之位，"鼎台、鼎臣、鼎辅、鼎司"喻指宰相、三公等重臣之位，定都或建立王朝为"定鼎"，图谋王权为"问鼎"。夏商周三代都以九鼎为传国之宝，国亡则鼎迁。商灭夏后，九鼎迁至商都。周灭商后，九鼎迁至周都。秦灭东周后，九鼎下落不明，至今仍为待解的文化之谜。

鼎由日常炊具到祭祀礼器再到立国、镇国、传国之重器，"鼎"也由此引申出大、盛大、显赫、尊贵等意义，如《汉书》"天子春秋鼎盛"，《吴都赋》"高门鼎贵"；又如"鼎力、鼎助、鼎臣、鼎姓、鼎族、大名鼎鼎、一言九鼎"。"鼎"还引申出变革、重新开始等意义，如"鼎革、鼎新"。中国人有"立于三"的说法，"鼎"又喻指像鼎的三足一样三方并峙的局面，如《三国志》"如此则荆吴之势强，鼎足之势成矣"；又如"鼎峙、鼎分、三足鼎立"等。

鼎在中国历史上辉煌了两千多年，秦汉以后，其王权象征意义和神秘色彩逐渐消退，后代的鼎一般安放于寺庙大殿之前，用作焚香器物和装饰器物。

蜀先主庙

（唐代）刘禹锡

天地英雄气，千秋尚凛然。

势分三足鼎，业复五铢钱。

得相能开国，生儿不象贤。

凄凉蜀故妓，来舞魏宫前。

© 西周大盂青铜鼎

具

jù

【笔顺】丨冂冂目目且具具

【笔画数】8画

【部首】八（八部）

【结构】上下

【书写提示】"具"上边的里面是三横，不要错写成"且"。

【词语】具体而微 独具慧眼 独具匠心

甲骨文　金文　小篆　隶书

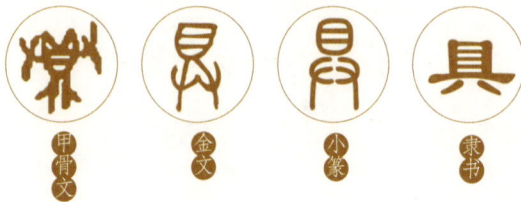

　　甲骨文中的"具"是会意字，中间是鼎；左右两边是两个又，又是手。整个字像双手捧举着盛有食物的鼎器，表示备办饭食以招待宾客的意义，如《仪礼》"具馔于西塾"，"具馔"与"具食"指备食，"具觞"指备酒。"具"由此泛指备办、供置的意义，如《孙子兵法》"具器械"，孟浩然《过故人庄》"故人具鸡黍"；又如"具禀"指备办上报的文件，"具覆"指备办回复的文件。"具"还引申为写、陈述的意义，如"具文、具状、具名、知名不具"；又引申为拥有的意义，如"具有、具备、具体、别具一格、各具情态"。

　　"具"还用作名词，表示饭食，如《战国策》"食以草具"；又表示酒席，如《史记》"今有贵客，为具召之"；也表示器具，如"餐具、酒具、茶具、文具、农具、工具、雨具、用具、刑具"。

　　"具"又用作副词，表示全部的意义，如《诗经》"莫怨具庆"，这个意义后来写作"俱"，如《岳阳楼记》"政通人和，百废俱兴"。"具"也用作量词，相当于"副、架"，如"一具尸体"。

怀杨台文杨鼎文二秀才

（唐代）陆龟蒙

秋早相逢待得春，崇兰清露小山云。

寒花独自愁中见，曙角多同醒后闻。

钓具每随轻舸去，诗题闲上小楼分。

重恩醉墨纵横甚，书破羊欣白练裙。

尊

zūn

【笔顺】丷丷酋酋酋酋酋酋酋
酋尊尊

【笔画数】12 画

【部首】寸（寸部）

【结构】上下

【书写提示】"尊"字上边是
"酋"，不要漏写里面的一横。

【词语】屈尊就驾 养尊处优
唯我独尊

甲骨文　金文　小篆　隶书

◎ 新石器时代刻符陶尊

甲骨文中的"尊"上
面是酋，酋是一种盛酒的
器皿；下面像两只手朝上
捧物的样子。整个字像用
双手捧着盛酒的器皿，表
示酒樽的意义，是"樽"
的本字，如《周礼》"辩六
尊之名物"，"六尊"指六
种形制的酒樽；又如《后
汉书》"形似酒尊"。最初酒樽的意义是用"酋"字来表示的，
"酋"本义是盛酒器，即酒樽，引申指酒，后来借用为地支
用字。于是人们便用手捧酒器的"尊"字取代了"酋"字，
表示酒樽；又用"酒"字取代了"酋"字，表示美酒。因

◎ 商代四羊青铜方尊

此在酒樽的意义上，"尊"是"樽"的古字，而"酉"又是"尊"的古字。

尊是商周时期盛行的一种大中型的盛酒器，初为陶制，后为青铜制，长颈敞口，圆腹或方腹，还有各种动物造型的牺尊。作为礼器，尊一般在祭祀大典或招待宾客时使用。考古出土的商代四羊青铜方尊浑厚雄奇，纹饰精美，工艺复杂，是商代青铜器中的珍品。唐宋以后盛酒或宫廷陈设则盛行用瓷制的长瓶。

"尊"由盛酒的礼器引申为敬重、崇敬的意义，如《过秦论》"尊贤而重士"，又如"尊重、尊敬、尊尚、尊崇、尊奉、尊师重教、尊老爱幼、尊为楷模"。"尊"还引申为高贵、崇高的意义，如《周易》"天尊地卑，乾坤定矣"，《战国策》"位尊而无功"；又如"圣尊、至尊、望尊、尊贵、尊严、尊客、尊驾、尊府、尊容、尊称"。"尊"又引申为年龄大、辈分高、地位高等意义，如"尊年、尊者、尊长、尊亲、尊官、尊位"。"尊"由此用作敬称，表示对人的尊敬之意，如称帝王为"尊王、尊君"，称对方父亲为"令尊、尊公、尊甫、尊上、尊大人"，称对方母亲为"尊堂、尊慈、尊萱"，称对方妻子为"尊夫人"，询问对方姓名用"尊姓、尊姓大名"。"尊"也用作量词，用于盛酒器、塑像、大炮等，如苏轼《念奴娇·赤壁怀古》"一尊还酹江月"，又如"一尊佛像、二十六尊大炮"等。

"尊"后来专用于引申意义，酒樽的意义则用"樽"字表示。

忆江南（其二）

（唐代）刘禹锡

春去也，共惜艳阳年。

犹有桃花流水上，无辞竹叶醉尊前。

惟待见青天。

编辑手记

随着网络技术的普及，我们书写汉字的机会越来越少，提笔忘字成了中国人的一声叹息。但随之而来的是，手写汉字的复古风也渐渐成为一种潮流，越来越多的年轻人开始写日记、记手账、抄心经、临摹字帖。这从一个侧面反映出中国人内心深处的汉字情节。

汉字是打开我们认知世界的一扇门。记得小时候，最初开始认识汉字，是在妈妈怀里跟着她一起看书读报。先是妈妈念给我听，后来，那些在我眼里原本都是一个个小黑块的东西开始有了生命力，认识它们之后，我能流利地读懂书里的故事，流畅地说出内心的想法。随着认识的方块字越来越多，我也越来越喜欢用学会的词语来表达自己的感受。现在想想，汉字竟是如此神奇，那一撇一捺、那横折弯钩，每一笔都联通着我们中华民族的文化之根。尽管很小的时候就认识了不少汉字，但却不了解每个汉字背后所承载的文化，更不了解每个汉字的起源及其演变。直到很偶然也很幸运地拿到子默老师写的这本书稿。静下心来，仔细阅读书中讲述的每一个汉字，我发现，原来每一个汉字的背后，都有我们中华民族五彩斑斓的历史故事和博大精深的文化。

这是一本从汉字的古字形入手，梳理汉字意义演变的书，其中穿插着丰富而有趣的中国历史文化知识，既直观明了地展示汉字字体与字义演变，又贯穿着悠久的中华文明史，让读者读懂汉字的前世今生。书中的古诗词，又使读者能够深刻感悟汉字的形意之美与独特韵味。

读完书稿，更多地感受到一种无法言表的愧疚，读了这么多年的书，天天与汉字打交道，我对汉字的认识也只是一知半解而已。石虎先生曾说过："汉字有道，以道生象，象生音义，象象并置，万物寓于其间。"作为一名编辑，我觉得应该让更多的人了解我们中华民族的符号——汉字，让更多的人知晓汉字所承载的丰厚文化。因为越是了解祖先的文化根基，才能越深刻地认识我们自己。

本书得以付梓，离不开子默老师良工苦心的创作，特别感谢子默老师在书稿编校过程中给予的悉心帮助和指导。感谢李晓前老师对我的信任和栽培，感谢美编孙艳武为版式与封面设计投入的热忱与精力。感谢国家博物馆为本书提供精美文物图片，感谢剪纸艺术家刘卓提供技艺精湛的剪纸作品、国画艺术家温熹专门为本书绘制的书画作品，以及京剧票友包玥为本书提供的京剧摄影作品。每一位为本书的出版付出心血的朋友，在此一并致谢！不足之处，敬请各位专家和读者批评指正。

2017年2月于北京

图书在版编目（ＣＩＰ）数据

自然与社会 / 子默著． -- 北京 ： 中译出版社，
2017.11（2023.2重印）
（读懂汉字）
ISBN 978-7-5001-5366-5

Ⅰ．①自… Ⅱ．①子… Ⅲ．①汉字－通俗读物 Ⅳ.
①H12-49

中国版本图书馆CIP数据核字(2017)第180542号

出版发行／中译出版社
地　　址／北京市西城区车公庄大街甲4号物华大厦六层
电　　话／（010）68359376 68359827（发行部）（010）68359719（编辑部）
邮　　编／100044
传　　真／（010）68357870
电子邮箱／book@ctph.com.cn
网　　址／http://www.ctph.com.cn

策划编辑／李晓前
责任编辑／王博佳
封面设计／孙艳武

印　　刷／天津奥丰特印刷有限公司
经　　销／新华书店

规　　格／880mm×1230mm　1/24
印　　张／18.5
字　　数／339千字
版　　次／2017年11月第一版
印　　次／2023年2月第三次

ISBN 978-7-5001-5366-5　定价：96.00元